D1527908

DISCARD

SALVADOR DALÍ
EL ENAMORADO DE SÍ MISMO

FIDEL CORDERO

ISBN: 84-9764-563-4
Depósito legal: M-25123-2005

Colección: Grandes biografías
Título: Salvador Dalí, el enamorado de sí mismo
Autor: Fidel Cordero
Coordinador general: Felipe Sen
Coordinador de la colección: Juan Ernesto Pflüger
Diseño de cubierta: Juan Manuel Domínguez
Impreso en: Artes Gráficas Cofás

IMPRESO EN ESPAÑA – *PRINTED IN SPAIN*

INTRODUCCIÓN

La época de Dalí

La época de Dalí es el siglo XX. Plenamente. Pocas biografías, pocos personajes la representarán y la reflejarán mejor que él, como veremos. Porque Dalí nace en 1904, en los albores del siglo, y muere en 1989, justo en una de las fechas clave del siglo, la que cierra toda una época. El resto del siglo, los once años que faltan hasta 2000, ya pertenecen a otro momento histórico.

El contexto social, político, científico y cultural del siglo XX, desde sus inicios al 89, va a estar marcado básicamente por tres procesos principales, los tres muy interrelacionados: el desarrollo técnico y científico, los ensayos de revolución socialista y las grandes guerras (sobre todo las dos guerras mundiales).

Como consecuencia en buena medida de estos tres procesos, el Arte Contemporáneo ensayará sus propios intentos revolucionarios: las vanguardias. Proliferarán desde el comienzo de siglo, creciendo sus variantes en los periodos de entreguerras y estabilizándose algo más tras la última posguerra.

Todos ellos serán asuntos básicos en la formación y la plenitud creativa de Salvador Dalí, como veremos en su biografía. Veamos ahora ordenadamente lo esencial de estos tres procesos.

El desarrollo técnico y científico va a seguir múltiples líneas, pero de todas ellas se nos antojan las principales cinco de ellas: el desarrollo de los medios de transporte, el desarrollo de los medios de comunicación, la física y la energía nucleares, los antibióticos y los plásticos.

Cuando expresamos, cualquier ciudadano común, lo distinta que es nuestra vida de la de nuestros bisabuelos, lo que primero suele aparecer en nuestra mente, y en nuestro discurso, si siguiéramos desarrollándolo, es la seguridad frente a la enfermedad, la mayor esperanza de vida actual. Ya no tememos, como los padres de Dalí, que cualquier mal viento, que cualquier exposición descuidada al agua o al frío nos lleve a la tumba por la intervención de alguna enfermedad infecciosa. Porque existen los

5

antibióticos para combatir la infección. Pero éstos han sido un desarrollo de los años 30 y 40, a partir de los trabajos del escocés Fleming (1881-1955) y el ruso Waksman (1888-1973), y se han difundido sólo por el mundo occidental tras la Segunda Guerra Mundial (1939-45). Dalí soñará en la vejez con ser congelado, hibernado, hasta la pronta invención de algún remedio contra el cáncer, y para la regeneración celular, una vez descubierta y descrita la cadena del ADN, base de nuestros genes. De niño vivía bajo los cuidados excesivos y el temor, la amenaza, de que una meningitis lo matara, como había pasado con su hermano mayor. El cambio operado era sustancial en la visión de la vida.

Probablemente el siguiente aspecto que ese ciudadano común percibiría entre la vida de sus bisabuelos y la actual sería la ampliación de su mundo, debida a los avances en las comunicaciones y en los transportes. De un transporte básicamente a lomos de animales, o en vehículos tirados por éstos, al que se había sumado durante el siglo XIX el tren, para comunicarse entre poblaciones importantes, se pasa a que los automóviles acerquen a casi cualquiera a casi cualquier sitio. Este desarrollo del automóvil, aunque tiene su origen en inventos de finales del XIX, no se empezará a ver hasta la adolescencia de Dalí, ya en los años veinte, y restringido a capas sociales elevadas. Cuando prolifere y se haga accesible, será uno de los factores más decisivos de la extensión del turismo —y con ello el riesgo de degradación de espacios naturales, como el propio Ampurdán de Dalí—, la facilidad de moverse entre distintas ciudades —como los Dalí harán a lo largo de casi toda su vida adulta—, y, sobre todo, el automóvil será un símbolo de modernidad y dinamismo, hasta el punto de que los futuristas señalen lo superior de su belleza a la de la Venus de Milo u otros símbolos canónicos de la belleza clásica.

Parejo al automóvil, y quizá más representativo aún de los avances del siglo, fue el desarrollo de la aviación, desconocida hasta el siglo XX, porque el primer aeroplano en volar con motor fue en 1903 el de los hermanos Wright. En los desarrollos militares, tanto los bombardeos aéreos —pronto, por desgracia, también sobre población civil— como los tanques terrestres, serán aplicaciones del automóvil y del avión que harán la guerra aún más destructiva e inhumana de lo que había sido tradicionalmente. Los desarrollos de la aeronáutica llevarán a los cohetes y los misiles, pudiendo cumplirse en 1969 lo que parecía un sueño delirante pocos años atrás: la llegada del hombre a la Luna.

Y en los cambios del mundo este siglo, tan importantes como el desarrollo del transporte real de personas y objetos, van a ser los avances en el transporte de ideas e informaciones: las telecomunicaciones. Algo tan decisivo hoy en nuestra vida, que tan diferente la hace de la de nuestros bisabuelos, es la televisión, y ésta no se desarrolló técnicamente hasta los años treinta. Ya antes se le adelantaba la radio, invento de 1895. Su facilidad de divulgar informaciones —falsedades y manipulaciones incluidas—, su potencial para comercializar productos, ha creado todo un nuevo sistema económico y social, lo que se conoce como sociedad de consumo, o capitalismo de consumo. Como veremos, será la pronta adaptación de Dalí a este esquema social y económico una de las claves de su éxito comercial y su popularidad, especialmente en los Estados Unidos.

Pero además de su valor informativo/propagandístico, en el mundo del arte había supuesto una revolución la irrupción del cine, inventado poco antes de empezar el siglo XX, en 1896, porque hacía dinámicos los avances de la fotografía del XIX en su capacidad de reproducir (o inventar) realidades, transmisibles además a amplias audiencias. Dalí será un fanático de este medio, que tanto influyó como veremos en su desarrollo artístico. Cuando el cine se haga sonoro en los treinta (el color vendrá en la posguerra), sus posibilidades se multiplicarán.

En las comunicaciones personales, el teléfono, invento de 1879, añadirá otro cambio esencial en nuestras relaciones sociales. Y en la guerra. Aunque el cambio fundamental en la concepción de la guerra va a llegar en el año 45, ya en la madurez de Dalí, cuando el lanzamiento de la bomba atómica estadounidense en Hiroshima y Nagasaki aniquile en segundos a más de cien mil civiles, en una acción que inicia el *terror nuclear*. Este hecho crea una de las bases principales de la desconfianza posterior —y actual— del hombre hacia su gran obra contemporánea: la ciencia y la técnica; agudiza las exigencias pacifistas en casi todo el mundo; y muestra también una desproporción de fuerzas entre los grandes estados hegemónicos en el mundo y el resto de las naciones que dará fundamento a la sumisión resignada, apática, de muchos pueblos y también a la rebeldía desesperada de algunos pocos.

Mientras, los avances de los plásticos, desde la década de los setenta, cuestionados por su capacidad de ensuciar el planeta, facilitan desde sus primeros desarrollos en los años veinte, treinta y cuarenta, la extensión de útiles y tejidos para la vida cotidiana, difundiendo entre la población mundial la mentalidad del confort accesible, y de la posibilidad del cambio rápido de esos objetos (objetos y ropas *de usar y tirar*). La contrapartida: sensación de provisionalidad de lo que nos rodea, de poca fiabilidad, de coyunturalidad, aumentando la inseguridad psicológica del ser humano. Todo ello agravará las contradicciones y crisis de la sociedad de consumo.

Hemos pasado, como es inevitable, del desarrollo de la técnica a los otros dos grandes procesos que vertebran la historia del siglo XX: la posibilidad de otro orden social y económico, y las grandes guerras.

Comencemos por éstas. Denominadas guerras mundiales; la Primera, de 1914 a 1918; y la Segunda, de 1939 a 1945. Estos dos procesos adquirieron una magnitud destructiva inusitada hasta entonces. Unos quince millones de muertos en un caso, más de sesenta millones en el segundo. Y bastantes más millones de desplazados. Originadas en Occidente, entre los países desarrollados, introdujeron como es lógico una inevitable sospecha sobre la bondad del progreso y el desarrollo occidentales. El mismo concepto de barbarie deja de tener sentido cuando entre los más civilizados se cometen las mayores atrocidades —de todo tipo— que la historia universal recuerda. Volver la mirada a otros tiempos y otras civilizaciones, deprimirse ante la condición humana eran reacciones lógicas.

En la explicación de por qué se produjeron estas guerras masivas, hay especulaciones para todos los gustos, sobre todo en el caso de la Primera: ¿salida a las crisis de sobreproducción económica del capitalismo?, ¿rivalidad entre estados por sus producciones competidoras o por su dominio imperialista sobre territorios ajenos? Quién sabe. Lo que es claro es que tanto los estamentos que controlaban el poder político como la prensa que difundió un estado de ánimo hostil hacia otras naciones fueron responsables directos. Y hacia ellos también se dirigió la desconfianza. Esta primera Gran Guerra, en Europa básicamente, va a traer tres consecuencias esenciales para el resto del siglo XX:

La primera y principal, el triunfo de la Revolución socialista en el Imperio Ruso, en 1917, y la constitución poco después de la Unión Soviética. Esto significaba, ni más ni menos, que lo que habían sido hasta entonces grupos radicales, clandestinos con frecuencia, apartados de los centros de decisión política, pasaban a tener la oportunidad de ensayar en un gran país otra forma de organización social y económica: el socialismo (Socialismo Real, o comunismo, que es como se conoció vulgarmente). Lenin (1870-1924) y Trotski (1879-1940), los dos principales líderes de la Revolución, se retiran de la Guerra Mundial, como habían prometido al pueblo. El mundo de los intelectuales girará hacia ellos su mirada, la mayoría de las veces con esperanza. Dalí y su círculo de conocidos no serán una excepción.

La segunda consecuencia, acentuada tras la Segunda Guerra Mundial, es el desplazamiento de la hegemonía mundial, en términos económicos y luego militares, a los Estados Unidos de América, que pasará a controlar la mayoría de las reservas de oro, y a dirigir sus inversiones al continente europeo, al contrario de lo que había sucedido hasta entonces. Cuando este país entre en crisis económica, en 1929 (en la Gran Depresión), toda la Europa occidental se verá afectada por esa crisis. Tras la Segunda Guerra Mundial, sólo la Unión Soviética que, bajo el liderazgo autoritario de Stalin (1879-1953), muerto Lenin y expulsado

Trotski de la URSS en 1929, había experimentado en los años 30 un gran desarrollo económico, se le opondrá como bloque político y militar antagonista, dando lugar a lo que se ha llamado la Guerra Fría (1945-1989).

Este proceso, no tan frío como su nombre indica (se estiman en unos veinticinco millones los muertos víctimas de sus conflictos indirectos, en otros lugares del globo) supondrá el desgaste definitivo de la Unión Soviética y sus países satélites, empeñados en gastos importantes para apoyar los movimientos revolucionarios y nacionalistas independentistas en las antiguas colonias (se produce la *descolonización*, desde el fin de la II Guerra Mundial a los años 70). Además, la Unión Soviética había sufrido la decadencia burocrática de sus dirigentes tras el primer entusiasmo revolucionario, con reducciones sustanciales de la productividad y de la motivación general de su población, acentuadas tras sufrir la mayor devastación que la ofensiva nazi causó en la Segunda Guerra Mundial y el esfuerzo colosal de su contraofensiva victoriosa (ellos son los primeros que llegan a Berlín, la capital alemana).

Hay que tener en cuenta aquí que, como señalan algunos historiadores contemporáneos, al titán del comunismo, surgido contra el sistema capitalista, se le va a oponer pronto otro gran titán: el de los fascismos. En el poder en Italia desde 1922, dentro de su confusión ideológica la máxima que mejor los define es la que su propio fundador, Benito Mussolini (1883-1945), acuñó: *El fascismo es la contrarrevolución anticipada*. Así pues se trataba de evitar la revolución (socialista), y aunque los fascistas sucumbieron en el intento sí que dejaron al comunismo —al bloque de los estados comunistas— herido de gravedad, por el desgaste enorme de la guerra, la represión sufrida en otros países y el endurecimiento que obligaron a adoptar a sus estructuras organizativas, bajo permanente amenaza.

Pronto seguirá a Mussolini en su toma del poder otro líder ultraderechista, esta vez en Alemania, Adolf Hitler (1889-1945), desde 1933 máximo mandatario. Y ambos, con la iniciativa de Hitler, desencadenarán la Segunda Guerra Mundial en su ambición imperialista. Y la perderán. Dalí, como veremos, estará próximo también ideológicamente a alguno de estos círculos fascistas, que toman el poder tras derrocar a la República Española en la Guerra civil de 1936-1939. En este sentido, la península ibérica va a representar una anormalidad en el contexto europeo durante la mayoría de la vida adulta de Dalí, porque el régimen franquista español y el salazarista portugués (con menor intensidad represiva) van a mantener un Estado de corte fascista, aunque disimulando algunas formas, hasta los años setenta, cuando estos regímenes habían sido erradicados del resto de Europa con la derrota de los fascismos en la II Guerra Mundial.

La tercera consecuencia de la Primera Guerra Mundial será también ajena a la vida en la España franquista, porque había sido el comienzo de la emancipación de la mujer y su incorporación a la vida laboral activa. Aquí, el retraso económico y la omnipresencia de los moldes tradicionales de vida (supuestamente inspirados en una lectura arcaica del catolicismo) relegaron a la mujer a un papel secundario, auxiliar, dentro del hogar, como madre y criadora de hijos, cocinera y servidora del varón y el resto de la familia. Está visión de la mujer estará muy presente en Salvador Dalí, como veremos en sus afirmaciones sobre el papel en su vida de su esposa Gala.

Y, ¿cómo se va reflejar todo esto en el mundo artístico? Aunque el Arte Contemporáneo es un fenómeno muy complejo, con múltiples facetas, es indudable que va a absorber, directamente, todos estos cambios. A imitación de las corrientes políticas revolucionarias, van a surgir diferentes propuestas (los *ismos*, las vanguardias), que en sus *Manifiestos* pretenden responder a las inquietudes de su época.

Primero van a ser las consecuencias del impresionismo decimonónico, que tras la invención de la fotografía, había dirigido su atención hacia el color, el movimiento y la luz. Trabajando con colores más básicos, el fauvismo va más allá en su distanciamiento del arte figurativo convencional. Con Henry Matisse a la cabeza, propone una pintura rabiosamente colorista (*fauve* en francés significa fiera), donde las figuras son a menudo reducidas a manchas de colores planos, no coincidentes con los reales. El expresionismo, desarrollado más hacia el interior de Europa, resultará menos optimista que el fauvismo francés, caracterizándose por la expresión —a menudo atormentada— de las pasiones y los rasgos humanos más crudos, desarrollando temáticas críticas social y políticamente.

Uno y otro movimiento, especialmente el expresionismo, darán lugar, ya cerca de los años veinte, a una reducción progresiva de los elementos formales de representación hasta llegar a que lo representado, el objeto, no exista: es la abstracción. Esta corriente va a desarrollarse a lo largo de todo el siglo, con variantes más decorativas, como la abstracción geométrica de Mondrian, y otras más expresionistas, como el expresionismo abstracto estadounidense de Pollock y otros, tras la Segunda Guerra Mundial.

Frente a ese proceso de eliminación progresiva de la figura representada, Picasso y Braque van a desarrollar en las primeras décadas del siglo el cubismo, tendencia pictórica en que las diferentes perspectivas con que vemos la realidad se combinan, a partir de un análisis —descomposición— de esa misma realidad en sus elementos geométricamente fundamentales. Es el cubismo analítico, de color terroso, con predominio del dibujo. Posteriormente se desarrollará el cubismo sintético, en el que Picasso y Juan Gris seleccionan los rasgos fundamentales de la figura a

10

representar, también superponiendo distintas perspectivas sobre el objeto, en una mayor simplicidad de líneas. Picasso recuperará además en esta fase un colorido intenso, como parte también a incluir en esa síntesis de su percepción de la figura.

Utilizando alguno de los avances formales del cubismo, los futuristas (también escultores y poetas) van a tener una mayor carga ideológica. Defienden el dinamismo, lo actual (el cine, los automóviles, los Estados Unidos o la Revolución Soviética frente a la vieja Europa), incluso la violencia y la fuerza, de las que hacen una exaltación casi mística en su *Manifiesto* y otros escritos. Darán pie al arte cinético —de objetos en movimiento, por ejemplo esculturas— y criticarán agresivamente, invitando a su destrucción, todo el arte académico, rutinario. Con el advenimiento del fascismo, sus principales figuras, italianas, se adscribirán a él.

De signo político contrario, aunque incorporando muchas de sus concepciones, surge en la Primera Guerra Mundial en el centro de Europa, extendiéndose posteriormente a Francia y a los Estados Unidos, el Dadá (o dadaísmo). Provocador, reivindicando lo absurdo ante una Europa que se derrumba moralmente a su alrededor, los dadaístas serán los padres del surrealismo, el movimiento que centra la vida de Dalí. Este último movimiento, sobre el que nos extenderemos al tratar de la vida y la obra de Dalí, surge en los años veinte en Francia y se desarrolla y extiende durante los treinta, para quedar finalmente asimilado en nuestra cultura como un concepto —y un término— de uso general para referirse a toda experiencia o creación chocante por lo irracional (anticonvencional, inesperado además) de sus componentes. Efectivamente, el culto a lo irracional, al mundo de los sueños, de lo inconsciente, de lo amoral, está presente en el movimiento surrealista original. Como el método de creación automática, sin pensar, escribiendo o pintando mediante asociaciones libres, combinando lo primero que se les venía al pensamiento.

No era, sin embargo, un arte gratuito, sino que, muy al contrario, nació con un sentido social y político revolucionario. Era afín incluso a la organización comunista internacional, la Internacional Comunista, porque los surrealistas veían en sus producciones y en sus actos públicos un desafío a la moral burguesa y sus hipocresías. El resultado, hoy, más que desafiante, nos parece a menudo, salvando su crueldad o su deliberado mal gusto, humorístico, aunque sea de un humor políticamente incorrecto.

Ya en la madurez de Dalí, y con el centro de las vanguardias trasladado a Estados Unidos, surgirán nuevas formas de expresión artística, basadas en la reivindicación de los elementos propios de la cultura de masas, de consumo, popular —el arte pop—, en el propio hecho (frente al resultado) de la pintura —el *action painting*—, o un retorno a la pintura figurativa, extremando la exactitud de sus representaciones —el hiperrealismo.

Todos estos movimientos artísticos (y bastantes más que no tenemos capacidad físicamente de recoger aquí) reflejarán en sus temáticas y en sus planteamientos formales la realidad convulsa, en constante progreso, con sus logros y sus amenazas, inestable, esperanzadora a veces (y para algunos) y desesperante en muchos otros casos, del siglo xx. El resultado, el arte del siglo xx, es una de las producciones humanas más ricas, variadas y sugerentes de la historia de la humanidad.

LA VIDA DE SALVADOR DALÍ

I. INFANCIA ACOMODADA
Y ADOLESCENCIA DE UN CARÁCTER

Salvador Dalí i Doménech nace en Figueras, en la provincia de Gerona, en 1904. Comenzaba el siglo XX y era época de cambios en todos los sentidos. La luz eléctrica, inventada por Edison en 1869, o el ferrocarril acababan de llegar a la pequeña ciudad pocos años atrás. Capital del alto Ampurdán, era una ciudad de sólo 11.000 habitantes, pero muy avanzada para el momento. En 1898 había venido —de la cercana Francia, referente de progreso— el primer automóvil. Y no sólo técnicamente, también política y culturalmente la pequeña urbe ampurdanesa estaba al tanto de las innovaciones. Ansiosa de modernidad, su comunidad más culta permanecía atenta a las novedades europeas procedentes casi siempre de la República Francesa. Se divulgaba a Darwin y se cuestionaban las verdades tradicionales de la religión y la monarquía en los clubes liberales, y hasta en las escuelas.

En el arte, se escuchaban los ecos de la gran revolución del Arte Moderno que había comenzado con el Impresionismo. La fotografía, ya extendida, era todavía algo reciente, pero accesible a las clases medias. La realidad, los rostros familiares, podían ser reproducidos y conservados. Ahora había que ir más allá. El cine, recién ensayado por los hermanos Lumiére en 1896, no abriría su primera sala en Figueras hasta 1914, cuando Salvador Dalí tenía ya 10 años. Y en seguida se convertiría en su primer y principal deseo ir a ese cine. Ya antes, en su primera infancia, el pequeño Dalí se había entusiasmado con las proyecciones caseras que su madre, Felipa Doménech, les hacía a él y a su hermana Ana María con aparatos rudimentarios.

Aunque no fue ésta la única fuente de curiosidad en el Dalí niño sobre las posibilidades de la imagen como ilusión, como creación de otras realidades. En aquellos años, se habían puesto de moda los juguetes estereoscópicos, «teatros ópticos» en los que se veían imágenes cambiantes, fantásticas. El propio Salvador Dalí señalará años más tarde cómo el haberse asomado a uno de estos teatros de ilusión, el que le mostró su primer profesor de la escuela municipal, Esteban Trayter, marcaría toda su

15

carrera artística. Aunque la afirmación sea exagerada, qué duda cabe de que ese descubrimiento de nuevas posibilidades de creación fantástica con las imágenes debió de influir poderosamente en el futuro pintor. Era una impresión de maravillas hechas realidad, y en la primera infancia, y en la cueva mágica de su maestro. Y Dalí se hará famoso precisamente por sus juegos con la doble imagen, la ilusión óptica y las fantasías propias del mundo de los sueños. Y el recuerdo de las obsesiones infantiles. Él mismo comparará lo que vio en el teatro óptico de su maestro con ese momento de las alucinaciones hipnagógicas, en el estado previo al sueño, tan pródigo en imágenes irreales.

Pero no adelantemos acontecimientos. Antes de hablar de su extravagante maestro de primeras letras, antes incluso de hablar del temperamento artístico de su madre, hay que remontarse a los orígenes familiares. Y hay que situarse también en el marco geográfico de procedencia: el alto Ampurdán. Porque Dalí no sólo nació y se crió allí, sino que tendrá siempre, como veremos al analizar su obra, aquellos paisajes abiertos al mar, infinitos, aquellas formas caprichosas de las rocas del Cabo de Creus, aquella luz que hace los contornos nítidos, como de atmósfera transparente, como referencias perpetuas de su pintura. Allí volverá una y otra vez de joven y de adulto ya, allí llevará a sus amigos y a su mujer, allí se establecerá una vez pasadas las agitaciones del siglo, y allí construirá su teatro-museo, su fundación, su residencia y su propio mausoleo, en el que descansa tras morir allí mismo.

El alto Ampurdán, del que Figueras es la capital indiscutida, es un valle fértil, cuya riqueza agrícola y marinera se refleja en las tradiciones gastronómicas, en sus vinos, en sus anchoas. A este rasgo ya propicio para el hedonismo mediterráneo se une el que haya sido una tierra abierta al mar desde la antigüedad. Su nombre procede de la antigua Emporion, del establecimiento de los comerciantes griegos en Ampurias. Ellos, los griegos foceos, fueron los primeros que allá por el siglo VI antes de Cristo trajeron a la zona norte de la península ibérica los elementos que hoy consideramos civilización: la escritura, la moneda, el primer urbanismo... dando origen en los siglos posteriores a ese gran desarrollo autóctono que hoy conocemos como cultura ibérica.

Pero no todo era arte y placer mediterráneos en la realidad que vivieron los antepasados más próximos del pintor. En Cadaqués, en la costa, vivían los Dalí, procedentes de Llers, de familias agricultoras. Y en Cadaqués, la apertura al mar iba pareja con la dificultad de comunicaciones por tierra, cerradas por las montañas de la cordillera costera catalana. Se podía conocer África o Italia, pero no haber ido jamás a Barcelona. Hay que tener en cuenta que se tardaba más de una jornada en llegar simplemente a Figueras, y Barcelona resultaba tan remota como la capital del Reino. Así, siendo netamente catalanes, los habitantes de estas tierras eran peculiarmente ampurdaneses: en la comarca de Cadaqués se hablaba un dialecto propio, el salat. La tierra se hacía útil para el cultivo mediante bancales, terrazas levantadas con el esfuerzo humano en las laderas, para disponer de superficies horizontales donde criar las viñas. Este tesón necesario para sobrevivir en condiciones duras, típico de los habitantes de la comarca, lo heredaría sin duda nuestro pintor, y parece que directamente de los Dalí, a juzgar por lo que sabemos de las vidas de su padre y de su abuelo. Dos vidas opuestas en apariencia, agitada y aventurera la del abuelo Gal Dalí, conservadora y aburguesada la del padre Salvador, tenían en común la decisión, el carácter, la firmeza en la voluntad para llevar a cabo sus propósitos.

Sobre el abuelo la familia corrió un velo de silencio, de desinformaciones, de medias verdades. Algo había en su vida de vergonzoso, de poco presentable, de terrible incluso, que convenía no divulgar. Pero esta ocultación también podía contribuir al misterio, y a la curiosidad que este misterio podía despertar en un niño. Gal Dalí. El nombre y el apellido no pueden dejar de resultarnos extraños, sugerentes. El primero nos lleva directamente a la mujer de Dalí, Gala, su musa, su obsesión. Y más adelante descubriremos que fue también Gal, Galo, el segundo nombre que le pusieron sus padres al primer hijo que tuvieron, a ese hermano mayor nunca conocido, a ese primer Salvador Dalí —muerto a los 22 meses— cuya sombra tanto pareció afectar al carácter y la infancia del pintor. ¿Fue el hermano mayor, el segundo, o una especie de hijo único consentidísimo al que siguió una hermana discreta? Como en tantos aspectos de su vida y de su personalidad, ya en éste la marca de Salvador Dalí fue la ambigüedad.

¿Y el apellido Dalí? Si nos olvidáramos de que lo conocemos precisamente por haber oído hablar tanto del pintor, no dejaría de sonarnos raro, de ser un nombre extraño, extraño por supuesto al castellano, pero también al catalán. El propio Salvador Dalí, ansioso por distinguirse, le daba un origen oriental, árabe o turco, mítico, relacionado con un corsario de la época de Cervantes. Incluso atribuía a esa procedencia su gusto por el lujo, por el oro, por lo brillante, y por el propio vestuario oriental que tanto le gustaba lucir. Quien lo ha investigado, ha descubierto que antes de las generaciones de los Dalí cultivadores de la tierra en el Ampurdán, hay efectivamente un origen árabe en el valle del Ebro. El apellido se asemeja a un término que tendría que ver con la palabra adalid en castellano o adalil en catalán, y que significa guía, jefe, líder.

Pues bien, el primer Dalí de nuestra historia, el abuelo Gal Dalí, el que pudo ya directamente influir en nuestro pintor, parece ser que fue taponero (fabricante de tapones de corcho) en Cadaqués. No médico como le hicieron creer en la familia a Salvador y a su hermana. Y que, por la bonanza económica del momento, el último tercio del siglo XIX, amasó una fortuna considerable en poco tiempo. Es cierto que la plaga de la filoxera en las viñas francesas, antes de pasar los Pirineos en los años 80 del siglo XIX, hizo la fortuna de muchos viticultores catalanes y de las industrias asociadas. Pero no está claro que fuera precisamente limpio el origen de la fortuna del abuelo Dalí. Hay que señalar aquí que los esforzados habitantes de Cadaqués, marineros mejor comunicados por mar que por tierra, cercanos a la frontera entre Francia y España, tenían fama de contrabandistas, y que es posible que tuviera que ver algo con ese origen la rápida fortuna de Gal Dalí.

Sea como fuera, el caso es que decide marchar con su familia a Barcelona en 1881, y aquí sí que los motivos y las explicaciones son de muy diversa naturaleza.

Su hijo mayor, Salvador, el padre de nuestro Dalí, nacido en 1872, comenzaba sus estudios de Bachillerato y era más conveniente vivir en Barcelona. Podría haber estudiado en Figueras, pero parece que el viento local del Ampurdán, la tramontana, un viento fuerte que hacía aún más dura la vida en la zona, afectaba negativamente la estabilidad mental de Gal Dalí. No era un caso único. Es habitual que se den casos de habitantes de la región enloquecidos por el viento, y el abuelo Gal parecía especialmente sensible a los cambios de ánimo. Pudo ser también la ambición económica la que le hizo pensar en ir a esa Barcelona en pleno crecimiento que celebraría su Exposición Universal apenas unos años después, en 1888.

O quizá también influyó en su decisión el interés en alejarse del escenario de su enriquecimiento. También pudieron pesar en el traslado sus relaciones —mal vistas en la época— con una mujer casada, Teresa Cusí, de Rosas, de la que tendría a Salvador padre y al tío de Dalí, Rafael, antes de que ella se quedase viuda y pudieran casarse legalmente.

Salieron así de Cadaqués, con su fortuna en sacos de monedas de oro escoltados por gente armada contratada para la ocasión, y llegaron a Barcelona. Allí la familia se estableció, prosperó inicialmente, y los hijos comenzaron a estudiar el bachillerato en los Escolapios. En este colegio religioso Salvador conocería a Pepito Pichot, un compañero de estudios con cuya familia —de artistas— establecerían relaciones de estrecha amistad años más tarde.

Pero pocos años duraría la aventura barcelonesa de Gal Dalí. Pasados unos años favorables, llegó la crisis, los negocios no le fueron bien, y se despertaron en él las tendencias paranoicas, persecutorias, de que siempre había dado indicios. Esta vez el brote fue intenso, y tras un intento fallido, Gal Dalí se suicidó precipitándose por una ventana. Era 1886. Tenía apenas 36 años.

Su viuda tuvo que ser internada en un centro de tratamiento de enfermedades nerviosas y sus hijos se criaron con un hermano de su abogado, Serraclara, famoso en su profesión y por sus ideas políticas nacionalistas catalanas y federalistas. De aquí nacerían las ideas políticas del padre y del tío de Dalí.

El trágico fin del abuelo explica el tabú familiar sobre el caso. Y también el que el propio Dalí, aunque coquetease con la locura, interesándose especialmente por las teorías psicoanalíticas y por la paranoia (que convirtió en la base de su método artístico), siempre insistiese en dejar bien marcada la barrera con la locura real, como consta en su célebre frase: *La única diferencia entre un loco y yo es que yo no estoy loco.*

En su padre, que tenía catorce años entonces, y en su tío Rafael, la influencia de este trauma familiar fue aún más evidente: ambos optaron por asegurarse carreras profesionales estables, evitando la inestabilidad a su alrededor, para convertirse en prototipos de la vida de la burguesía profesional catalana. Sólo en la política, por la influencia sin duda del ambiente de la época, y por la más directa de los Serraclara, se permitirían la exaltación y el radicalismo. Salvador Dalí padre no sólo será un federalista y republicano convencido, sino que participará activamente en clubes, tertulias, debates y campañas nacionalistas catalanas, manifestándose como un furibundo antiborbónico y anticlerical, al menos hasta su retorno al catolicismo tras la Guerra Civil de 1936-39.

De su madre, Felipa Doménech, nacida en Barcelona en 1874, y también huérfana de padre (desde 1887), aprenderá Dalí el temperamento y el hábito artístico. Y le llegará esta inclinación por línea materna, de su abuela, porque su abuelo materno era un comerciante no relacionado directamente con el mundo artístico. Su abuela María Ana vivirá con ellos en su infancia, desde 1910. Era descendiente de una tradición de artesanos artísticos barceloneses, los Ferrés, a los que se ha atribuido un origen judío. El bisabuelo de Dalí había destacado en el diseño y fabricación de todo tipo de objetos de lujo: abanicos y peinetas de carey, bastones, cajas... Y en esta dedicación le seguirían la abuela de Dalí y su hija, Felipa, la madre del pintor. Por otra parte de la misma familia, el hermano de su madre, su tío Anselmo Doménech, se hará pronto con la librería Verdaguer, fundada por el famoso poeta catalán Jacinto Verdaguer. Y desde ella participará activamente en la vida cultural barcelonesa de fin de siglo. Melómano y wagneriano, será uno de los fundadores del Orfeó Catalá, junto a los músicos Amadeo Vives Puig y Lluis Millet. Y en esta institución cantarán sus hermanas, la madre y la tía de Dalí, manteniendo una afición al canto que el pintor y su hermana recordarán de su infancia.

Así establecidos en la Barcelona próspera de fin de siglo, será el afán de estabilidad de Salvador Dalí padre lo que lleve a la familia de nuevo al Ampurdán. En 1888 había entrado a cursar Derecho, mientras que su hermano Rafael entraba en la Facultad de Medicina en 1890. Licenciado en 1893, Salvador se decide en pocos años a hacerse notario, un empleo estable y bien remunerado, de servidor público, cuya plaza puede conseguir por oposición. Pero en Barcelona no consigue las plazas que se convocan, y será su amigo del bachillerato, Pepito Pichot, que había abandonado los estudios de Derecho para dedicarse a su pasión por la floricultura y la jardinería, quien lo convenza de intentarlo en Figueras.

Decidido, con la firme determinación que caracterizó siempre a los Dalí, obtiene la notaría en abril de 1900. Se casa en diciembre del mismo año, para establecer allí su familia. Era entonces Figueras, según todas las descripciones, una ciudad de provincias, pequeña, pero no provinciana, si por esto entendemos las connotaciones negativas de aislamiento y conservadurismo. Se vivía en ella el contraste —vívido y colorista, no conflictivo al parecer— entre la tradición y la modernidad, el mundo rural y las novedades de las grandes urbes, lo catalán y lo cosmopolita, en un entorno de quietud y prosperidad.

Así lo recuerda y así lo describe Ana María Dalí, la hermana pequeña del pintor, cuando describe el mercado de los payeses (aldeanos catalanes) los jueves, con sus barretinas (el gorro tradicional) rojas y moradas, frente a los conciertos dominicales de la banda municipal, a los que acudían los militares de gala, luciendo los uniformes coloristas de antes de las grandes guerras del siglo XX.

Allí, además, para completar el entorno burgués acomodado que buscaba, el notario se estableció con su familia en una de las calles céntricas de la ciudad, la calle Monturiol, en una casa con una galería que daba al jardín de una aristócrata local, la marquesa de la Torre. Siguiendo de nuevo el relato de Ana María Dalí, se nos aparece como un lugar idílico, lleno por la madre de tiestos de nardos y azucenas (los que serán el perfume y la flor preferidos por el pintor), y de jaulas de pájaros, canarios y tórtolas. Allí los niños jugaban, mientras su tía materna, la *tieta* Catalina, diez años más joven que su madre, se reía con las otras vecinas de su edad, de una familia venida de Uruguay.

Y los veranos se trasladaban a Cadaqués, a la playa, a una casa frente a ésta en el ambiente marino en el que se desarrollarán los primeros ensayos como pintor de Salvador Dalí. Serán esas *casas blancas de días serenos* que evocará el pintor años después, junto a *la gran quietud* del ambiente, las ventanas y los balcones verdes y el interior de vigas *azules como el mar*.

Pero antes de llegar a ese entorno cuidado, a ese remanso de paz activa, el notario Salvador Dalí y su esposa Felipa Doménech sufrirán un contratiempo. Algo que influirá decisivamente en la personalidad del futuro pintor: su hermano muerto. Nacido en 1901, el doce de octubre, Salvador Galo Anselmo morirá en 1903, en agosto, y si sólo dispusiéramos de los relatos autobiográficos de Dalí creeríamos que murió con varios años más, dando ya muestras precoces de su genio. Hay que deducir que si tanto lo hacía vivir Dalí en su memoria, sería porque en ésta se acrecienta su importancia. ¿Por qué fue tan importante el hermano muerto, el otro Salvador? Según el pintor, porque de la necesidad de librarse de esa sombra, de la necesidad de marcar su propia personalidad, habría nacido su afán de destacar, de hacerse notar, de salir de esa sombra del *hermano muerto*. Lo retratará imaginariamente años después, cuando ya pueda superar esa impresión de que él, el pintor, el segundo Salvador, sólo había sido para sus padres un sustituto vivo. Algo hay en lo que sabemos de la realidad que avala esa idea: nuestro Salvador Dalí fue concebido apenas diez días después de la muerte de su hermano, naciendo un 11 de mayo, el de 1904, cerca de las nueve de la noche.

Además, fuera ya de estas especulaciones psicobiográficas, lo que resulta evidente en los relatos recogidos sobre su infancia es que nuestro Salvador, Salvador Felipe Jacinto de nombre completo (Felipe por la madre y Jacinto por ser el tercer nombre de su tío paterno Rafael), fue sobreprotegido por sus padres. Fue lo que consideraríamos sin dudarlo un niño malcriado. Colmado de caprichos, ya fuera por un oscuro sentimiento de culpa por la muerte de su primer hijo, o por miedo a que le faltara algo a éste, nada se le negó.

Así nos cuentan de sus llantos y rabietas escandalosos cada vez que se le intentaba hacer ver lo imposible de concederle algún capricho, aunque fuese tan imposible como la bandera española del castillo de Figueras, cuando subía con su padre en un día festivo; o tan inaceptable como quitarle a su niñera a tirones un pañuelo que llevaba prendido al pelo. Su hermana nos cuenta cómo toda la familia se dobló a ese fuerte carácter que le permitía machacar con un martillo los juguetes de celuloide para luego querer reproducirlos rayando la pintura del banquito infantil en el que se sentaban. Ésos serían sus primeros dibujos.

Cuando nace su hermana Ana María, en 1908, los celos y el temor a verse desplazado parece que le llevaron a extremar aún más sus exigencias. Para dormirse por la noche reclamaba a gritos los brazos de su madre, que pronto se tuvo que duplicar, haciendo su hermana Catalina, la *tieta*, de segunda madre, desde que en 1910 se fue, junto con la abuela materna, María Ana Ferrés, a vivir con ellos. Tanto es así este papel de segunda madre, que Catalina Doménech acabará casándose con el padre a la muerte de la madre de Dalí, su hermana mayor.

El niño malcriado, envidioso según él mismo recuerda de la balaustrada de piedra de las vecinas indianas, de la elegancia a la moda con que vestía una de ellas, incluso del cuadro de Napoleón —su héroe infantil— que tenía esta familia en el salón, va a ir a parar paradójicamente, como primera escuela, a la escuela pública municipal. No resulta difícil imaginarse el contraste de este hijo de notario, atendido por la madre, la tía y la niñera permanentes, y los niños de las clases populares que allí acudían. Recordemos que lo habitual es que los de su clase estudiasen en establecimientos privados. Pero como éstos eran prácticamente en su totalidad religiosos, su padre, llevado de sus convicciones políticas anticlericales, se negó. El contraste aumentaría sin duda los sentimientos de superioridad del pequeño Salvador frente al resto de sus condiscípulos.

Allí, dio además con un maestro peculiar, Esteban Trayter, según el pintor, propagandista en el aula de ideas anarquistas y explícitamente ateas, lo que niega su hermana, pero que —aunque con evidente exageración— no sería demasiado sorprendente en una Figueras muy politizada, inclinada del lado del federalismo nacionalista catalán. No en vano era la patria orgullosa de Abdón Terrades, un líder catalanista de la época, y sobre todo de Narcis Monturiol (1819-1885), nacionalista, feminista, socialista utópico e inventor del submarino. O la ciudad que había acogido a Pep Ventura, el creador de la sardana moderna, a cuyas composiciones pusieron letra insignes poetas catalanes como Joan Maragall, y que el notario Dalí editó con poco éxito comercial. El propio Salvador Dalí padre, seguidor de Terrades, debatía y discurseaba por las noches en el club liberal local.

Esteban Trayter Colomer, el maestro municipal, francófilo acérrimo, que según nuestro Dalí despreciaba la religión como *cosa de mujeres* —lo que el niño ratificaba en su familia—, era un personaje extravagante, de barba hasta la cintura, coleccionista de piezas de arte medieval, y de objetos de la más diversa índole en una suerte de museo privado. Allí sería donde tanto se impresionase el pequeño Dalí con el teatro óptico estereoscópico, una pieza más de ese lugar mágico que el pintor ya adulto referirá como lo más misterioso que vio en su vida, un lugar bizarro, sólo comparable al taller de Fausto.

En ese ambiente, donde convivían el folklore catalán (su padre conservaba orgulloso la tenora —instrumento de viento parecido a la dulzaina— del propio Pep Ventura) bailado en plena calle o cantado por la niñera, con el repertorio culto del orfeón catalán que su madre y su tía le cantaban, lo que sin duda no le faltaron al pequeño Dalí fueron los estímulos, las informaciones de todo tipo —el mundo culto, el mundo popular; el mundo religioso, el mundo ateo; los militares de la guarnición fronteriza española, el federalismo nacionalista y republicano catalán...— para irse haciendo una idea bastante completa del mundo en el que tenía que desenvolverse su vida futura.

Del ambiente artístico profesional, su primera referencia, muy probablemente, serían los Pichot: amigos de la familia, por haber sido condiscípulo Pepito Pichot del padre, vecinos en Figueras y pronto en Cadaqués durante las vacaciones, van a proporcionar a Dalí niño una idea muy deseable de lo que es dedicarse al arte. Porque el propio Pepito Pichot, encantado con el niño, al que acompañaba frecuentemente, había dejado los estudios de Derecho para dedicarse a la floricultura, a sus jardines, y se había convertido en un auténtico vividor, frecuentador de los barrios de gitanos de Figueras, lo opuesto de la vida formal del padre notario. Una de sus hermanas se había casado con Eduardo Marquina, entonces un autor teatral de éxito en todo el reino, con sus dramas históricos de corte romántico. Otros tres hermanos eran músicos de renombre: una soprano, otro violinista y otro violoncellista, y entre sus alegres extravagancias se cuenta el que montaron en alguna ocasión, en una velada caprichosa, una pequeña orquesta de cámara flotante —con piano incluido— frente a las playas de Cadaqués, donde veraneantes y paisanos los escuchaban asombrados. Y para completar la estampa familiar, Ramón Pichot, pintor consagrado, residente habitual en París, amigo de Picasso, al que llevó a Cadaqués en 1910. Su exposición en Figueras en 1913 influiría en un niño que, entrando ya en la pubertad, en 1916, se decidiría a ser un pintor impresionista a la vista de la última obra puntillista de Pichot.

No obstante, aunque Dalí adolescente heredaría un taller en Cadaqués de Ramón Pichot, parece que sus primeros óleos se los regaló otro pintor, un vecino aficionado, Juan Salleras. Ana María Dalí, la hermana y cronista de episodios infantiles del creador, nos señala por el contrario que fue un pintor y escenógrafo alemán, Sigfrid Bürmann, residente en Cadaqués, quien le hizo este primer regalo.

Sea como fuera, los Pichot y Cadaqués aparecen como un elemento crucial en su vocación, diluyéndose en estos años la influencia barcelonesa pese al mucho afecto que le guardaba su tío Anselmo Doménech, el librero, y a las visitas que en Navidades y Año Nuevo hacían a los Serraclara, con los que vivía la abuela paterna, Teresa Cusí. De estas visitas navideñas, que terminarán con la muerte de la abuela, en 1912, le quedó a Dalí para siempre el gran placer, tan egocéntrico como su personalidad, de recibir regalos sin hacerlos nunca, desequilibrio que mantendría toda su vida.

Otros rasgos peculiares de su personalidad que ya empezaban a apuntar en estos años infantiles eran su exagerada, casi patológica, timidez. Y el miedo a que ésta se hiciera notar. Esa vergüenza, que para algún biógrafo es la clave de su personalidad, se despertaba ante comportamientos de gente cercana, incluso de su propio padre, al que en general admiraba, que pudieran parecerle ridículos. Pero sobre todo tenía un origen sexual, muy asociado a la gran culpabilidad que ya de niño sentía por todo lo que viviera con fuertes connotaciones eróticas: daba igual que fuera su atracción por los culos (obsesión que le acompañará siempre), de algún compañero de clase especialmente bello; o que fuera algo tan casual como ver orinar —por un encuentro fortuito en la playa— a una bella mujer.

Estas experiencias tan intensas de culpabilidad con lo sexual, que se irían extendiendo hacia otros comportamientos neuróticos —como su fobia a las langostas— pudieron tener que ver, aparte de la moral del ambiente, con su narcisismo extremo que le hacía tener pánico a todo aquello que le pudiera poner en una situación poco heroica o poco elegante. También el higienismo radical del que participaba activamente su padre, típico en la época de la burguesía más ilustrada de los sectores progresistas, le pudo hacer asociar desde niño lo sexual con ideas de contaminación y riesgo de la salud.

En el continuo de su infancia y de su adolescencia acomodadas van a producirse pocos cambios significativos: en 1910 entra a estudiar con los Hermanos Cristianos (de La Salle), con los que permanecerá hasta 1916. El anticlericalismo del padre se compensaba por el hecho de ser una orden francesa, con enseñanza en francés (la mayoría de los frailes y de sus condiscípulos eran franceses) y bastante permisiva. Es cuestionable por tanto la afirmación tan común de sus malos resultados académicos, salvo en lo que toca a las matemáticas, para las que siempre fue torpe, y la ortografía, que siempre fue deficiente, tanto en catalán como en castellano —la escuela municipal de primeras letras era en castellano—, como en francés. Años más tarde recordará Dalí la enseñanza de un fraile, clave para su concepción pictórica, del valor de «no salirse de la línea», de evitar la tentación de no respetar los contornos y encontrar el placer en mantenerse dentro de lo marcado.

Otro cambio sería el abandono de su casa con galería, al derribar el jardín de enfrente para edificar. *Con los castaños y el umbráculo, se derrumbó toda nuestra primera infancia,* dice la hermana. Se trasladaron, en 1912, a un edificio nuevo en la misma calle, más lujoso, donde Dalí tendrá antes de los diez años su primer taller, en uno de los lavaderos de la terraza. Cuando hacía calor, nos relata, pintaba como Marat escribía y leía, sumergido en la pila del lavadero hasta la cintura. A este aprendizaje práctico se sumará en su formación pictórica de estos primeros años una fuente de información esencial: la colección de libros de bolsillo Gowans' Art Book, que reproducía —aunque en blanco y negro— la obra de los grandes maestros hasta 1800. Según lo cuenta Dalí, le impresionaron especialmente los desnudos, Ingres y Rubens.

Su primera formación pictórica, su capacidad de observación, su interés por la naturaleza, y su natural inteligencia, iban de la mano —según nos cuenta su hermana— con un marcado infantilismo que alarmó al padre y lo decidió a sacarlo de los Hermanos Cristianos para ir al instituto. Era 1916. Dalí tenía ya 12 años.

En tales condiciones y dada su personalidad, pasar el examen de ingreso en junio le supuso una fuerte crisis nerviosa de la que fue a recuperarse con un mes de vacaciones en *El molino de la torre*, una finca en las afueras de Figueras recién comprada por los Pichot. Allí sentirá fuertemente el atractivo de la hija adoptiva de Pepito Pichot, Julia, entonces de 16 años, y buscará su contacto. Aún más fuerte, aunque de otra índole, será el atractivo que experimente hacia la obra *divisionista* (puntillista) de Ramón Pichot. De sus paisajes neoimpresionistas le nacerá la decisión firme —que mantendrá hasta 1920— de ser un pintor impresionista, especialmente seguidor de los impresionistas franceses, aunque ampliará este interés a algún autor nacional, como Joaquim Mir (1873-1940). Es tal su fiebre por la tendencia, y su pasión por el color, que llegará a considerar, en 1919 ya, el dibujo —su gran habilidad— como algo secundario.

El padre decidió también que complementase su formación en el instituto —público— con los hermanos Maristas (por la tarde), siguiendo una práctica habitual en la burguesía de la época. En el instituto (1916-1922) obtuvo por lo general buenas calificaciones, incluida alguna matrícula de honor, salvo las sempiternas matemáticas, aprobadas por lo mínimo pese a la ayuda de un amigo, y ante las que el mismo pintor confesaba que se sentía incapaz y aterrorizado. No obstante las opiniones sobre su rendimiento académico son dispares: este amigo, Jaume Miratvilles, con el que colabora en la fundación de una revista, *Studium*, en 1918, destaca su capacidad literaria, mientras que su profesor de literatura Gabriel Alomar, poeta y diputado posteriormente, lo recordará años después como *un burro*.

Tanta importancia para su formación como el instituto tendrán sus lecturas en la biblioteca paterna de Voltaire, Nietzsche (de quien hará una interpretación de su idea del superhombre en términos narcisistas y autorreferentes), Spinoza; y, en literatura contemporánea, Rubén Darío y Baroja. Su posición política es así inicialmente crítica, izquierdista, incluso revolucionaria: discute frecuentemente con su padre, más moderado, y sigue con interés en la prensa de la época los avances revolucionarios del Ejército Rojo, reflejando en su diario (iniciado en 1918) sus convicciones antimonárquicas y antiespañolistas, simpatizando incluso explícitamente con el terrorismo obrero del momento.

En ámbitos más cercanos, junto a los compañeros izquierdistas de *Studium,* se opone a la separación de chicos y chicas en el instituto, y escribe en la revista —donde se le califica de catalanista— un poema en catalán. Por supuesto a él le corresponde hacer las ilustraciones y la crítica de arte (una por número) de los grandes maestros de la pintura, entre los que incluye —por este orden— a Goya, El Greco, Durero, Leonardo, Miguel Ángel y Velázquez.

Pese a esta participación social tan activa, en estos años también se desarrolla su timidez, incrementándose y llevándole a retraerse, solitario, a largas observaciones de la naturaleza, sobre todo los melancólicos atardeceres, temas muy reflejados en su obra de entonces (y posterior). Y, lo que quizá sea más llamativo y más discutible, la timidez lo lleva a reaccionar con excentricidades y extravagancias, iniciándose su característico exhibicionismo como una forma de defensa, de compensación de su inseguridad ante los otros.

De esta misma inseguridad nacerá también su ambigüedad sexual, recurrente en su vida y su obra posteriores. Aparentemente su comportamiento es el común de cualquier adolescente convencional: noviazgos de pasarse notas, escribir versos, mandarse cartas —casi siempre por personas interpuestas—, semiclandestinos y con pocos contactos sexuales explícitos. Al tiempo, desde su descubrimiento en los lavabos del instituto, el placer real de la masturbación. Hasta aquí todo lo habitual.

Lo peculiar arranca de su sentimiento de culpa, exagerado quizá por la educación higienista paterna y el miedo a las enfermedades venéreas, o por su propio narcisismo quebrantado cada vez que se sentía cayendo en una tentación que trataba de evitar. Cada caída la vivía con abatimiento, casi con depresión, temía perder energía (sangre, *sang* en catalán, según él mismo escribe). Aunque obtenía tanto placer que no podía evitarlo.

Eyaculador precoz, quizá por estos hábitos y estas preocupaciones, madura además sexualmente con pánico a la impotencia. A lo anterior se le suma la percepción —comparativa con sus compañeros— de que tiene un micropene, con lo que se le hace inevitable el temor a fracasar si ha de tener un contacto sexual pleno con una mujer. De hecho, hay quienes suponen que la masturbación será siempre para Dalí una obsesión porque será su única forma de alcanzar el orgasmo. Como otros aspectos de su personalidad, el problema será tematizado artísticamente, lo exhibirá escandalosamente, tratará así de compensarlo, pero su narcisismo le

26

impedirá buscar ayuda o soluciones. En sus relaciones de pareja de esos años adolescentes —la más destacada, con Carmen Roget, que durará hasta 1922— fingirá un amor que no siente. En sus diarios de la época registrará cínicamente cómo simula los sentimientos amorosos propios y manipula los ajenos, siendo reales en él solamente los celos.

En términos técnicos, la clave de su formación —la fundamental ya para su oficio— en estos años (1916-1922) será la Escuela Municipal de Dibujo, donde recibirá las enseñanzas de Juan Núñez Fernández (1877-1963). Formado en la Academia de San Fernando, en Madrid, era un profesor vocacional y firme, exigente, minucioso. Grabador y dibujante más que pintor, perfeccionista, detallista, insistirá mucho en la precisión del dibujo que Dalí demostrará en toda su obra. Juan Núñez además apoyará personalmente a Dalí para seguir adelante. Con él obtendrá ya en el primer curso, en junio del 17, el Diploma de Honor, lo que animará a su padre a exhibir las primeras obras de su hijo en su casa.

Sin embargo, no es seleccionado en las Fires y Festes de la Santa Creu de 1918, retrasándose su primera exposición —compartida— hasta diciembre, en el Teatro Municipal de Figueras. La crítica en la prensa local no podría haber sido ser mejor: *Será un gran pintor*, resume, y además hace su primera venta: dos cuadros a Joaquim Cusí, fundador de unos famosos laboratorios farmacéuticos y amigo del padre. Estas primeras claves de su éxito: apoyo local, apoyo familiar, buenas críticas en la prensa y éxito comercial, ya lo acompañarán siempre hasta su consagración internacional.

Tras hacerse con un estudio propio en 1919; su padre; Juan Núñez, su maestro de dibujo; y Eduardo Marquina, el cuñado de Pichot, que tenía buenos amigos en la Residencia de Estudiantes; lo convencen para que prosiga sus estudios en Madrid, y no en la cercana Barcelona.

Dalí calcula ya entonces los años de Academia en Madrid, el salto al año de posgrado en la Academia de Roma, y de ahí su vuelta triunfal: *Seré un genio... un gran genio*, escribe ya en su diario. Y no sólo tiene claro su objetivo final, sino también algunos instrumentos adicionales para ese ascenso público a la fama: la pose estudiada (confiesa en su diario ser a propósito un *poseur*: pelo largo, patillas, corbata de lazo...), la forma de hablar, e incluso, y esto es lo más llamativo, su forma de pintar, irían dirigidas a ese objetivo de destacar, de significarse por encima del resto. Satisfecho de su primeros éxitos, se confiesa ya en 1921 *loco de amor por mí mismo* sin ningún pudor y comienza la búsqueda de su estilo, de su vanguardia, de su ismo adecuado: en 1921, dejando atrás el impresionismo, le atrae el futurismo, en especial el de Boccioni, dirigiendo en el 22 su interés hacia Picasso, su gran obsesión desde que oyera de niño —y quizá lo viera en Cadaqués— hablar de él a los Pichot.

27

Mientras, continúan sus éxitos locales que ya se le quedan pequeños: en 1920 obtiene el primer premio de la escuela municipal, en 1921 son celebrados sus carteles en las fiestas de la Santa Creu. Y en enero del 22 da un salto importante con la exposición en la galería Dalmau, de Barcelona, prestigiosa por sus exposiciones del arte de vanguardia (en 1912 la primera cubista en España, en 1916 una de las primeras de arte abstracto en el mundo, en 1918 otra de Miró). El galerista Dalmau era amigo personal de su tío Anselmo y a través de ese contacto expone Dalí allí ocho cuadros, vendiéndolos en su totalidad y recibiendo críticas muy elogiosas.

Políticamente son años de gran agitación y Dalí crece en su radicalismo: ante el Desastre de Annual en 1921 se identifica con los moros de Abdelkrim resistentes al colonialismo español y funda con otros compañeros en el otoño de ese año una asociación política y una revista —que sólo tuvo un número—: *Renovació Social*, que quería ir más allá del regeneracionismo, siendo declaradamente marxista y prosoviética.

En el ámbito familiar, dos muertes cercanas van a cerrar este periodo en 1921: la de su madre, en febrero, de cáncer, y la de Pepito Pichot, inesperada, en julio. Con la conclusión de sus estudios en el instituto, en junio de 1922, la conciencia del fin de un periodo es acusada: *Adiós, Cadaqués... Adiós, senderos llenos de tranquilidad,* escribe ese verano. A cambio, Madrid y su objetivo de alcanzar la celebridad lo esperan.

II.   JUVENTUD Y GENIO.
LA ACADEMIA Y LA RESIDENCIA
DE ESTUDIANTES (1922-29)

No elogio tu imperfecto pincel adolescente, ni tu color que ronda la color de tu tiempo... pero canto la firme decisión de tus flechas... Con estas palabras tan claras como sugerentes, daba Federico García Lorca en su *Oda a Salvador Dalí* (1926) su opinión sobre el arte de su amigo *de rostro aceitunado.* Decisión firme, como había mostrado desde su infancia, adaptación a las exigencias y a las modas del momento, y cuestionables —o inmaduras— dotes pictóricas.

Litros de tinta han corrido sobre esta relación con Lorca, acentuadas por la ambigüedad sexual del pintor y la homosexualidad mal confesada del poeta. Por si fuera poco, el tercero en discordia en estos años de la Residencia de Estudiantes, Luis Buñuel, otro genio, esta vez del cine, trabajará con el pintor inmerso en la fiebre vanguardista, e intentará apartarlo de *la nefasta influencia* del poeta, seis años mayor que Dalí y ya famoso cuando los tres se conocen en la Residencia. ¿Qué se sabe de cierto de todo esto? ¿Era *El perro andaluz* (título del cortometraje surrealista que hacen Dalí y Buñuel en 1929) una alusión insultante a Lorca?

Como suele suceder, parece que los rumores acrecientan lo que sucedió en la realidad. Que no era poco en este caso. Veámoslo ordenadamente.

De entrada, hay que contar con que las fuentes son escasas, confusas y equívocas. Buñuel y Dalí deforman sus recuerdos, y los documentos —cartas de su correspondencia particular, datos de la Residencia de Estudiantes— se han perdido en su gran mayoría. Con los que quedan, los biógrafos tratan de recomponer unas relaciones cuya ubicación cronológica a menudo es imprecisa. Comencemos, pues.

En septiembre del 22, acompañado por su hermana y su padre, Dalí hace el examen de ingreso en la Academia. Aprueba y se queda a vivir en la Residencia de Estudiantes, fundada en 1910, cuyo director era entonces Alberto Jiménez Fraud. Era una institución creada inspirándose en buena medida en los colegios ingleses, con una atmósfera interdisciplinar, y algo monacal, en la que convivían entonces un centenar y medio de estudiantes universitarios.

Auspiciada desde la Institución Libre de Enseñanza, se intentaba crear un grupo selecto de intelectuales, educados a la europea, libres del control de la Iglesia católica, que prácticamente acaparaba en aquel momento toda la enseñanza secundaria y superior de las clases dirigentes del reino. Aparte del propio Dalí, Lorca o Buñuel, residieron o pasaron por ella otros personajes célebres, desde la física dos veces premio Nobel madame Curie al poeta Gabriel Celaya. Era, sin duda, uno de los focos principales de los intentos de renovación intelectual del momento, y sería una de las claves de esa Edad de Plata de las letras (y en general podríamos decir que de toda la intelectualidad hispánica) en la primera mitad del siglo XX.

La Academia, por el contrario, era una institución en decadencia. Pese a todo, la mejor disponible entonces en el reino, y a su trabajo se aplicó Salvador con ahínco desde su llegada, pintando durante horas y complementando la formación académica con la lectura de las revistas de arte de vanguardia a las que estaba suscrito (*L'Esprit Nouveau* y *Valorici Plastici*) y, además, las mañanas de los domingos las dedicaba a las visitas al Museo del Prado, para estudiar pormenorizadamente a los grandes maestros. El resultado académicamente fue más que aceptable el primer curso: matriculado en Perspectiva, Dibujo de Escultura, Anatomía, Historia del Arte Antiguo y Medieval, y Modelado, aprobó todo menos Modelado, que aprobaría en septiembre.

En consecuencia, le quedaba poco tiempo para las relaciones sociales con sus compañeros de la Residencia, que lo veían tímido y apartado, extravagante de aspecto, con su pose romántica que le valió el calificativo burlón de *el artista*. Ellos seguían una moda más británica, bastante preocupados por lo general en vestir con una elegancia actual y deportiva. Quien «descubrió» para el grupo al joven catalán parece ser que fue Pepín Bello, un aragonés simpático, veterano de la Residencia, muy sociable y noctámbulo, que vio por casualidad en su cuarto alguno de sus ensayos cubistas.

En el círculo de amigos de Pepín Bello destacaba Luis Buñuel, también aragonés, futuro director de cine, pero entonces dedicado a la entomología, entre otras actividades. Buñuel era físicamente el reverso de Dalí. Cuatro años mayor que el catalán, destacaba como deportista y presumía de su fuerza física y de sus salidas nocturnas a los burdeles de la capital. También malcriado por su madre, de una familia adinerada, era muy hablador y tenía una confianza en sí mismo a prueba de cualquier circunstancia. Políticamente simpatizaba con el anarquismo y artísticamente era un vanguardista radical. Tenía aspiraciones literarias y pertenecía al grupo ultraísta, participando en sus tertulias y en la revista *Ultra,* cuyo líder indiscutible era Ramón Gómez de la Serna (1883-1964), escritor famoso, en permanente contacto con la vanguardia europea. Su manifiesto en pro de la modernidad había sido lanzado en el año 20. También pertenecían al grupo, participando en la famosa tertulia del café Pombo, Guillermo de la Torre, el poeta argentino Jorge Luis Borges o su hermana Norah. Aunque Salvador Dalí no llegó a afiliarse al grupo, acudió a las tertulias e intimó con varios de ellos, en especial con Buñuel, dejándose llevar en ese otoño ya a las excursiones nocturnas por Madrid, que reflejará en una serie de obras de colores brillantes, influidas por otro de los amigos, el pintor uruguayo Barradas.

Amantes del dinamismo y admiradores por tanto del futurismo, compartían la valoración entusiasta de la era de las máquinas, de la técnica, de los automóviles, los aviones, la radio, el cine; de Picasso, de Cocteau, de Apollinaire, despreciando por decadente lo que se asimilara a los cánones de belleza burguesa de la naturaleza, las estatuas clásicas, o las emociones asimilables al sentimentalismo. Dalí hará de todo esto un credo de combate.

A su llegada en el otoño del 22, Federico García Lorca, huésped irregular de la Residencia, estaba ausente, en su Andalucía natal. Pero, inevitablemente, oyó hablar de él. Era algo mayor, nacido en 1898, y ya un poeta conocido desde la publicación de su primer poemario en 1921. Además, Federico era dramaturgo y músico, amenizando las veladas con frecuencia al piano, cantando canciones del folklore popular. Por si esto fuera poco para despertar la envidia de Salvador (que reconoce haberla sentido intensa y dolorosamente al principio), Lorca también dibujaba; pero sobre todo tenía una personalidad desbordante, alegre y expansiva, cuando estaba en público. A los ojos de los compañeros su único —y celosamente oculto— defecto era su homosexualidad. Pero ni siquiera esto podía ser para el joven Dalí, del que ya hemos señalado alguno de sus conflictos e inseguridades en el campo erótico, una tara. Era inevitable que se sintiera atraído por la personalidad del poeta, seis años mayor, ya popular, y con tanto en común con él mismo (el gusto por el folklore, por la poesía de la naturaleza, en especial la mediterránea, su admiración por Rubén Darío, su sensibilidad hacia la injusticia social —entonces Dalí estaba suscrito a *L'Humanité,* el periódico del partido comunista francés—, e incluso su anormalidad y su inseguridad sexuales).

En resolver las ansiedades de esta inseguridad sexual va a influir entonces poderosamente la lectura de las primeras traducciones de Sigmund Freud, el inventor del psicoanálisis, traducciones que se comentaban además en la *Revista de Occidente,* de la que Dalí era un lector asiduo. *La interpretación de los sueños* sería para él, en su propias palabras,

31

uno de los descubrimientos capitales de mi vida. Y aquí parece que su autoconfesión no se aparta nada de la realidad: le creó el *vicio de la autointerpretación*, le dio pie artísticamente a uno de sus periodos más fecundos (llamado precisamente *época freudiana* de su pintura), en que utilizó temáticas y modos de interpretación inspirados en el psicoanálisis, y, sobre todo, legitimó a sus ojos sus obsesiones y comportamientos sexuales considerados perversos, principalmente la masturbación que, como ya hemos analizado, tanta culpa le causaba en su adolescencia y parece que no abandonaría nunca.

La concepción de Freud de la existencia de un Principio del Placer que actuaba como motor de nuestra conducta, en pugna con el Principio de Realidad y con los Principios Morales le alivió sobremanera. Pero sobre todo el hecho de que Freud hubiese descubierto —aunque en etapas infantiles— un inicio en la orientación sexual de todo ser humano como «perverso polimorfo», sin que el placer erótico se limitase a la genitalidad adulta. Esto le permitió afrontar su miedo al coito, algo que percibía como violento y excesivo para su capacidad física, y asumir sus hábitos masturbatorios como algo aceptable, que incluso podía y debía exhibir como un rasgo más de su personalidad singular.

En suma, por sus implicaciones artísticas y personales Freud pasó a estar entre los *héroes*, la máxima categoría que Dalí otorgaba a las personalidades relevantes en la historia de la humanidad. También lo calificó de *gran místico al revés* lo que resultará muy significativo cuando en él se produzca la reacción, tras la guerra de España, hacia el misticismo. En la búsqueda del misticismo en la que se aventuró, abandonando las intimidades obsesivas psicoanalíticas, para intentar recuperar la espiritualidad tradicional, habría mucho de intento de recorrer al revés, de vuelta, el camino de Freud y en general de toda la ideología contemporánea, incluida la del arte de las vanguardias. Pero esto vendrá casi veinte años más tarde. Ahora, y hasta el 39, el psicoanálisis y Freud serán algunas de sus guías básicas.

La impresión que en Lorca hace el joven Dalí, por su parte, se parece curiosamente a la observación que la hermana del pintor, Ana María, atribuye al padre de ambos en sus años infantiles: Dalí sorprende, más allá de la pose superficial, por la combinación extraña de su inteligencia *agudísima* según Lorca, y su infantilidad *desconcertante*. Esta impresión de ingenuidad, infantilidad, indefensión, extremada poéticamente por el granadino, que lo compara con *un niño Jesús, desamparado en medio del portal*, era compartida por muchos de los que entonces y algunos años después lo conocieron.

Aquellas Navidades, de regreso al hogar familiar, en Figueras, el reencuentro fue alegre, pese a la tristeza de las pérdidas cercanas (la muerte de la madre, la muy cercana muerte de la abuela —en octubre del 22—, y su propia ausencia de la ciudad paterna). Quizá por compensar estas tristezas decidiera el padre casarse con la *tieta* Catalina, para lo que necesitó la dispensa papal. Se ha comentado que esta boda, de la que Dalí dijo a su padre que *qué falta les hacía*, podría haber sido la culminación de unas relaciones sexuales entre cuñados que se daban ya antes de la muerte de la madre. Incluso se ha señalado que el pintor pudo resentirse por ello, pero no hay prueba alguna al respecto. La boda se celebró en diciembre, poco antes de las vacaciones y la vuelta de Salvador a casa.

Sus familiares reconocieron pronto un efecto benéfico de la estancia de Salvador en Madrid. Lo encontraban encauzado: en su aspecto había desaparecido la pose desaliñada, viéndole en cambio con un *aire de serenidad y bienestar*. Como pintor también lo ven madurar, bajo la influencia cubista, estudiando las estructuras y los volúmenes de las formas, lejos de su obsesión previa por el color y la luz, aunque aún sin llegar a esa precisión detallista que más tarde incorporará a sus obras.

Septiembre del 23. Vuelta al curso y a Madrid tras el verano pintando en Cadaqués. Poco después, en octubre, cuando lleva un año en la Academia, con buenos resultados académicos como hemos visto, es expulsado. El motivo: una arbitrariedad tras otra. Un tribunal de profesores indignados por un escándalo (que ellos mismos habían causado) —sin pruebas en su contra— lo culpa de ser uno de los organizadores. El alboroto, espontáneo, cundió entre el público ante una arbitrariedad manifiesta que los profesores del tribunal habían cometido: no concederle al pintor Daniel Vázquez Díaz un merecido título de profesor de pintura al aire libre. Al puesto, vacante tras la muerte ese verano de Joaquín Sorolla, aspiraban otros pintores desconocidos que no obtuvieron voto alguno del tribunal. Así, las abstenciones decidieron que los dos votos para Vázquez Díaz eran insuficientes.

El público se indignó y hubo que llamar a la policía. Dalí, conocido por su radicalismo, fue el chivo expiatorio del castigo posterior. Pese a que sus condiscípulos no apoyaron a los represaliados, como habían prometido, él se niega a delatar a nadie. Corrían malos tiempos para actitudes dignas o exigencias de justicia: en septiembre del 23 el general Primo de Rivera, con la aquiescencia del rey, había dado un golpe de Estado y suspendido las garantías constitucionales para evitar que la investigación sobre los excesos cometidos por los altos mandos militares de África siguiera adelante. El propio padre de Dalí, que había iniciado una investigación sobre un fraude electoral cometido por la derecha en Figueras, fue amenazado por el gobernador civil de aquella provincia.

Pese al disgusto inicial, la familia de Dalí se vuelca de nuevo con él: el padre, incansable, investiga la arbitrariedad cometida con su hijo y la denuncia, llegando a amenazar físicamente a uno de los profesores culpables. Pero deben resignarse ante los abusos del poder y esperar al siguiente curso para poder matricularse de nuevo. Otra vez en Figueras, contrata a Juan Núñez, su antiguo profesor de la escuela municipal, para que dé a Salvador clases de grabado. Incluso instalan un tórculo en la casa para grabar. Además, para que su formación no se interrumpa, preparan un viaje para conocer de primera mano la pintura europea, en concreto los maestros que más interesan entonces a Dalí: Brueghel, el Bosco y Veermer. Se suscriben a todas las revistas de arte y cultura que creen interesantes, y de este modo, sigue llegando a su conocimiento la obra de los contemporáneos de vanguardia.

El que más le influye entonces es Giorgo de Chirico, fundador de la pintura *metafísica*. Sus escenarios infinitos, en los que alguna figura humana o para-humana (una estatua, un maniquí) aparece en primer término, se reflejarán constantemente en la obra de Dalí (aunque perdiendo buena parte de su sentido *metafísico*). También de los surrealistas (cuyo primer manifiesto se publica en 1924), los primeros ecos pictóricos le llegarán estos años a través de la obra de Max Ernst.

El otoño anterior, en noviembre de 1922, André Breton, el líder del grupo surrealista, había pronunciado en Barcelona una conferencia, en la que hablaba de un movimiento general, común al cubismo, al futurismo y al Dadá, aún por definirse y tomar personalidad propia, que se estaría fraguando. En 1924 tomará el nombre de *Surrealismo*, nombre prestado de Apollinaire, que lo había acuñado en 1917. Como hemos visto, ese otoño Dalí estaba en Madrid, pero es posible que le llegase el texto a través de su tío Anselmo. Como es muy probable que le llegase también el prólogo que escribió Breton entonces para una exposición de Francis Picabia en la galería Dalmau. En él se sitúa en contra de Cézanne, defendiendo un arte puro, sin intencionalidad representativa, y reconoce como la mayor deuda del arte contemporáneo la que habría con la obra de Picasso.

No acabaron con la expulsión de la Academia de Madrid sus problemas con la autoridad en aquel curso. Durante el año 24, en mayo, hay una visita del rey Alfonso XIII a Figueras, y deciden encarcelar preventivamente a todos los elementos sospechosos de crear tumulto. Para presionar a su padre y que cese en sus investigaciones sobre el fraude electoral, Salvador Dalí es encarcelado. La prisión es breve —del 21 de mayo al 11 de junio— y en ella va a coincidir con dos antiguos compañeros de estudios, ahora militantes comunistas: Jaume Miratvilles y Martí Vilanova. El caso es que nuestro pintor sacó del hecho un elemento más para prestigiarse ante la vanguardia madrileña a su vuelta en otoño del 24.

34

Por aquellos años, Buñuel, enamorado de la ciudad de Toledo, había organizado una especie de logia caballeresca, fundada con Lorca y su hermano Francisco y Pepín Bello, bautizada como *Orden de los caballeros de Toledo*, de la que él era por supuesto el gran maestre. Dalí y el poeta gaditano Rafael Alberti fueron caballeros de la misma, en la que era condición indispensable para la admisión haberse emborrachado al menos una vez en la noche toledana, recorriendo sus callejuelas estrechas y misteriosas. Allí, junto con otros compañeros de la Residencia, dieron rienda suelta a su gusto por el disfraz, el noctambulismo, las leyendas, lo subversivo y lo histórico. Américo Castro, hispanista e historiador de prestigio, los invitaba con frecuencia a su casa toledana, reuniéndose en otras ocasiones el grupo en la Venta del Aire, de la que se borró un mural de Dalí con los retratos de varios de los iniciados.

También organizó Buñuel una versión teatral del *Don Juan* de Zorrilla, con él mismo en el papel protagonista y Dalí en el de su rival Luis Mejía.

Otras diversiones que compartían Buñuel y Dalí eran las de la música del momento —el jazz— y el baile: el charleston, el tango, que practicaban con asiduidad en el hotel Palace y otros lugares de concierto y de baile. Buñuel insistió, pero no logró convencer al director de la Residencia de la conveniencia de hacer allí conciertos de música negra de jazz (sí que habían contado con la presencia de destacados compositores e intérpretes de música «culta»: Falla, Andrés Segovia, Darius Milhaud, Stravinsky, Ravel...).

Con Lorca compartirá Salvador Dalí el gusto por la zarzuela, el género chico del país, regocijándose, aún años después, de haber asistido a ver *La Corte de Faraón*, un montaje humorístico provocador, que con la excusa de un episodio bíblico se plagaba de equívocos e insinuaciones eróticas, incluida la inversión de los roles sexuales tradicionales (la mujer, insatisfecha por haber sido casada con un héroe de guerra mutilado en los genitales, es la que acosa al *casto José,* que la rehúye, tímido).

En otoño del 24 Dalí retoma sus estudios. Pero sus principales influencias van a venir por otras vías extraacadémicas: recibe noticias, a través de la *Revista de Occidente*, que lo analiza, del manifiesto surrealista, escrito por André Breton en octubre de ese año. Lee a Lautreamont (Isidoro Ducasse, 1846-70), escritor *maldito* francés, nacido en Montevideo, cuya exquisitez y amoralidad, en *Los Cantos de Maldoror*, su obra casi única, le dejarán una impresión duradera. Es, junto al Marqués de Sade, uno de los escritores recuperados por los surrealistas. La traducción al castellano la hizo el hermano de Ramón Gómez de la Serna, que prologaría la edición. Además era una obra muy alabada por su venerado Rubén Darío, al que también admiraba Lorca.

Durante ese año de 1925 Buñuel marcha a París, donde permanecerá tres estudiando cine junto a Epstein y otros maestros franceses, y la amistad entre Lorca y Dalí y la influencia de la personalidad del poeta sobre el pintor se acentúan.

Vacaciones de Semana Santa de 1925. Lorca está por primera vez con la familia Dalí en Cadaqués. Su carácter sencillo y firme, poco sugestionable, contrasta con *la enorme pretensión... característica de mi hermano*, en palabras de Ana Mª Dalí, que se deshace en elogios hacia el poeta. Éste, impresionado vivamente por la belleza de la costa y los olivos, que siente tan suyos también, les lee una noche el drama que ha escrito: *Mariana Pineda*. El entusiasmo de Dalí padre es desorbitante, lo califica allí mismo de mejor poeta del siglo y organiza rápidamente una lectura en Figueras. A la acogida de todos los invitados se suma el regocijo con el que Lorca escucha las sardanas de Pep Ventura, hasta el momento una música para él desconocida. De resultas de este viaje, se establece una amistad epistolar entre Ana Mª Dalí y el poeta, que se tratan fraternalmente. Lorca recuerda el paisaje marino ampurdanés *eterno y actual, pero perfecto,* que compara con una imagen mítica de Tierra Santa, y echa de menos que Granada viva tan de espaldas al mar: *dichosa tú, Ana María, sirena y pastora al mismo tiempo, morena de aceitunas y blanca de espuma fría. ¡Hijita de los olivos y sobrina del mar!,* le escribe.

Conoce a Lidia, una mujer que tenía el delirio de ser amada por Eugenio D'Ors, escritor que había estado de joven hospedado en su casa. Paranoica lúcida, mediterránea en su locura, como puntualizará Lorca, distinguiéndola de la locura seca, abstracta, castellana, de Don Quijote, su caso tendrá influencia en la posterior evolución de la obra de Dalí. Como también lo tendrá en la obra de ambos la visita que hacen a las cercanas ruinas griegas de Ampurias: el granadino concebirá —desde un mosaico que la representaba— la tragedia del sacrificio de Ifigenia, y Dalí incluirá en los años próximos con harta frecuencia imágenes de fragmentos de estatuas clásicas caídas, con su rostro y el de Lorca, entre otros.

Esa misma primavera, en Madrid, Louis Aragon pronuncia en la Residencia de Estudiantes una conferencia sobre el surrealismo como agitación social mundial, como rebelión generalizada contra todo lo establecido. También en Madrid, se funda una sociedad de artistas, *Los Ibéricos*, entre los que están el músico Manuel de Falla, el pintor Vázquez Díaz, el propio Lorca, que organiza en mayo su primera exposición, en el parque del Retiro. Se recalcan los valores plásticos de la pintura sobre sus significados, se defiende a los clásicos y a los innovadores Picasso, Gris, Chirico, Lèger... y se arremete contra la pintura conservadora de Sorolla y los académicos. Además de un antología de Ramón Pichot, recién fallecido, se exponen obras de artistas jóvenes. Dalí, con siete obras cubistas y cuatro retratos, es valorado como el más original de los presentados.

Cuando llegan los exámenes de junio, pese a su escasa asistencia a clase, aprueba, solicitando permiso para examinarse del tercer curso como alumno libre, porque quiere centrarse en preparar una exposición el otoño siguiente en la galería Dalmau de Barcelona. Por esta misma razón se excusa de no poder responder a la invitación de Lorca a pasar ese verano en Granada.

Otoño del 25. La exposición en Barcelona en la galería Dalmau es un éxito. Destacan algunos retratos, entre ellos del padre y de la hermana del pintor, y paisajes de Cadaqués. Tiene un éxito rotundo de crítica, se vende casi todo y se hacen varias reproducciones. El padre comienza a coleccionar recortes de todo lo que sale en prensa sobre la pintura de su hijo, que trabaja incansablemente. Pinta de la mañana a la noche y cuando no pinta, estudia. Lee por entonces *Les Pensées* de Ingres, del que hace tres citas en su exposición.

Esa primavera, ya en el año 26, hacen Ana María, la *tieta* y él, finalmente, su viaje a los museos europeos: al Louvre, donde Salvador pasa varios días analizando todo, y muy en especial la obra de Leonardo, de Rafael y de Ingres, sus principales intereses del momento. Es su primer viaje a París, adonde lo urgía a acudir Luis Buñuel, que los recibe en la estación. En estos pocos días conocerá a través de su amigo algo de la vida nocturna parisina, en los cafés de Montparnasse, donde el nutrido grupo hispano se inclinaba por el cubismo, con la excepción del también catalán Joan Miró, adherido ya en 1924 al Movimiento Surrealista. Es posible que Dalí viese también entonces la recién abierta galería de los surrealistas, con la obra de Tanguy, Chirico, Duchamp, Picabia, Max Ernst o Man Ray.

Al viaje, que no era sólo de estudios, irá el joven Dalí armado de dos cartas de presentación que le prepara el galerista Dalmau para Max Jacob, poeta amigo de Picasso, y el propio André Breton, sospechando quizá ya la adecuación del temperamento de Dalí con las propuestas del grupo surrealista.

También durante este viaje conocerá finalmente a Picasso, a quien se acercaba con auténtica reverencia. En sus propias palabras: *Cuando llegué a la casa de Picasso... estaba hondamente emocionado, y tan lleno de respeto como si tuviera audiencia con el Papa. He venido a verle —le dije— antes de ir al Louvre. Hizo usted muy bien —contestó.*

Por Picasso, a quien muestra uno de los retratos de Ana María, se siente aprobado, y tiene ocasión de ver en su estudio el óleo *Atelier avec tête de plâtre* de 1925, un bodegón con una cabeza de estatua clásica cortada y una mano con lanza, cuya influencia tanto se dejará ver en su obra de los años siguientes.

Luego, en Bélgica, contempla las obras de los flamencos, buscando especialmente la obra de Vermeer de Delft. Esta visita influirá en Dalí en un doble sentido: el clasicismo de algunas obras que hace ese verano, como el *Cesto de pan*, y el comienzo de su experimentación con fantasías y caprichos inspirados en El Bosco, en los que trabajará denodadamente.

Al final de esa primavera, de vuelta a Madrid para examinarse, coincidirá con Buñuel y Lorca —es la última temporada en que se los ve a los tres juntos—. Lorca acaba de publicar su *Oda a Salvador Dalí*, y, si hemos de creer al propio Dalí —en 1955—, es la primera vez que Lorca intenta decididamente seducirlo. Al final, siguiendo el mismo relato, su puesto lo ocupará una compañera de academia, que admiraba a ambos y tenía fama de muy liberal en cuestiones sexuales. Ella habría supuesto, siempre según Dalí, la primera vez que Lorca hacía el amor a una mujer. Pero todos los testimonios y pruebas sobre este asunto son muy circunstanciales. Lo que sí está probado, por su correspondencia y su obra, es que compartieron la obsesión por San Sebastián como tema artístico, llegando a llamarse uno y otro San Sebastián. Era éste, casualmente, el santo patrono de Cadaqués; pero, casualidades aparte, ha sido tradicionalmente en la iconografía del mundo cristiano, la representación del comportamiento sadomasoquista y de la homosexualidad (es un torso desnudo, de un varón joven, atado a un árbol y atravesado por flechas mientras su bello rostro muestra el éxtasis del martirio, en una expresión asimilable a la del éxtasis del placer).

Y tan interesante como esa pasión compartida es el hecho de que Dalí pretenda asumirlo como un motivo desapasionado, fuera de lo romántico, hablando de la *Santa objetividad, que ahora toma el nombre de San Sebastián*. Del mismo modo, en una carta a Lorca ese septiembre del 26, se declara ajeno a los misterios de la inmersión en la naturaleza, o de la relación con un ser superior (de la religión). Dalí se sentía entonces en paz, disfrutando de la paz en la claridad de lo objetivo. Estaba por tanto reafirmándose en algunas de las posiciones que más lo distanciaban de García Lorca.

En una carta a un amigo le hablará ese año del desinterés religioso que ha experimentado siempre, desde niño, frente a la religiosidad —erotizada— de Lorca. Le cuenta cómo estas actitudes tan contrapuestas les han llevado, desde que se conocieron, a interminables discusiones de madrugada en la Residencia de Estudiantes, porque la cuestión religiosa se extendía a otros ámbitos artísticos, por ejemplo a Dostoiewski y otros escritores rusos, por los que Dalí manifiesta el mismo profundo desinterés que por la religión oficial. Le confía cómo así, en su relación con el poeta granadino, *comienza nuestra amistad, basada en un total antagonismo.*

Sus intereses serían exteriores, por el color y la mecánica, por las cosas. Esto le produce, desde la infancia, una emoción poética intensa, pero intelectual, una emoción por la objetividad, por la geometría, por las virtudes físicas *suficientemente divinas,* añade, como para no necesitar plantearse más. La asepsia, la ciencia, la técnica, ahí ve el arte, como Marinetti y los futuristas (que habían planteado en su manifiesto la superior belleza de un automóvil de carreras ante los referentes clásicos, como la Venus de Milo). Le interesan poco por tanto Gaugin o el simbolismo, o el expresionismo, más ocupados de angustias interiores y cuestiones existenciales.

Pero su amistad con el poeta granadino continúa. Ese verano del 26, de nuevo en Cadaqués los dos juntos, trabajarán con esfuerzo, Lorca en su nuevo drama: *El sacrificio de Ifigenia,* y Dalí en la obra que expondrá el siguiente invierno en Barcelona.

Antes, una última escena de la tormentosa relación con la Academia: le suspenden incomprensiblemente dos asignaturas (Color y composición, y Dibujo del natural en movimiento), y, harto de soportar arbitrariedades y humillaciones, en la tercera de la que se examinaba, Teoría de las Bellas Artes, da uno de sus golpes de efecto. Ante la prepotencia de unos profesores escasamente capacitados, declara incompetente al tribunal para examinarlo en esos temas. Este evidente desafío, intolerable para los arrogantes miembros del tribunal, le cuesta la expulsión definitiva. Su padre, incansable como siempre en la denuncia de la injusticia y el atraso del reino, escribe que esta escuela de Bellas Artes, *una institución detestable y corrupta, es una acertada representación de la desgraciada España.* A partir de ahora, el objetivo del joven Dalí será París, la capital del arte de vanguardia en aquel momento.

Ese verano en Cadaqués, la sensación para Lorca de ser parte de la familia Dalí es aún mayor. Y en Dalí, Lorca es cada vez más influyente: su retrato y su obsesión con la muerte van a sustituir como tema predominante a la hermana, Ana María, en la obra del pintor.

Ella misma, Ana María, de quien se dice que también se enamoró el poeta, nos cuenta cómo volvía entre los olivares con el poeta de la mano, al atardecer, hacia la casa en la que Dalí pintaba incansablemente, y nos describe idílicamente la estancia, las veladas recitando, cantando o escuchando la guitarra de otro amigo invitado. Incluso habla con ternura del carácter medroso e hipocondríaco de Federico, que jamás se bañaba solo, que tenía verdadero pánico a la muerte, que al menor síntoma pedía el termómetro y se ponía a hacer inhalaciones de eucalipto, siempre demandando

39

afecto. A cambio, les regalaba permanentemente su amabilidad, su serenidad y una imaginación dispuesta a agradar a esa su nueva familia adoptiva.

Durante el otoño del 26, Dalí expone en el Salón de Otoño de Barcelona, recibiendo en la revista *L'Amic de les Arts* una crítica muy positiva del que pronto será un buen amigo y colaborador, Sebastián Gasch. En esta crítica diferencia a Dalí de lo que le rodea, subraya que su cubismo se ha vuelto más sensible, y, lo que más agrada al pintor, compara su pintura con la música de jazz. Estaba por tanto Gasch en la misma sensibilidad daliniana de los ultraístas, la de la era postindustrial, la de Picasso y el cubismo, aunque recelaba de los surrealistas: para él no eran más que un grupúsculo estéril de amantes del escándalo.

Invierno del 26-27: Dalí hace su segunda exposición en la galería Dalmau, en la que expondrá separadamente lo cubista de sus pinturas «objetivas», entre otra obra, el *Cesto de pan* y la *Muchacha en la ventana*, dos de sus pinturas más conocidas, en las que se refleja la influencia clasicista de los viajes a las pinacotecas europeas del año anterior. En ellos ya se ha consumado la combinación de detallismo y de atmósfera transparente característica de su estilo formal. Como textualmente explicaba su hermana Ana María hablando desde su periodo anterior, de experimentación cubista con las formas:

El detalle, con una precisión sorprendente, llega más tarde, y llega en unión de la luz. Esa luz de los primeros cuadros (sus ensayos impresionistas adolescentes), *que torna a aparecer, pero ahora más viva, más clara, más precisa. Se han encontrado por fin, la forma y el color en una unión perfecta.*

Indudablemente, en esta clara explicación del proceso hay algo más que una crítica de arte, hay la satisfacción de la armonía familiar, de la integración del amigo García Lorca en ese ámbito familiar, en una situación idealizada, la del verano último en Cadaqués. Y se percibe perfecta sobre todo por contraste con lo que vendrá después: el surrealismo como amenaza: *Ideas destructoras del surrealismo... rebosantes de odio y de perversidad... destruyeron la paz de nuestro hogar...* Una amenaza que habría absorbido al hermano perdido, visto como víctima y no como protagonista del Movimiento: *Movimiento maléfico al que, por desgracia, se adhirió Salvador.*

Hablando de los cuadros de esta misma exposición señalaba Ana María que *en ellos se refleja un alma sana, clásica y brillante, que el aliento del surrealismo no tardaría en empañar.*

Si a la armonía familiar y personal se unía el éxito internacional (el museo de Pittsburg compra el *Cesto de pan*, marchantes parisinos se interesan por la obra), no había nada mejor que desear. Todo cambio habría de ser negativo. Pero aún pasarán dos años.

El servicio militar, en Figueras, empieza finalmente para Dalí ese febrero del 27. No parece que fuera muy duro para él, aunque las referencias del pintor son escasas y más que testimonios son una ocasión más de exhibir sus peculiaridades: así nos habla de su satisfacción en limpiar las letrinas, dentro de ese gusto por la asepsia, y de la analidad recurrente de su vida y su obra. Sigue carteándose con Lorca, oscilando en su correspondencia entre los juegos amorosos alrededor del tema de San Sebastián y la reafirmación de sus convicciones maquinistas.

En la carta que se conserva, de abril o mayo del 27, sigue celebrando la perfección de las máquinas, su belleza y su poesía, y sigue por tanto firme en continuar su camino artístico por lo externo y lo objetivo, y critica, cariñosamente, las canciones populares del poeta, ajenas a una modernidad en la que cree, y que representa mejor el jazz.

Cuando se ven finalmente, en mayo, Dalí tiene un permiso de tres meses que aprovecha para trabajar en los decorados y el vestuario de *Mariana Pineda*, la obra de Lorca que estrenará en Barcelona el 24 de junio la compañía de Margarita Xirgu. El propio Lorca lo ayuda con la escenografía, considerada por algún crítico poco propia para el tono romántico del texto. La obra conoce un éxito relativo, con críticas muy positivas como las de Gasch, permitiendo a la compañía seguir con ella en un *tour* veraniego por diferentes provincias, para estrenarla en Madrid en otoño. Lorca, al tiempo, expone en Dalmau como dibujante 24 obras, entre ellas algunos dibujos de los rostros de los dos amigos fundiéndose en un beso. Dalí, que le confiesa que se ha convencido de que la verdadera poesía sólo puede ser cosa de pintores, como ellos, se lanza también al campo del otro, publicando ese otoño poemas, aunque con menos éxito que los dibujos de Lorca.

Antes, en verano, en Cadaqués, va a trabajar en la prosa catalana *San Sebastiá*, en la que vuelve a hacer una defensa de la asepsia y la técnica frente al sentimentalismo burgués, defendiendo la objetividad total. También, junto a Lorca, que pasa con ellos el mes de julio, redacta los primeros esbozos de lo que será el *Manifiesto antiartístico catalán,* firmado finalmente junto a Sebastián Gasch y Montanyà, otro exponente de su generación que compartía su creencia en la necesidad de una renovación profunda. El hecho de que fuera finalmente catalán excluyó a Lorca de los trabajos posteriores, pero hay fotografías incluso de su colaboración en las etapas iniciales.

Como el manifiesto de ocho años atrás de los ultraístas en Madrid, el *Manifiesto antiartístico catalán* (o *Manifiesto Groc*) arremete contra el mundo artístico oficial, al que considera cerrado y atrasado, ajeno a la era del maquinismo que el mundo está viviendo. Entre otras propuestas provocadoras proponían demoler el barrio gótico de Barcelona o abolir la sardana, como símbolos de un localismo rancio. Junto a estas propuestas destructivas extremadas, casi grotescas, muy en la línea de los futuristas, recordaban también una serie de verdades que implicaban una profunda reflexión. Como que el Partenón (y el resto de las obras de arte clásicas) cuando se hizo era una novedad y no una ruina. O que los artistas oficiales, en su tradicionalismo inmovilista, llegaban a ser un obstáculo a la civilización (en el sentido de progreso técnico y social).

Pero, sobre todo, ese verano va a ser el de la realización de dos obras que representan un giro decisivo en su carrera: *La miel es más dulce que la sangre* y *Cenicitas* (originalmente titulada *Esfuerzos inútiles*, por su referencia a la obsesión daliniana sobre su impotencia, y antes *El nacimiento de Venus*). En estas obras comienza decididamente su periodo pictórico surrealista, aunque él no se reconozca todavía como tal.

Es evidente la influencia de Yves Tanguy (en los «*aparells/artefactos*» que incluye, en la disposición de los elementos, en la composición general). También de Chirico, y de Miró (con éste coincide en la transparencia luminosa del paisaje, la separación radical de playa y cielo y la explicitud de las referencias sexuales). Además, aparece el burro podrido, imagen peculiar del entorno de amigos de la Residencia, posiblemente original de Buñuel. Y continúan las cabezas y manos (y otras partes del cuerpo) cortadas, mutiladas, destacando en ambos cuadros la decapitación del torso femenino.

A todas estas influencias innegables, Dalí aporta el ambiente, tan suyo, de pesadilla, una presencia de lo sexual más explícita y más inquietante que en ningún surrealista anterior y sobre todo un mayor dominio de la técnica del dibujo (hay que recordar aquí, aunque lo trataremos al analizar la obra de Dalí y sus influencias, que Tanguy, por ejemplo, llevaba sólo cuatro años pintando).

Por estas fechas también se extreman los conflictos en el triángulo Lorca-Dalí-Buñuel. Hay referencias, indirectas, a otro posible intento de seducción explícito por parte de Lorca sobre Dalí, se especula sobre el significado en ese sentido del título del cuadro: la miel —el onanismo— como algo más dulce que la sangre —la homosexualidad masculina—, pero nuevamente esto no está claro. Sí lo está que Buñuel estaba celoso de esta amistad, aunque lo niegue luego, y que escribe a algún amigo común en contra de esas relaciones: *Federico y su acólito Dalí... Dalí totalmente esclavizado... Me escriben cartas asquerosas*, y les acusa de narcisismo extremo y de asocialidad.

Entre ellos dos, además de las discrepancias estéticas —y de orientación sexual, porque Dalí siempre negó su posible inclinación homosexual— evidentes en sus obras, hay diferencias de personalidad acusadas. Dalí no es socialmente apacible, bondadoso y alegre, como Lorca. Dalí busca en su afán de destacar, como vimos algo ya marcado casi desde su infancia, el escándalo, la ruptura, en lo que encuentra la complicidad violenta de Luis Buñuel. En 1929 ambos enviarán una carta gratuita llena de insultos al poeta Juan Ramón Jiménez, entonces una autoridad en la poesía de vanguardia, en una acción surrealista explicada en el capítulo correspondiente.

Miró, mayor que Dalí —había nacido en 1893—, también catalán, afincado ya en París, e interesado por la nueva promesa de su país, le escribe al final del verano para visitarlo con un marchante importante de París. Dalí se alegra, porque sabe que sus dos nuevos cuadros son *mucho más representativos de mi forma de ser que todo lo pintado hasta ahora*, y se lo agradecerá con críticas siempre positivas sobre Miró en *L'Amic de les Arts*, donde ya tiene fija la colaboración. No obstante, este puente hacia París no está aún maduro: el marchante le contestará que estará interesado en la obra de Dalí cuando éste encuentre su camino propio, *su dirección*. Esto se estaba produciendo por entonces, pero aún no era evidente, y la impresión lógica era que el joven Dalí aún andaba saltando de una a otra tendencia.

Ese año, en el Salón de Otoño barcelonés, las controversias sobre su pertenencia o no al surrealismo le llevan a afirmar su distancia con este movimiento, retrasando con ello esa definición clara, al insistir en la objetividad, en el ver como un modo de inventar. Sin embargo, recoge del surrealismo la posibilidad de expresión de lo inconsciente, y la no necesidad de representar la naturaleza externa percibida de una forma convencional. También comparte con ellos su espíritu revolucionario, haciendo artículos sobre cine en los que ataca los argumentos narrativos convencionales, defendiendo la poesía de las imágenes fragmentarias.

Todo hace pensar que Dalí, indeciso, intentaba encontrar una vía propia, fuera del surrealismo, y que en esa línea estuviera el esfuerzo en volcarse en el *Manifiesto Antiartístico Catalán*. Contribuía sin duda a este resistirse a *caer* en el surrealismo su entorno cercano, comenzando por la familia. Cuando pinta *La miel es más dulce que la sangre*, insiste en que el burro podrido —el *carnuzo* que habían bautizado Buñuel y él mismo— era percibido como algo bello, como *un ramo de rosas*... Aun en estas propuestas escandalosas trataba de evitar la ruptura surrealista, incluso se disculpaba su terquedad como algo divertido. En palabras de su hermana: *Este punto de extravagancia... espontaneidad, humorismo y necesidad de proyectar en todos los sentidos su fecundo pensamiento, se transformó, al contacto con las gentes del grupo surrealista de París, en insinceridad, agresividad y despotismo...*

43

Joseph Plá, un escritor ya muy popular, ampurdanés, lo alababa por esa misma excentricidad tan de los de su comarca. La lectura se hacía así en positivo, en un afán constructivo. Siguiendo con el ejemplo del burro, no es lo mismo encontrar la belleza en un burro podrido que encontrar un burro podrido en la belleza (como acusaban al surrealismo de hacer):

Dejó el momento en que el estiércol se transforma en flores, por el momento en que las flores, marchitas y deshojadas, se transforman en estiércol. No, ciertamente no ganó en el cambio. Lo primero es el milagro, la maravilla, lo que tan sólo el arte puede conseguir. Lo segundo es lo que el ser más inculto y menos inteligente puede realizar... no es él.

Era inútil. Analizando su personalidad desde la infancia, considerando el momento que se vivía a finales de los años veinte, la *predestinación surrealista de Salvador Dalí*, como la califica el historiador del arte Calvo Serraller, era inevitable.

1928. Con el año nuevo, acaba el servicio militar y recibe mucha influencia de los surrealistas: ahora, además de Tanguy, de la obra de Arp y de Max Ernst, y los escritos de Breton. En Marzo publica su *Manifiesto antiartístico* y la labor de difusión sigue con una serie de charlas sobre el arte contemporáneo que cimentan y propagan su fama de conferenciante ameno, claro y provocador. En una de estas charlas, moderada por estar presente su familia, el alcalde de Figueras, tras decir unas palabras a continuación de Dalí, cae muerto. El caso se atribuye, entre bromas y veras, a lo escandaloso de las propuestas del artista.

Y ese verano irá más allá. En su trabajo en Cadaqués, en el que incluye, por inspiración de Picasso, materiales reales: arena, telas, en forma de collage, y formas que dejan notar la influencia de Hans Arp, sus temas se hacen más explícitos sexualmente. Comienza a reflejarse su obsesión con la masturbación. *Deseos insatisfechos* le dará problemas en el Salón de Otoño barcelonés, donde le piden que lo retire, y en las galerías Dalmau.

En este mismo período, a finales del 28, se produce su distanciamiento con Lorca. Calificado de «amistad traicionada» por algún biógrafo; relacionado por otros con la publicación del *Romancero Gitano* del poeta (con motivo de esta publicación, Dalí envió una carta a su amigo en que criticaba el Romancero por *folklórico y poéticamente convencional*); también se ha relacionado con las acusaciones que Buñuel habría hecho a Dalí por su excesiva transigencia con el poeta, menos dado a los tics vanguardistas que sus dos compañeros de residencia, sensiblemente más jóvenes; y lógicamente se ha hecho una interpretación en clave sexual, favorecida por las propias declaraciones —muchos años después— del pintor: como hemos visto Lorca, homosexual, lo habría intentado seducir hasta que la ruptura fue inevitable.

Para alguno de los estudiosos más especializados en esta relación tal ruptura nunca existió: Lorca dejó el trato también con otros conocidos catalanes por las mismas fechas porque coincidió un distanciamiento físico: él se fue a Nueva York. Y, poco después, Dalí se trasladaba a París. Es cierto que polemizaron sobre el *Romancero Gitano*, pero también de él publicó Dalí críticas elogiosas, referidas por supuesto a los elementos metafóricos más atrevidos, y recomendando el abandono definitivo de la rima, por convencional. Seguramente, en el surgimiento de *Poeta en Nueva York*, estas críticas influyeron positivamente en Lorca. Dalí y él sólo coincidirán luego en 1934.

Por fin, en noviembre de 1928, en la revista madrileña *Estampa*, Dalí se reconoce por primera vez surrealista. Además de reafirmarse contra el arte convencional, contra lo (y los) aburguesado/s *putrefacto/s* (otra denominación compartida por el grupo de amigos en el ambiente de la Residencia), de celebrar la obra de Picasso, Miró, Ernst, Tanguy o Arp, señala su necesidad de expresar la vida interior, su vida interior.

Con esta adhesión explícita al surrealismo, acabaría este periodo de formación, y entraríamos en el Dalí surrealista (ya iniciado pictóricamente en el verano del 27, como hemos visto, aunque aún él no lo reconociese). Pero es tal la importancia de su traslado —temporal aún— a París esa primavera del 29, que conviene incluir en este capítulo lo más destacado del invierno, que consolida su reconocimiento formal de su surrealismo.

Intenta, con Buñuel y los catalanes de su entorno, del *Manifiesto*, hacer una revista surrealista propia, pero el proyecto no termina de cuajar. Sí que hacen, en cambio, un número profundamente surrealista de *L'Amic de les Arts*, en que se hace énfasis en la obra de Breton, en concreto en su novela *Nadja*, y en que el surrealismo es la única salida posible contra el arte convencional. Más aún: apuestan por su revolución contra la familia y la religión (lo que tanto espantaba como hemos visto a la propia familia de Dalí, por parecerles gratuito y destructivo). Pero, y el pero aquí es muy significativo de los intentos previos de Dalí por diferenciarse del surrealismo, y de lo que será su evolución posterior, abogan por un surrealismo:

— con *intensidad racial* hispana, antifrancés por tanto, en todo lo que Francia significa de refinamiento y civilización burgueses decadentes.

— que esté en el culto a la exactitud, la asepsia, lo saludable (siguen los ecos del futurismo), frente a lo patológico o lo morboso.

Esto les situaba explícitamente en contra del lirismo de Paul Eluard, y se recogía tal cual en *La Gaceta literaria*, revista de Ernesto Giménez

Caballero (que será posteriormente en España uno de los puntales intelectuales del fascismo).

En los inicios del año 29 Dalí aparece en una exposición sobre artistas *españoles residentes en París*, como el escultor Alberto o Benjamín Palencia sin que vivan allí, lo que dejaba entrever que París era el sitio donde se colocaba ya por lógica a Dalí. Presenta *Cenicitas* y *La miel es más dulce que la sangre*, que es comprada por una aristócrata, habiendo desaparecido la obra posteriormente (hoy sólo nos quedan reproducciones fotográficas). Presenta también en esta exposición, para provocar, un pedazo de corcho como cuerpo de mujer —provocación que Ana Mª Dalí relaciona erróneamente con sus problemas ese otoño en el Salón barcelonés—, y otras obras menores, alguna vendida también a otra aristócrata.

Finalmente, conseguirá trasladarse a París en abril para el rodaje del cortometraje *El perro andaluz* (título, según Buñuel, que Lorca se tomó como una referencia insultante a él mismo, y así lo habría comentado en Nueva York a un amigo común). De paso, hará de reportero para una revista barcelonesa. Pero esto ya es otra historia. O al menos otro capítulo.

III. EL MOVIMIENTO SURREALISTA: PARÍS, BRETON, ELUARD, BUÑUEL... Y GALA: TODA UNA VIDA

Pasamos ya el umbral que nos adentra en la madurez de Dalí. Con su incorporación de lleno en el surrealismo, deja atrás las tutelas familiares, de Lorca, o de cualquier otro personaje que lo sitúen aún como promesa, como algo por definir, para inaugurar plenamente su vida adulta. La ruptura violenta con la familia en aquel momento es en este sentido muy significativa de su voluntad de dejar atrás la adolescencia y la juventud primera.

Efectivamente, el «desastre» para su entorno más cercano, de su conversión militante al surrealismo, se habría realizado este año 29, al ir a París a rodar *Un chien andalou (El perro andaluz)* con Luis Buñuel, y contactar con el grupo surrealista que ese mismo verano iría de visita a Cadaqués. Entonces, se fusionaría con Gala de por vida.

La descripción del proceso que hace su hermana es clara: disarmonía, antimoralidad, maldad en suma —pero además gratuita y fanática— que arrastra a Salvador Dalí en su sectarismo:

El río de su vida, tan bien encauzado, se desvió, bajo la presión de aquellos seres complicados, que del clásico paisaje de Cadaqués nada podían comprender... Su afán por destruir las bases que forman la moral y la bondad en los seres humanos era tan fanático... Parecía imposible que mi hermano se dejara arrastrar por ellos, mas así fue; y, con aquella pasión que caracteriza siempre sus impulsos e ideas, a aquello se aferró como si en ello hubiese de hallar la solución a todas sus inquietudes... perdió la paz de su espíritu y aquel bienestar.

Posteriormente, la ruptura formal definitiva con su familia, sobre la que Dalí nunca quiso hablar, parece ser que se produjo cuando en la familia se enteraron, por un artículo de Eugenio D'Ors, de que en una exposición parisina había escrito en un cuadro que escupía por placer sobre el retrato de su madre. El padre no aceptó recibirlo más en casa. Para la hermana, la percepción de todo aquello fue casi de secuestro, como si una secta lo hubiera trastornado: *Se llevaron a mi hermano con ellos a París.*

Ya hemos visto que no fue exactamente así, que Dalí buscó previamente su incorporación al Movimiento surrealista y que lo entendió como el mejor paso para su ascenso en su carrera artística, cuya cumbre estaba entonces en París. Su propia ambición —cimentada desde la adolescencia— lo había llevado allí, siguiendo el devenir de su pensamiento estético y de su obra para la que no veía entonces otra salida. O al menos mejor salida.

Pero sigamos la secuencia de esta nueva etapa —trascendental en su vida y su obra— ordenadamente:

En enero del 29, surgen las primeras ideas sobre el rodaje de *El perro andaluz*. Buñuel consigue 25.000 pesetas de su madre (una suma muy considerable para la época) para hacer una película. Buñuel no duda que la película —un cortometraje— debe ser surrealista, el movimiento del que ya se siente partícipe. Y tampoco duda de que la debe hacer él, el único surrealista con conocimientos de cine. Su primera idea, según su propio relato, era que el argumento lo hiciera Ramón Gómez de la Serna. Como hemos visto ya, éste era el patriarca de la modernidad en la España en aquel momento. Iban a mostrarse una serie de episodios breves, articulados en torno a la lectura de un diario, recogido en la calle. Pero Gómez de la Serna no hizo el guión y Buñuel recurre a Dalí, que sí tenía —o decía tener— ya ideas de guión elaboradas.

Tras alguna conversación sobre las ideas del pintor, Buñuel, tenaz y decidido a rodar esa primavera, finalmente decide hacer el guión con su amigo. Dalí es el autor del título —casual, recogido de un poema olvidado de Buñuel, y tras descartar otros más expresivos como *Prohibido asomarse al exterior*, o *al interior*, como pensaban modificarlo—. No parece que fuera directamente un insulto a Lorca, aunque es evidente el paralelismo entre el protagonista masculino, Pierre Batcheff, afeminado de aspecto, del que en varias escenas se simboliza la castración o la impotencia, con los rumores y la consideración que Buñuel tenía del poeta granadino.

También fue responsabilidad de Dalí la preparación y la autoría de alguna escena, como la de los burros muertos podridos encima de un piano, con las cuencas de los ojos vacías y las mandíbulas desencajadas, mostrando atrozmente la dentadura. Tras lo brutal de la imagen, luego largamente repetida en la obra de Dalí, se ha querido ver la expresión de su propia impotencia —el burro es el animal que popularmente representa la potencia sexual masculina, que aquí habría muerto—, ante la mujer —los pianos, para algunos de sus analistas más cercanos, como Robert Descharnes, representan siempre a la mujer en la obra del pintor—. Además, en sus recuerdos adolescentes, su miedo a la impotencia se relacionaba con el miedo al sexo femenino despertado por haber encontrado, en el salón de su casa paterna, un libro sobre las enfermedades venéreas que su padre dejó deliberadamente sobre un piano para que el joven Salvador se concienciara del riesgo.

Pero las interpretaciones eran algo que en principio no parecía importarles, guiados sólo por la fuerza de las asociaciones, por absurdas que éstas pareciesen. Ese invierno Buñuel y él trabajan juntos en Figueras en el guión, siguiendo —en el propio relato del cineasta sobre cómo fue el trabajo— el más puro automatismo surrealista: *Escribíamos acogiendo las primeras imágenes que nos venían al pensamiento, y, en cambio, rechazando sistemáticamente todo lo que viniera de la cultura o la educación... imágenes que nos sorprendieran... hacíamos surgir representaciones irracionales, sin ninguna explicación.* Esto es todo un programa, toda una definición de lo que es el surrealismo, en sus métodos y en sus objetivos.

El acuerdo entre ellos fue total, sólo se incorporaba lo que ambos vieran claro. En la obra hay muchas influencias, cinematográficas e incluso literarias, de *El paseo de Buster Keaton* de Lorca, entre otras, que es posible entrever, pero el resultado es —aún hoy— sorprendente por su originalidad.

El rodaje se hizo en París, en abril. Según Buñuel, con la mitad del dinero de su madre, porque el resto se lo había gastado en sus diversiones parisinas. Las consecuencias, las que cabía esperar también de una obra surrealista mostrada en un soporte artístico tan accesible y tan directo como el cine: sorpresa, estupor, escándalo. Esto desencadenó el interés de todos aquellos que en París, donde se estrena en junio del 29 en el cine Ursulines, mostraban alguna curiosidad por el arte de vanguardia. Se mantuvo 9 meses en cartel, dando lugar a innumerables artículos. Recibe los elogios del gran cineasta y teórico ruso S.M. Eisenstein, en el congreso de cine Independiente, invitándosele a ser proyectado en la Unión Soviética. Aún hoy, pese a los excesos visuales a que nos ha acostumbrado el cine más reciente, la visión, casi al inicio del cortometraje, del ojo de una adolescente siendo seccionado, en vivo, por una navaja de afeitar, no puede dejarnos fríos. Ni las escenas explícitamente sexuales que lo siguen, entre otras imágenes de lógica difícil de entender o de narrar.

En el sofisticado París, la agresión al buen gusto que representaba *El perro andaluz* se ensalzó además como una barbarie a la española, extremando el mito exótico que los europeos, y en especial los franceses, tienen sobre los pueblos ibéricos. Para Buñuel y Dalí fue, de repente, el inicio de su fama internacional. Eran tiempos en que las concepciones sobre

49

los diferentes caracteres nacionales estaban muy extendidas. El comentario —de entonces— de Eugenio Montes es muy revelador al respecto:

No busquéis las rosas de Francia. España no es jardín ni el español es jardinero, España es un planeta y las rosas del desierto son asnos podridos. Nada de ingenio, pues, nada de decorativismo. El español es esencial, no refinamiento. España no refina, no puede falsificar. España no puede pintar tortugas, ni disfrazar asnos con cristales en lugar de su piel. Los esculpidos cristos de España sangran y, cuando salen a la calle, marchan entre parejas de la Guardia Civil.

Por si todo el escándalo levantado por el cortometraje fuera poco, en los meses anteriores Dalí y Buñuel habían protagonizado otra acción surrealista menos creativa, directamente destinada a crear noticia, aunque fuese a través del insulto gratuito. La explicación del propio Dalí es clara al respecto:

Por pura subversión, decidimos el envío de una carta llena de injurias gratuitas a una de las grandes personalidades españolas... lo que preconizaba Breton, salir a la calle y ponernos a disparar sobre la muchedumbre. En vez de exponernos, nos preguntamos: ¿cuál es el nombre más prestigioso al que podríamos insultar? Elegimos dos nombres: Manuel de Falla, el músico, y Juan Ramón Jiménez, el poeta. Tiramos a suertes y el elegido resultó Juan Ramón... Era menester, en la España de la época, crear un acontecimiento inexplicable, y nosotros lo creamos.

Sin embargo, Dalí no seguirá a Buñuel en su plan de lanzar también insultos a Picasso, como proponía el aragonés. Y reconocerá que en el caso de Juan Ramón Jiménez, el insulto no era tan gratuito. Aunque con refinada perversión los dos jóvenes habían estado departiendo amigablemente en casa del poeta apenas dos tardes antes de enviarle la carta, detestaban su poesía, les parecía falsa y sentimentaloide. Ante lo injustificado de la agresión, el propio Juan Ramón Jiménez se sintió muy afectado y lo sucedido tuvo cierta repercusión en los medios intelectuales españoles del momento.

En París, con los surrealistas, *El perro andaluz* les abrió las puertas. Era más de lo imaginado —y de lo realizado, al menos en cuanto a repercusión pública— por ellos. Cuenta Buñuel cómo lo vieron antes del estreno Man Ray y Louis Aragon, precisamente porque Man Ray acababa de terminar otro cortometraje y necesitaba más filmaciones para completar el tiempo de una proyección convencional. Fue tal la impresión que le pidieron inmediatamente a Buñuel una cita con el resto del grupo: acudieron Ernst, Breton, Eluard, Tzara, Tanguy, Arp y Magritte. No consta la presencia de Dalí.

Éste los habría conocido a través de Miró, como ya hemos visto empeñado en patrocinar al joven compatriota catalán. Lo llevó a cenas con

50

aristócratas españolas residentes en París, le facilitó el contrato con el galerista Goemans, que le compró todo lo pintado entre mayo y noviembre del 29, a cambio de 1.000 francos al mes, más una exposición en la temporada 29-30. El propio padre de Dalí supervisaría este contrato. Miró también le presentó a Eluard, al que invitaría a visitarlo ese verano del 29, en Cadaqués, junto con el pintor Magritte, que tanto había influido en esos comienzos surrealistas de Dalí. Pero, sobre todo, Miró le presentó a Breton, el líder del grupo.

Para Dalí, apasionado y entusiasta como era con cada nueva aventura intelectual, Breton era *un segundo padre*, que le proporcionó *un segundo nacimiento*. Y añade: *creía tanto en el surrealismo como en las tablas de la ley*, y describe con que ansia devoraba, asimilaba, sus enseñanzas, ya que *era tan acorde con mi naturaleza que lo incorporé con la mayor naturalidad*. De nuevo, la *predestinación surrealista*. Y su ardor de converso, del que dará pruebas más adelante en su vida, que le hace esa misma primavera ya querer ser más surrealista que los surrealistas. Así se evidencia en su cuadro *Los primeros días de la primavera*, pintado entonces, en medio de su entusiasmo parisino. Esta obra, plagada de símbolos freudianos junto a otros más personales suyos, supone la primera aparición en su obra de una figura, la del *Masturbador*, que luego aparecerá reiteradamente. Se trata de un autorretrato del rostro de Dalí, de perfil, «blando», con los ojos cerrados y el gesto de culpa, inclinado hacia el suelo. Habitualmente tiene sobre la boca una langosta, su objeto fóbico. Siguiendo con el desarrollo del tema, ese verano pintará *El gran masturbador*, óleo en el que esta figura ocupa la posición central, que será una de sus obras más emblemáticas, y que —significativamente— Dalí nunca quiso vender.

Una vez más, los testimonios de los surrealistas sobre su presencia física y su personalidad coinciden con los de otros que lo conocieron antes: recuerdan la impresión de timidez, graciosa, que les hizo. Él, mientras, sufría esa timidez, esa inhibición, que lo alejaba del disfrute primaveral de París. Según nos cuenta, recordando a los amantes en los jardines, imaginando orgías alrededor de su cuarto, se masturbaba compulsivamente, sintiéndose incapaz de participar en todo aquella eclosión de placer que se le negaba.

En París, Dalí exageró tanto sus creencias en la nueva fe surrealista, como era propio de él en todos los terrenos en los que se embarcaba con pasión, que llega a decir de él un contemporáneo que lo trató en aquel periodo que *hablaba de Freud como un cristiano primitivo de los evangelios*. Al analizar su obra de este periodo, veremos que esto fue más literal de lo que pudiera parecer.

De vuelta en Cataluña, pintará *El juego lúgubre*, en un tono ya de pesadilla que inquieta a sus familiares. Es una antología de sus obsesiones, que impresionó vivamente a los surrealistas, en concreto a Magritte, cuando van ese verano a visitarlo a Cadaqués. Además, les despierta las sospechas de si Dalí es coprófago. En sus primeros paseos junto a Gala, la mujer de Eluard, por la playa y las rocas del cabo de Creus, ésta tratará de sondearlo al respecto. Dalí, poseído de una risa nerviosa por el deseo que le despertaba la mujer, le confesará que no, que le repugnan esas perversiones, pero que por esa misma inquietud debe plasmarlas. Gala percibe pronto el sentido de su risa nerviosa y busca su compañía, aunque no está claro con qué objetivo inicial, porque ella logrará que Dalí le dé *El juego lúgubre*, obra por la que Eluard, marchante de obras de arte, mostraba especial interés. Esta maniobra de utilizar los encantos de Gala para conseguir una obra pictórica había sido empleada ya además con anterioridad con otro pintor, De Chirico.

Fuera cual fuera la intención inicial de ella, Dalí pronto se sintió fascinado por la mujer, que le prometió acogerlo —en parte como a un niño— y no separarse nunca. Según nos relata el pintor, el momento culminante de ese encuentro tuvo lugar cuando entre las rocas de formas fantásticas del cabo de Creus él le ofrece hacerle lo que ella le pida. Ella le pide entonces, directamente, literalmente: *Quiero que me revientes (que me mates,* en otras traducciones del francés en que hablaron siempre). Dalí dice que en ello reconoció su propia fantasía. Era el comienzo de una unión que iba a durar toda su vida.

Pero, ¿quién era esta misteriosa Gala? De verdadero nombre Helena Diakonoff Devulina, había nacido en Kazán, en 1894. Era por tanto diez años mayor que el pintor. Rusa, aunque de sangre materna tártara, y según Dalí de origen judío. El orientalismo siempre la rodeó de esa aureola de misterio con que se ha contemplado, desde occidente, y sobre todo en el ámbito femenino, todo lo del este, aunque su familia se trasladó al año al europeizado Moscú. Allí vivió en condiciones económicas modestas, hasta que su padre, funcionario, muere cuando ella tiene diez años.

Gala se formó intelectualmente con solidez. Su madre, culta, llegó a publicar cuentos infantiles, y a los siete años la niña aprende ya francés, al que seguirá el alemán. Siempre leyó varias horas al día, se dice que a una media casi de libro diario.

Fue especialmente influyente en su adolescencia la coincidencia en los estudios con algunas futuras poetisas e intelectuales del país. Consciente probablemente desde entonces de sus limitaciones creativas, dicen sus biógrafos que decidió ya ligar su vida al talento creativo de sus compañeros varones.

Su madre viuda se casa con un abogado rico y ella mantendrá una mala relación con su padrastro, distanciándose del ambiente familiar. Enfermiza desde niña, en 1913 Gala es trasladada a Suiza, a un sanatorio antituberculoso en Davos, donde permanecerá dos años, aunque no está claro que ella estuviera realmente aquejada de esta enfermedad. Este alejamiento del entorno familiar le permitirá trazar con mayor claridad su propia senda. Conoce a otro enfermo, Eugène Grindel, al que cambiará su nombre por el de Paul Eluard, para iniciarlo en la poesía como autor. Apasionada, casi hasta el histerismo, y muy religiosa, se vuelca en una relación romántica, escribiéndole sin parar cartas desesperadas cuando se separan. Finalmente, vuelta ella a Rusia y él a Francia, cruza toda Europa para reunirse con él. Se casarán en el 17 y tendrán una hija en el 18, Cecile.

Acabada la guerra, a la que Eluard tiene que incorporarse, recibiendo cartas de ella en las que le aconseja directamente eludir cualquier riesgo, al precio que sea, se lanzan a la conquista del mundo cultural. Es entonces cuando su misticismo religioso se dirige hacia el esoterismo y el amor libre practicado casi compulsivamente. A través de Eluard, pero muy directamente, Gala participa de la vida cultural parisina de la vanguardia del periodo de entreguerras. Eluard, como luego será Dalí, era para ella un niño-hombre al que cuidar, organizando su vida en los aspectos materiales, dirigiendo incluso su carrera para transformarlo en un artista de éxito. Lo consigue y Eluard pasa a ser parte de ese núcleo iniciador del surrealismo, junto a Louis Aragon, Max Ernst o André Breton.

Valorada en el grupo como una auténtica musa, al estilo tradicional, que inspira y apoya a los creadores, fue también valorada por su afición al ocultismo. Cultivó su prestigio como vidente y echadora de cartas y de ella decían que había previsto acontecimientos decisivos, como la Segunda Guerra Mundial. Aunque la realidad es que, siguiendo esas mismas predicciones, Dalí meses antes de que comenzase el conflicto negaba su posibilidad.

También sería apreciada por su prodigalidad y su liberalidad eróticas, infrecuentes entonces en una mujer. De un erotismo fácil y complaciente, experimentadora y sin pudores (de ella cuentan escenas de estar en medio de una reunión del grupo haciendo el amor en un sofá con uno de ellos), fue amante de Max Ernst, para el que posó como modelo en el 21 y por el que sintió una fascinación poco correspondida, viviendo temporalmente con él y Eluard un *menage á trois*. También sería luego amante de André Breton, el líder del grupo. Esta promiscuidad no cesará durante el resto de su vida, junto a Dalí, con el que mantuvo una relación abierta en este sentido, considerada por sus admiradores como algo avanzado para su tiempo, modelo de civilización y libertad personal. Más cuestionable sería ya el que ligase sus conquistas sexuales — en mayor medida según pasaban los años— al pago de dinero, directamente, o mediante acuerdos favorables en la venta de la obra de Dalí, como testimonia que le ofreció Reynolds Morse, uno de los mayores coleccionistas y amigos de Dalí, en 1943.

Del mismo modo se le ha criticado el que su personalidad más que firme fuera hostil y agresiva incluso, señalándose desde círculos cercanos que no se la vio relajada jamás, siendo esa tensión desagradable incluso para los amigos. Dalí, por cierto, en unos años declarará que no quería amigos, que para eso ya tenía a Gala, sino clientes, a los que tratará de utilizar, evitando que frecuentasen el trato entre ellos. La tensión le haría a Gala desconfiar de todo el mundo, no creyendo en absoluto en las buenas intenciones de nadie y volviéndola progresivamente codiciosa en su administración de las ventas de la obra de Dalí. Dalí, en su inversión de valores surrealista, valorará precisamente en ella el que sea cruel y violenta. Pero todo esto vendrá más tarde.

Por aquel entonces, pese a la crisis de ventas que ya se notaba en el mundo del arte en 1929, su situación económica era muy favorable para cultivar su amor por el lujo y la belleza a su alrededor. Eluard, como marchante de arte, junto a su padre (que había muerto en 1927) había obtenido de este negocio cuantiosos beneficios que la pareja gastaba con prodigalidad.

Antes de conocerla en las playas de Cadaqués, Dalí había oído hablar de ella. Y Gala, su sobrenombre familiar en Rusia, no podía ser un nombre indiferente a un Salvador Dalí siempre buscando coincidencias mágicas alrededor de nombres y denominaciones: Gal, Galo, eran el nombre de su hermano muerto —su álter ego— y de su abuelo loco. Además, Helena, la Helena de Troya mítica, hija de Zeus y de Leda, era hermana de Cástor y Póllux, los Dioscuros, con los que el pintor se identificaba ya anteriormente, llegando luego a fantasear con su hermandad mítica con Gala (Helena de nombre real), como almas gemelas. Por supuesto, también dirá repetidamente a lo largo de su vida que la había presentido — y visto su imagen— desde su infancia, ya entre los paisajes del teatro óptico de su primer maestro.

Gala desatendió ostensiblemente a la hija que tuvo con Eluard, es probable que en sus inicios porque esperaba haber tenido un varón al que educar. Rechazó el papel de madre hasta tal punto que la hija, criada con el padre, luego nunca quiso saber de ella, ni siquiera hablar sobre ella. Después no podría tener hijos, al quedarse estéril como consecuencia de un quiste extirpado. Con esta esterilidad biológica, en contraste con la fertilidad creativa que sobre Dalí —siempre según él mismo— ejercía, se jugó en la época. El diccionario surrealista la definiría después como *mujer estéril y violenta.* Dalí, incapaz de asumir limitaciones en sus circunstancias, señaló en alguna ocasión que el hecho de no tener hijos se debía al miedo al ver cómo salían los de otros, en concreto los de su admirado Picasso, referencia constante en su vida.

Parece ser, porque sobre estos aspectos las informaciones son poco fiables (testimonios de los propios protagonistas que, como Dalí, no suelen atenerse a la verdad estricta de los hechos), que fue la primera mujer con la que Dalí tuvo una relación sexual plena. Abierta a las necesidades peculiares del erotismo del pintor, a sus miedos a la impotencia, a sus aficiones «perversas», supo encajar con él desde el principio, fascinándolo. Dalí, entre otros innumerables elogios de palabra y de obra, dijo que ella había vertebrado lo que en él, utilizando como símil su propia pintura, eran estructuras blandas, sin firmeza.

El propio padre de Dalí, pese a su enfrentamiento con el hijo por estas relaciones con *la madame,* como la denominaba los primeros años, reconocía años después que dado el carácter poco práctico de su hijo, sin ella habría acabado *debajo de un puente* en París.

Además, Gala fue físicamente la modelo principal, por temporadas la única, del pintor. Retratada en *El sueño de la abeja, Galarina, Estudios de Leda Atómica,...*

Evidentemente, esta compenetración —o este dominio— era poco compatible con la presencia de otros amigos o familiares cercanos. Buñuel, con un carácter violento e impulsivo, estuvo a punto de estrangularla ese verano en la playa, lo que provocó tensiones que influyeron a la postre en el distanciamiento definitivo con su antiguo amigo. Ana María Dalí ni la nombra en sus memorias. Gala sin duda fue una de las razones de más peso en la ruptura definitiva con la familia y la expulsión de Salvador de las residencias familiares de Figueras y de Cadaqués.

Para seguir residiendo en su amada tierra ampurdanesa, Dalí y Gala comprarían una casa de pescadores minúscula en Port Lligat, a Lidia, la paranoica lúcida, la del delirio de amor con Eugenio D'Ors. Esta casa se iría ampliando a lo largo de los años, hasta ser en la madurez del pintor una verdadera mansión de lujo. Dalí consideraba a Gala una mujer mítica, la única de su tiempo, en su papel de musa y organizadora de su vida, escribió sobre su espalda —focalizando en ella su antigua obsesión por las mujeres de espaldas—, se casará con ella por varios ritos religiosos distintos... Eso le mantuvo en una fuerte dependencia de su mujer, que iba bien con su carácter y su rol ególatra de «divino», desocupado de todo lo material, de todas las necesidades que los mortales tenemos que atender en el mundo real.

Esto llegó a tal punto que Dalí no llevaba dinero, no conocía incluso el dinero, según dicen los que vivieron junto a ellos. Al principio de estar juntos, su dependencia era tal, según los que los trataron entonces, que la necesitaba incluso para cruzar las grandes avenidas de las megalópolis del mundo con seguridad. También sería ella la que lo previniese en contra de los surrealistas, advirtiéndole de que era un grupo tan normativo como cualquier grupo conservador y que el liderazgo de Breton se defendía como cualquier otro de las amenazas de Dalí de restarle protagonismo. En fin, con indudable exageración, han descrito su relación inicialmente como la de una mujer de mundo que guiase a un chico de provincias, con talento ya reconocido, pero aún *de provincias*, hacia su reconocimiento internacional.

Escuchemos, como hacemos con frecuencia, al propio Dalí, que nos da con bastante explicitud una idea clara de cuál era el papel que atribuía a las mujeres, idea especialmente formada a través de su relación con Gala. Un papel organizativo, de soporte, decisorio incluso, pero alejado de las capacidades creativas (divinas para él). Musas o reinas como mucho, pero siempre por debajo de los dioses como él mismo (o Miguel Ángel, Picasso, Velázquez, Palladio, o Nietzsche, que eran los nombres con los que completaba la relación):

Dalí ha dicho siempre que el elemento femenino, o sea las mujeres, son absolutamente incapaces de creación artística... pero tienen a su favor su tremenda capacidad de cretinización. En el buen sentido, en el sentido de influir sobre el hombre e inspirarlo... las mujeres no sirven para nada en el terreno artístico y han sido y pueden ser buenas reinas. Así tenemos el caso de la gran Catalina de Rusia o de nuestra maravillosa Isabel la Católica... yo he tenido en mi vida no sólo un Generalísimo Franco, que me parece que es un santo, sino que he tenido una reina... Gala, sin la cual mi experiencia surrealista se hubiera ahogado en un desastre romántico y hubiera caído, casi seguro, como todos los intelectuales, en la anarquía, en la protesta y en el caos existencialista.

Como deja claro el fragmento, su minusvaloración de la mujer en cuanto a potencial creativo iba pareja con otras valoraciones reaccionarias de las que luego hablaremos.

Permanente compañera de Dalí, Gala compartió con él el ritmo de vida —en su madurez— más organizado: pintar (trabajando más personalmente) durante la primavera y los veranos, residiendo en el Ampurdán, para emplear el invierno en viajes internacionales, de promoción de su obra o de colaboración en trabajos menos personales.

Pese a esta fuerte unión, como ya hemos comentado, se permitían sin embargo tener amantes una y otro, siendo de ella conocidos sus amores con jóvenes actores y cantantes, lo que le suponía un coste económico

56

fuerte. Gala no aceptaba su envejecimiento, pese a que mantuviera una apariencia más joven que la que correspondía a su edad, sometiéndose a varias operaciones de cirugía estética y a continuos cuidados en su salud.

Muy controvertida, Gala, para unos una «bruja» manipuladora y aprovechada del talento ajeno, tiránica con los que la rodeaban, es para otros un referente de mujer moderna, liberada y capaz. Sí resulta claro, como en el caso del propio Dalí, que su estilo de vida ha anticipado en bastantes aspectos la vida en las sociedades actuales (sin entrar a juzgar si esto es positivo o negativo, porque probablemente el lector encontrará valores de uno y otro signo).

En los últimos años, y pese a la adoración que siguió mostrando Dalí por ella, se fueron distanciando. Ya no era la Gala que leía a Dalí mientras trabajaba. Compró para ella sola, y se retiró allí, el castillo de Púbol, mientras Dalí residía en Figueras. Este castillo tiene un algo de convento, coincidiendo con el deseo tantas veces expresado en su juventud por Gala, de pasar sus últimos años en un monasterio. Su temor a la ruina económica y a la decadencia física de Dalí, irracionales y apasionados como fue con frecuencia su personalidad, ejercieron una presión negativa sobre ellos mismos estos últimos años. En contra de lo que temía, fue ella la que se debilitó antes, muriendo en 1982.

Pese a lo expresado con anterioridad por el propio Dalí, no están enterrados juntos. Ella en Púbol; él, que la sobrevivió siete años, dando su nombre junto al suyo a la Fundación Gala-Dalí, en Figueras.

Pero sigamos con los sucesos en su orden cronológico. Cuando empieza su relación, todo hace pensar que Dalí no supera repentinamente sus inhibiciones sexuales y él mismo señala que hasta tres meses después no consuman su unión física —al menos en un sentido tradicional—. En algún momento Dalí señaló que él nunca había dejado de ser virgen junto a ella. Su antiguo amigo Lorca, al saber que Dalí estaba con una mujer no podía creerlo, comentando a un amigo (el poeta Rafael Alberti) que era imposible, que Dalí no podía tener erecciones sino mediante la estimulación anal. Sea como fuere, y teniendo en cuenta que en su relación Gala cumplía funciones también de madre, el caso es que, como nos dice Buñuel, que llega ese verano también a Cadaqués algo más tarde que los demás, era imposible trabajar con el pintor, obsesionado con Gala, su único tema de conversación.

Eluard, que no demostraba tener celos, acostumbrado a que tanto su mujer como él tuviesen otros amantes, sería al primero en ausentarse para atender sus negocios, siguiéndole Magritte y el galerista Goemans. Es entonces cuando, a consecuencia del intento reiterado de la mujer de introducir la discordia entre Dalí y Buñuel, éste casi la estrangula. No parece que el recelo fuera sólo cosa de los amigos, ya que el propio padre de Dalí cambia su testamento a favor de su hija.

Cuando Gala se va, Dalí pinta para la exposición de ese otoño en Goemans, bajo la influencia evidente del recuerdo reciente, pero desarrollando sus obsesiones, como se aprecia en *El gran masturbador*, donde junto a la culpa y la pérdida de energía asociadas a este comportamiento aparece un rostro femenino en clara alusión a la felación, otro de sus gustos eróticos. También pinta el retrato de Eluard.

La exposición será un éxito, sobre todo de ventas, porque entre la crítica hay alguna adversa, que ve la obra daliniana mostrada —casi toda del 29— como la desesperación provinciana por ser moderno, con elementos que sólo hubieran sido novedosos dos años atrás. Otras críticas en cambio apreciaron su freudianismo, su detallismo y sus ataques a la lógica y al buen gusto, claves del surrealismo. El mismo Breton, que le compra un cuadro, escribe el texto del catálogo. Dalí está ausente durante la exposición, en viaje amoroso con Gala, en Cataluña. Pese a todo, su padre aún pega los recortes de las críticas.

Entre otras ventas, *El juego lúgubre*, una de sus obras principales, es adquirida por un aristócrata, el vizconde de Noailles. Éste le encargará la realización de otra película, dirigida por Buñuel, que será *La Edad de Oro*. En ella habían trabajado ese otoño, en París, y trabajarán luego ese invierno en Figueras, juntos y sin problemas, pese a lo que posteriormente se haya especulado, ya que el guión está listo en los primeros días de diciembre.

Siempre se ha señalado que *La Edad de Oro* supondría la ruptura de la colaboración artística entre ambos, que discuten, terminándola Buñuel en solitario. La versión de Dalí sobre el origen de la discrepancia es clara: se trataba de un problema estético —falta de sofisticación de Buñuel— junto a otro ideológico —la lectura groseramente anticlerical del aragonés, distinta a su declarada fascinación por el ritual y la parafernalia católicos—:

Buñuel, con su ingenuidad y su tozudería aragonesa, desvió todo esto (sus sugerencias de arzobispos con mitras bordadas, bañándose entre las rocas del Cabo de Creus) *hacia un anticlericalismo elemental. Tenía siempre que detenerlo y decirle: No, no, nada de comedias... pongamos unas escenas blasfematorias, si quieres. Pero hay que hacerlo con el mayor fanatismo para lograr la grandeza de un verdadero sacrilegio.*

Al ver el resultado, Dalí cuenta que lo consideró *sólo una caricatura de mis ideas*, y decidió evitar ocasiones futuras de ser coautor de una obra artística.

Hay que tener en cuenta, al leer las posteriores valoraciones de Dalí sobre sus disensiones con Buñuel, que en este caso el pintor quería desmarcarse, nítidamente, entre otras cosas porque el escándalo superó lo artístico y tuvo connotaciones claramente políticas. Extremistas de la derecha francesa, monárquicos, ultracatólicos y violentos irrumpieron en la sala a los pocos días del estreno y la destrozaron, lanzando botellas de tinta a la pantalla, disparando al aire sus revólveres y lanzando gases lacrimógenos entre gritos contrarios a los comunistas. Es lógico, sobre todo a la vista de su evolución política posterior, que Dalí no quisiera verse tan comprometido como entonces lo estuvo. Porque siendo él, por sus éxitos pictóricos, más famoso entonces que Buñuel, sobre él recayeron en mayor medida las responsabilidades. Confiesa que incluso temió que las autoridades lo expulsaran de Francia.

Pero de nuevo nos adelantamos a los hechos (para matizar y cuestionar las reconstrucciones que a posteriori hicieron sus protagonistas, sobre todo el propio Dalí, de lo sucedido, y que se han dado por buenas sin contrastar fuentes). Dalí todavía entonces estaba inmerso en una fiebre surrealista iconoclasta, tan exaltada o más que la de Buñuel, que buscando el escándalo parecía respetar poco los valores tradicionales a los que luego se adheriría con fe de converso.

Entre éstos, la familia. En una copia del sagrado corazón de Jesús escribió que a veces escupía por placer sobre el retrato de su madre. El padre se enteró y lo echó de casa, como testimonia Buñuel, presente allí para trabajar en el guión de *La Edad de Oro*. Poco después, Salvador Dalí Cusí, el notario, escribe a Buñuel para que haga saber a su hijo que no permitirá que vuelva a Cadaqués, su retiro pacífico, y lo amenaza abiertamente con que si lo intenta tendrá problemas con él, legales o por cualquier otro medio que necesite. En otra carta a Lorca le cuenta igualmente lo sucedido, señalando que su hijo vive de una casada y señalando igualmente que como ya sabrá, Dalí es *patético, ignorante, y un pedante insoportable*. Dalí entonces se cortó el pelo y lo enterró en la playa, como símbolo de su ruptura, de la nueva vida que iniciaba, y esperaba de éxito, marchándose *sin mirar atrás* (Cadaqués) a París, con Gala.

Gala aparece entonces por primera vez en sus cuadros, en *El monumento a la mujer-niña*, en el que también aparece por primera vez otro de los que serán sus temas reiterados obsesivamente: el *Ángelus* de Millet. Prosiguiendo su iniciación sexual, se retiran a comienzos del 30 cerca de Marsella, donde les llegará una carta del aristócrata Noailles asumiendo el contrato del galerista Goemans, lo que les da cierto respiro económico.

Esto les anima a pedirle dinero (a cambio de un cuadro por hacer, *La edad de oro de Guillermo Tell*) para comprar y acondicionar la cabaña en Port Lligat, cerca de Cadaqués, que acabarán convirtiendo en su residencia estival. Dos datos significativos: en lo artístico, Guillermo Tell, tema que repetirá Dalí en sucesivas obras, es el mito que representa para él la castración del hijo por el padre, dentro de la interpretación freudiana del complejo de Edipo. En él verterá Dalí sus problemas con su padre, al que responsabilizaba también de su impotencia y sus inhibiciones sexuales. Y en lo económico, este sistema de pago por obra a hacer parece que fue el germen de la idea del *Zodiaco*. Éste consistía en que doce clientes pagaran, cada uno un mes, una cantidad a Dalí, a cambio de elegir una obra suya de ese año, sistema que garantizó a la pareja una estabilidad económica en años posteriores.

Cuando esa primavera vayan a ver la marcha de las obras de la cabaña, la Guardia Civil, enviada por su padre, les acosará. Así que cuando ese abril Buñuel vaya a rodar los exteriores de *La Edad de Oro* a Cadaqués, Dalí estará ausente. Curiosamente Buñuel no parecía compartir las malas relaciones familiares de su amigo, porque filmó con restos de película al padre y a la *Tieta*, en imágenes que se conservaron.

Los meses previos, por carta, Dalí había bombardeado a Buñuel con sugerencias sobre el guión, unas explícitamente sexuales (una boca como imagen doble de un sexo femenino), otras insistiendo en el horror (uñas de amantes arrancadas, en línea con la cuchilla que cortaba el ojo en *El perro andaluz*, del que también insiste en repetir los burros sobre los pianos), junto a otras especulaciones —irrealizables por el momento— sobre el cine táctil. Buñuel le contó entonces la idea de la blasfemia final de la película, cuando la figura de Cristo aparece como un aristócrata pervertido saliendo de una orgía, que sería una de las claves del escándalo posterior. Y, al parecer, Dalí aceptó.

Acabada la película, en un visionado privado para los Noailles, Buñuel asegurará que a Dalí le encantó el resultado, como a los propios patronos.

En marzo de aquel 1930, Salvador Dalí da una conferencia en el Ateneo barcelonés sobre el surrealismo, desde un punto de vista moral. En ella no sólo defiende el principio del placer identificado por Freud, como *la aspiración más legítima del hombre*, sino que señala cómo su ocultación hipócrita es faltar a la verdad. Una verdad que revela cualquier sueño común. Además, negar esa verdad tiene consecuencias tan negativas como las agresiones que se ocultan tras la falsa abnegación de las esposas o de las enfermeras que han mostrado —en la guerra reciente— múltiples casos de sadismo sobre sus pacientes. Defiende al Marqués de Sade, por tanto, y ataca al sentimentalismo de un novelista catalán muy valorado localmente, Guimerá.

La reacción del público no se hace esperar. Se pide la dimisión del presidente del Ateneo, y Sebastiá Gasch, su amigo, se encuentra entre los ofendidos. Aun así, no escandaliza tanto como habría deseado o como recuerda luego falsamente en sus memorias (sillas arrojadas, escolta policial). Prueba de ello es que en octubre volverá a la carga atacando a los intelectuales catalanes, y de paso a los valencianos y castellanos, en *El surrealismo al servicio de la Revolución* para provocar una reacción que no llega a lo que Dalí espera. Textualmente:

Creo que es absolutamente imposible que exista sobre la Tierra (con la excepción naturalmente de la vil región de Valencia) un lugar que haya producido algo tan abominable como lo que se conoce comúnmente como intelectuales castellanos y catalanes; estos últimos son auténticos cerdos, sus bigotes están normalmente llenos de mierda real y auténtica... algunas veces estos intelectuales simulan cortesía y se conceden mutuamente que sus respectivos idiomas son muy hermosos y bailan danzas realmente fabulosas como la sardana, que sería suficiente por sí misma para cubrir de oprobio y de vergüenza un país entero, si no fuera imposible, como en Cataluña, añadir algún aspecto vergonzoso más a los que ya constituyen el paisaje, las ciudades, el clima, etc, de este país innoble...

El texto es suficientemente explícito: no está en el españolismo que adoptará años más tarde, con su pintoresquismo ampurdanés incluido, y está en un cosmopolitismo snob y agresivo, pero sobre todo intenta agredir a los valores catalanistas defendidos en su adolescencia, y con los que como hemos visto se identificaba su padre. El intento de matar al padre (simbólicamente, claro está) no puede ser más explícito.

Más interés para el análisis de su obra que estos exabruptos tiene el que señalase en su conferencia el cuestionamiento de la realidad percibida. Este cuestionamiento de la realidad percibida nos lo muestra en su extremo la paranoia (estudiada por el joven psicoanalista Lacan). La evidente deformación de la realidad en función de nuestros deseos va a suponer para él *el descrédito total del mundo de la realidad*, origen de lo que será su *método paranoico-crítico* (en 1932, antes bautizado como *pensamiento paranoico-crítico* en el verano de 1930).

Estas mismas ideas, puestas en práctica ya por aquel entonces en su obra, con la búsqueda de imágenes de doble lectura, se mantendrá en adelante como un eje permanente de su pintura. Y se recogen también en un artículo: *El asno podrido*, publicado en la revista de Breton. Lacan lee el artículo y habla con el autor. A su vez Dalí lee la tesis del psicoanalista del 32, influyendo en su ensayo sobre el *Ángelus* de Millet, escrito en el 33 aunque no se publique hasta 1963.

Esta aportación de Dalí va ser clave para el surrealismo. El método paranoico-crítico, como él mismo, llegó a París en un buen momento, revitalizando (junto con Buñuel, por la repercusión de su aventura cinematográfica) un surrealismo en crisis. Su crisis se debía principalmente a las malas relaciones con un comunismo oficial que no acababa de comprenderlos ni de aceptarlos, pese a las continuas protestas de Breton sobre su fe revolucionaria. Hay que tener en cuenta que a finales de los años 20 el dominio de la Unión Soviética —y desde este nuevo estado gigante, el control del curso de la revolución socialista y de los partidos comunistas a través de la Internacional— había pasado a manos de Stalin y del sector más burocrático del partido, acosando a Trotsky y sus partidarios (entre ellos Breton). Trotsky tendría que abandonar la Unión Soviética para exiliarse finalmente en México, lo que no le evitaría ser asesinado por un agente stalinista, catalán por cierto, Ramón Mercader, en 1940.

Buscando una reorientación, Breton lanza en 1930 su segundo *Manifiesto Surrealista*, decidido a proponer una nueva moral. Ya no se reclama sólo el automatismo psíquico (expresión de los contenidos mentales libre del control racional), sino que se busca la trasposición fiel del mundo de lo inconsciente, de lo onírico, de lo reprimido. Eluard, Aragon, Ernst, Tanguy, Tzara, Péret, Sadoul y Goemans lo firman. También lo harán Buñuel y Dalí, que diseña además la carátula del *Manifiesto*. Dalí, en su contribución surrealista, incluso quiere hacer un documental explicativo de lo que es el surrealismo, del que hace el guión, aunque no se llegaría a filmar.

Mientras, su amor acérrimo y peculiar continuaba: en Málaga, en abril, donde acuden invitados por un amigo poeta de la generación del 27, Jose Mª Hinojosa, se besan en público, Gala se pasea con el pecho desnudo ante el asombro de todos, y, mientras, envía telegramas de amor apasionado a Eluard. Ese mismo verano será cuando sufra los dolores y la intervención que la llevará en julio del año siguiente (1931) a operarse un quiste, lo que la dejará estéril, representándose en la obra de Dalí este dolor como rosas sangrantes, o en la imagen de una mujer San Sebastián, con la sangre escurriéndole por los muslos. En julio, pese a las amenazas paternas, van a Port Lligat, donde recibirán ya una primera visita del propio Eluard con una joven amante. Esta circunstancia alivia a Gala, ignorando que para Éluard nada ha cambiado entre él y la que es todavía su esposa legal.

Ese otoño de 1930, con el estreno de *La Edad de Oro*, el panorama político empezará a cambiar, volviéndose amenazante para Dalí. En octubre, en un estreno restringido para invitados, intelectuales y artistas, ya hay un cierto escándalo. Buñuel se va a Hollywood, captado por un cazatalentos de la gran productora Metro Goldwyn Mayer, aunque el aragonés no arraigará en esa industria ni en ese país. Dalí, decidido como de costumbre a la provocación, hace un programa de mano tan incendiario y blasfemo como el propio cortometraje, y el 3 de diciembre (el estreno al público había sido el 28 de noviembre), grupos ultraderechistas de la liga antisemita (apoyados en que la vizcondesa de Noailles, Marie Laure, tenía antecedentes judíos) y de la liga patriótica atacan el cine. Las autoridades no defienden la libertad de expresión. Al contrario. En dos días llega la censura: el día 5 se obliga a cortar las escenas en las que aparecen arzobispos, el 8 a quitar del programa la frase que describe la blasfemia final, y el 10 se prohíbe completamente. En 5 años no se volverá a ver. En 1932 se verá en Nueva York, a puerta cerrada, lo que acrecienta su mito como obra maldita.

El fascismo social está creciendo en Francia, como lo refleja la prensa y el que se acepten las presiones recibidas de la Italia fascista. Noailles, aislado en los círculos aristocráticos, conservadores, escribe a Buñuel, pidiendo que evite que les alcance el escándalo. Buñuel promete asumir toda la responsabilidad. Mientras, Dalí se excusa ante Noailles por la sinopsis del argumento incluida —por él— en el programa de mano, achacándola a las prisas en la confección del programa y recordando que la idea de la escena blasfema era de Buñuel. La fama a través del escándalo, en este caso, les supuso a los dos serios riesgos.

Dalí moderará paulatinamente su postura y su compromiso político. Se publica el mismo mes de diciembre su recopilación de ensayos *La mujer visible*, su primer libro. Son escritos, como *El burro podrido*, o *El gran masturbador,* de corte freudiano, radicales en sus concepciones de la moral, especialmente de la sexual. En ellos llegan a aparecer dogmas como que *el verdadero amor sería comer los excrementos del amado*. También aparece entre estos ensayos una defensa del modernismo catalán de Antonio Gaudí y otros autores como *el fenómeno más original de la historia del arte*, considerándolo un arte onírico, erótico y caníbal. Esto era llevarse los planteamientos del modernismo hacia el surrealismo, pero sin duda supuso una reivindicación oportuna de un estilo que había quedado arrinconado con la extensión de la arquitectura funcionalista contemporánea. Además, el casticismo hispano más racionalista también lo había desacreditado en la figura de Miguel de Unamuno, que señaló que el arte de Gaudí le parecía *arte de borrachos*. Poco tiempo después, en 1933, Dalí volverá a insistir en su admiración hacia Gaudí, del que descubre su conocimiento de las extravagantes formas naturales del Cabo de Creus que también a él lo inspirarían en toda su obra.

Con la proclamación de la Segunda República española, el 14 de abril de 1931, la postura de Dalí dentro de los surrealistas se hace aún más comprometida, ya que afectaba a su situación en su propio país de origen.

Los surrealistas, siguiendo el entusiasmo popular, llegan a apoyar entonces incluso la quema de conventos, como venganza por las quemas humanas de la Inquisición española a lo largo de los siglos. Tras la pastoral de la Iglesia española del 7 de mayo, contraria a la República (porque amenazaba su poder secular, sobre todo en el campo de la enseñanza), y la implicación personal de las más altas jerarquías del clero en la fuga de divisas desde España, se desató una ola de anticlericalismo violento a la que se suman los surrealistas franceses, pidiendo de paso que se juzgue al rey Alfonso XIII, exiliado, tras devolverlo a España.

En la obra daliniana de entonces, aunque luego el pintor lo niegue, aparece explícitamente la blasfemia visual. *La profanación de la eucaristía*, del 30, como *El juego lúgubre*, el año anterior, en un detalle, muestran una hostia consagrada, sobre un cáliz, en las cercanías de un ano o de una boca que escupe. Así aparecen en una importante exposición celebrada en junio del 31 en París, en la galería de Pierre Colle. Importante porque aparece por primera vez el tema del reloj blando, en *La persistencia de la memoria* (1931), tema y cuadro que serán la seña de identidad de Dalí en su posterior consagración —a nivel popular, de cultura de masas— en los Estados Unidos. También mostró en esta exposición su obra de 1930 *Guillermo Tell*, la que más claramente muestra sus problemas con el padre, la castración, la culpa y la impotencia.

Además, comercialmente, esta exposición le permitió conocer al director del Museo de Arte Moderno de Nueva York, que le auguró el éxito en aquel país. Conoció también en esta exposición a un marchante neoyorquino, Julien Levy. Levy será quien le abra directamente las puertas de los Estados Unidos, en 1933, tras el éxito de una exposición colectiva sobre el surrealismo en 1932, el mismo año de su apertura de la galería.

Ese verano del 31, pese al trauma de la operación esterilizante de Gala, los Dalí inician su rutina de trabajo veraniego, retirados en Port Lligat, que Dalí, no obstante, quiere hacer entonces un centro surrealista permanente, recibiendo a Breton y a Crevel, otro intelectual afín al grupo, incluso fuera de la temporada veraniega. En el 32 invitará allí a Buñuel, que se excusa, lo que prueba que aún había entre ellos —al menos por parte de Dalí— buenas relaciones. Buñuel se estaba alejando algo del grupo, lo que llevará al pintor a intentar, en solitario, la aventura cinematográfica. Pero el proyecto resulta fallido, repitiéndose el mismo esquema que le había sucedido ya con Lorca y la poesía: intento de aventurarse en otro medio artístico siguiendo la estela de un amigo que se aleja. Es significativo no obstante del momento que se vivía y de la repercusión que esto tenía en su vida el que la acción de este pretendido largometraje se sitúe en 1934, en Europa, en una guerra civil en un país indeterminado.

Por eso, antes de saltar al año 32 debemos seguir con la posición política de Dalí y el surrealismo. En septiembre, invitado por su antiguo amigo y compañero del instituto Jaume Miratvilles, interviene en Barcelona en un mitin obrero, de un partido comunista no estalinista, el Bloc. La charla era precisamente sobre las relaciones entre el surrealismo y el comunismo, y en ella Dalí, asumiendo las opiniones de su amigo y de Crevel, que también asistía, sobre lo que el comunismo supone de revolución económica, apunta a que el surrealismo supone una revolución paralela en lo psicológico, en la moral individual. Dalí tiene presente entonces que el surrealismo no sólo hace arte, también hace objetos (empeño en el que todos los del grupo, hasta Gala, participaban entonces) para atacar a la burguesía y sus valores. Continuó atacando a la burguesía catalana y a la republicana conservadora, entre ellos intelectuales como Ortega y Marañón, defensores de la patria y de la familia. Pero atacó también a los oficiales del comunismo, por su *cretinismo* (palabra adoptada por Dalí para referirse a la rigidez mental), que les hacía oponerse a la conciliación entre Marx y Freud.

Hay que tener en cuenta que en aquel momento la fusión del pensamiento psicoanalítico (freudiano) y dialéctico (marxista) era para Breton (y Eluard) la principal aportación que el pensamiento paranoico-crítico daliniano podía hacer en el terreno de la filosofía y la revolución. Esta fusión de Marx y Freud, intento también de la Escuela de Fráncfort, será años después también el objetivo teórico y la base del pensamiento social renovador de los años 60. A ello se oponían Aragon y Sadoul, seguidores de la línea comunista ortodoxa, prosoviética, y contrarios a Freud y a Trotsky. Aragon y Sadoul seguían siendo partidarios de la línea surrealista del primer manifiesto. La ruptura era evidente. Sin embargo, Dalí diseña los pósters del décimo aniversario del Partido Comunista francés y en la prensa local aparece ese verano caracterizado como *el artista y gran comunista*. Como veremos, para deshacer posteriormente esta afiliación tendrá que hacer un esfuerzo considerable.

Aparte de conveniencias sociales posteriores, Dalí va a tener una faceta de difícil conciliación con la moral comunista, que pronto le supondrá fricciones con Breton. En línea con la personalidad de Gala, y con su admiración por el Marqués de Sade, al que imita en algunos escritos de recuerdos de adolescencia, Dalí se muestra proclive a la crueldad como un comportamiento excitante, sobre todo sexualmente. Y esto preocupa a Breton, que en confianza (de amigos) se lo manifiesta.

En realidad, Dalí sólo extremaba un conflicto latente en los propios planteamientos del surrealismo. Porque éste, por revolucionario y afín al comunismo, llevaba un propósito implícito de construcción social, lo que exigiría una ética, nueva, y más solidaria que la de la burguesía. Pero por otra parte, en su reivindicación de la libre expresión de lo reprimido, hay un riesgo de descontrol. El descontrol que supone la expresión de lo inconsciente, que en su extremo supone la anulación de toda ética. En suma, se corría el riesgo de la destrucción de la moral tradicional (burguesa) sin construir en su lugar una alternativa ética para una convivencia viable. Esto no parecía preocupar a Dalí, con una perspectiva más individualista, pero sí a Breton.

De hecho, el camino que deja abierto Dalí llevaría a un liberalismo salvaje, donde el poder determinaría quién satisfacía sus impulsos y quién no, quién era una simple víctima de los instintos del más fuerte. En buena medida, como bastantes otras de las contradicciones abiertas por Dalí, este riesgo apunta a los problemas del sistema de consumo actual: búsqueda indiscriminada del placer egoísta, hedonismo insolidario; el peso de la mera notoriedad (la fama, la celebridad) a través de la fuerza de la publicidad y la propaganda, frente a la verdad o el valor de uso de los objetos (incluidos los artísticos) y las personas (incluidos los artistas); el individualismo descontrolado, la falta de normas éticas respetadas, el abuso de los poderosos, etc.

Así las cosas, a inicios del año 32 se ataca ya explícitamente desde *L'Humanité*, prensa del Partido Comunista francés, al surrealismo, que Aragon abandona. El año siguiente los surrealistas serán expulsados de la Asociación de Artistas y Escritores Revolucionarios y lloverán los ataques desde otros frentes. El antiguo amigo de Dalí y colaborador en el *Manifiesto Antiartístico*, Sebastiá Gasch, ataca al supuesto *comunismo surrealista* considerándolo *una farsa*, ya que vive de vender cuadros y ediciones de libros de lujo a los aristócratas, ricos, y snobs en general, olvidándose de las clases trabajadoras. Considera al Dalí del momento *un Mantegna en descomposición*, alineándose con quienes sólo ven en el surrealismo la expresión extrema de una sociedad burguesa degenerada, atenta sólo a sus perversiones particulares.

Dalí contraataca, insultándolo por carta, con lo que se acaba su amistad. En octubre de este año se quejará además a Breton de la creciente estereotipia de los burócratas del Partido Comunista en repetir órdenes de Moscú, señalando que la tercera Internacional (la asociación internacionalista de todos los partidos comunistas del mundo) estaba fuera de la realidad, como demostraban las películas rusas que la divulgaban, moralistas e ingenuas, *como de las juventudes católicas*, añade.

En mayo, en su segunda exposición con Pierre Colle, su crítica pasa a la acción pictórica, apareciendo su primera temática política explícita en *Alucinación: aparición de seis imágenes de Lenin sobre un piano* (1931), junto a otra obra que insiste en el tema de Guillermo Tell y muchos objetos surrealistas. El mercado está escaso, afectado por la crisis

Salvador Dalí con uniforme militar junto a Federico García Lorca.

económica, y su contrato va a expirar pronto, tras una tercera exposición con este galerista en noviembre de este año. Los Dalí no pueden mantener su anterior tren de vida y se mueven a un estudio más barato, lo que lleva a Dalí a expresar su opinión sobre esa arquitectura contemporánea, funcionalista: *arquitectura autopunitiva... de pobres.*

De esta precariedad y de esta sensación de pobreza los sacarán las amistades: a medio plazo, otra estadounidense, Caresse Crosby, representante prototípica de los adinerados que disfrutaron de los felices años veinte en Europa, editora junto a su marido (que se suicidó en el 29, y estaba ligado familiarmente a la banca Morgan) de un periódico en inglés, el *Black Sun Press.* Un antiguo molino en las afueras de París, acondicionado por ellos, era uno de los centros de reunión de la vanguardia parisina. Allí, si hemos de creer su testimonio, Dalí empieza a vislumbrar —literalmente a *oler*— lo que serán los Estados Unidos para su éxito personal.

Y a corto plazo, la idea del *zodiaco*, para cobrar cada mes una cantidad fija, segura, como antes hemos expuesto. En el *zodiaco* participan cinco aristócratas (Noailles y una nieta de Rockefeller entre ellos), dos escritores, un editor, un arquitecto, un diplomático, un ilustrador y la propia Caresse Crosby. Con esta idea Dalí tendría la seguridad necesaria para pintar y escribir durante el año 33. Sin embargo, parece que pese a esta solución, y algún otro encargo (las ilustraciones para Skira de *Los cantos de Maldoror* de Lautreamont), el incremento del gasto de los Dalí hacía apremiante sus urgencias de dinero.

Aunque ya había hecho con anterioridad otras ilustraciones para libros, la entidad de este encargo viene subrayada no sólo por el prestigio del editor, Skira, sino porque su siempre reverenciado Picasso acababa de hacer las ilustraciones para el mismo editor de *Las metamorfosis* de Ovidio, habiendo ilustrado con anterioridad Matisse a Mallarmé. Prueba de su obsesión con Picasso (y por tanto de su inseguridad profunda, escondida tras su egolatría) es que dice haber hecho con él, basándose en su supuesta amistad, un grabado en común, lo que se ha demostrado incierto, ya que él grabó sobre una plancha anterior de Picasso. Esta irregularidad se dio al parecer junto a otra, más constante, de no realizar él personalmente todo el trabajo del grabado sobre las planchas, ayudándose de otros grabadores, anónimos, que habrían trabajado sobre sus dibujos. Estas dudas sobre la autoría íntegra de Dalí sobre algunas de sus obras dará lugar a abusos y procesos incluso después de su muerte.

La temática más sobresaliente en las ilustraciones vuelve a ser su eterno pavor a la sexualidad, al menos en sus formas habituales. Quienes lo trataron señalan que no soportaba que lo tocara nadie, más que Gala, fobia al contacto humano que él admitía y cultivaba. En los 40 grabados aparece también su referencia reiterada al *Ángelus* de Millet, y al canibalismo y la castración edípica con él relacionados, ya que Dalí interpreta (como analizaremos al tratar de algunas claves de su obra) que la postura de la mujer en el cuadro de Millet es la de una mantis religiosa, la hembra de insecto que devora al macho después de —o durante— la cópula.

Y con Picasso expone, ahora sin exageración, junto a otros surrealistas (a los que Picasso entonces se había acercado) en junio, exposición a la que sigue otra suya individual que va a ser clave en su evolución artística, ya que en el catálogo, aunque sigue haciendo protestas de su adhesión incondicional al surrealismo, reclama la valoración del academicismo, en la figura además de un pintor olvidado, detallista, perfeccionista en el peor sentido del término, un pintor de cuadros de género, de batallas los más famosos, Meissonier (1815-91). Esta valoración, en la que se apoyará posteriormente para arremeter contra el arte moderno, incluido el surrealismo (excepto él mismo), se mantendrá durante el resto de su vida. En el *Diario de un genio*, publicado en 1964, hará una valoración numérica de grandes pintores, colocando en bastantes factores (por ejemplo, *Misterio*, o *Autenticidad*) a Meissonier por encima de Picasso o de Manet, y a la altura de sus valorados Leonardo, Rafael, Ingres, Velázquez o Vermeer.

La idea de combinar academicismo técnico y temática surrealista es la que le va a permitir aparecer —por vez primera— en los Estados Unidos ese otoño del 33, como pintor (fotógrafo manual por su precisión —precedente del hiperrealismo—) de *pesadillas congeladas*. Este concepto de las *pesadillas congeladas* va a ser la clave de la comprensión de su obra en adelante dentro del mundo anglosajón. En la admiración que despierta, que le permite vender todo en esta primera exposición (y en sus rechazos puntuales por parte de algún crítico) éste va a ser el marco de referencia.

Pero en Europa las cosas no son tan fáciles para Dalí, y durante la consabida temporada de trabajo intenso en el verano de Cadaqués, tendrá que enfrentarse a nuevos recelos y enfrentamientos con Breton. Su defensa del academicismo conservador en pintura implícitamente da la razón a los nazis, desde enero de este año 33 con poderes absolutos en Alemania, donde persiguen a los artistas contemporáneos por *degenerados*. Pero además Dalí ataca el arte moderno, defiende el patriarcado y sigue manifestando opiniones antihumanitarias. Por si esto fuera poco preocupante, ese verano Dalí escribe a Breton manifestándole su interés por la supuesta revolución hitleriana, que los comunistas según el pintor no entienden, y ante la que deben adoptar una postura propia. En enero del 34, la suma de todas estas sospechas hace pensar a Breton que su amigo se ha vuelto reaccionario, y así se lo confía.

Y lo que quizá sea peor aún en términos artísticos: se ha vuelto complaciente para con su público, lo que sí que es marcadamente antisurrealista, ya que el surrealismo partía de un interés en inquietar el público, en desagradar incluso, sobre todo a esa burguesía con la que Dalí tan bien se relaciona. En consecuencia, le pide que abjure del nazismo y apoye al arte moderno explícitamente, públicamente, por escrito si es posible.

Dalí contesta (con Gala) en un tono ambiguo, entre cordial y desafiante. Es antihumanitario, en efecto, como buen seguidor de Sade. Obtiene no sólo alegría de las desgracias de los amigos, sino incluso erecciones. Pero niega ser pronazi: él sería el primero al que perseguirían los nazis (convicción sincera, como veremos al narrar su comportamiento en el año 40, ante la invasión de Francia por éstos). Sin embargo, se mantiene firme contra ciertas expresiones del arte moderno, que él considera intelectualizantes, y que llevan al arte del abstracto —tan odiado por él— al mero decorativismo. Entre ellos Mondrian, Derain, Chagall o Matisse. Defiende por el contrario a De Chirico y los surrealistas, y a Picasso, Gris, Braque, los autores del cubismo experimental. Porque reitera su interés por la objetividad. Pero junto a este valor pone él también la minuciosidad, insistiendo en que piensa seguir pintando los temas freudianos, oníricos, con la forma *de siempre* (la académica). Manifiesta por último su intención de seguir en el grupo surrealista.

El 30 de enero se casa con Gala en una boda civil, en la que son testigos algunos surrealistas. Eluard se casará también ese verano, pero seguirá añorando a Gala y soñando con una posible reconciliación. Muy pronto, Dalí hace su interpretación libérrima de la pertenencia a cualquier grupo: pocos días después de la carta a Breton participa, en contra del acuerdo del grupo, en una exposición. Y presenta además *El enigma de Guillermo Tell* (1933), obra en la que la figura del padre castrante tiene el rostro —caricaturizado pero reconocible— de Lenin. Los surrealistas intentan destruir la obra pero no llegan, porque estaba colgada demasiado alta, y le mandan una carta de expulsión colectiva, que sólo dejan de firmar Tzara y Eluard por hallarse fuera del país. Después, lo convocan a una reunión, el 5 de febrero, que Dalí describirá en sus libros de memorias como algo ridículo e inútil, a la que él acude con un termómetro en la boca por hallarse resfriado, y que no tiene mayores consecuencias. De hecho, la expulsión queda sin efecto, porque seguirán escribiéndose y participando juntos en acciones comunes.

Esa primavera, en Barcelona, los comunistas lo abuchean por no dejar claro su antinazismo. Allí, se cruza —sin verse— con Lorca, famoso ahora internacionalmente tras su estancia en Nueva York. Dalí escribe a su antiguo amigo invitándolo a Cadaqués, hablándole de un proyecto de hacer algo juntos sobre Masoch (autor del que procede el término masoquismo —experimentar placer con el sufrimiento—) y la relación entre Ludwig, el rey loco de Baviera, y Wagner, el músico protegido suyo.

Esa primavera expone en Bélgica y en Londres, por primera vez, donde su obra recibe un juicio crítico controvertido: hay quien no le ve más interés a sus ocurrencias que a los chistes malos de una revista satírica, y hay quien lo valora como en el continente, como un exponente crucial del surrealismo. Lo que una vez más va a ser un éxito van a ser sus relaciones públicas, ya que conoce y hace amistad —para varios años— con Edward James, un nieto del rey Eduardo VII, que será su nuevo admirador y patrón principal. Se ha especulado sobre el posible amor de este personaje para con Salvador Dalí, sobre la homosexualidad de ambos, y sobre los celos de Gala.

Dalí, que siempre negó su homosexualidad, ocultó celosamente que en la base de la paranoia, según Freud, hay una defensa contra una tendencia homosexual que no se quiere admitir. Como Dalí, buen conocedor de Freud, debía saber, según éste la personalidad paranoide se construye alrededor de la defensa (inconsciente) contra la homosexualidad, arrojando sobre los demás lo que el indivíduo ve de indeseable en él. Este mecanismo de poner en otros lo que hay en uno mismo de indeseable es lo que los psicoanalistas denominan proyección.

Pero como siempre, lo único evidente son los testimonios y los hechos. James va a comprar toda la obra de Dalí desde el año 35, en el que pasa temporadas con los Dalí en diferentes residencias, y les hará además pagos extras de otros gastos. Lo que dijo, tras enfadarse años después, apunta hacia las tendencias homosexuales del pintor:

Sus intereses reales eran instintivamente bastante más homosexuales que heterosexuales; Gala intentaba creer que lo había curado de su homosexualidad, pero en su corazón sabía que no había sido así. Había logrado, sin embargo, que tuviera esos impulsos sublimados (si se puede llamar así) canalizándolos en dibujos eróticos y pinturas obscenas que tienen coleccionistas privados que compran pornografía... sobre su vida sexual con Gala, lejos de estar celoso de sus infidelidades, se las facilitaba; un día me confesó: «La ayudo... parece que me excitan»

Esto podría ponerse en duda, como fruto del resentimiento de un antiguo amigo o cliente maltratado, si no lo apoyaran la obra y las propias declaraciones del pintor. Aunque Dalí nunca admitió sus impulsos homosexuales sí que cantó, siguiendo a Sade una vez más, sus preferencias sodomitas, en relatos de sus experiencias y teorizando. En sus relatos aparece como *voyeur* de parejas atraídas a su círculo (*mujeres de mundo, enfermas de erotomanía*, señala él mismo, y también reconoce los casos en que el pago era explícito: *profesionales de calidad, para cubrir huecos* —en sus sesiones de sexo en grupo—). Y ahí habla incluso del

71

dolor como placer, asociado tópicamente a la sodomía. En sus teorizaciones, que parecen calcadas de Sade, es más claro aún:

La vagina es comparable a una coliflor y constituye una trampa para la naturaleza, para perpetuar la especie. Porque el verdadero órgano del amor es el ano. En la vagina uno chapotea sin saber muy bien dónde está, mientras que en el ano no hay equívoco. Lo más importante del mundo es el agujero del ano.

Es evidente, como en su obra, que además de la apología de la sodomía hay un temor de base, fóbico, hacia el sexo femenino.

Pero todo esto forma más bien parte del Dalí de la decadencia, atrapado ya por su personaje, su *corte* de acólitos y sus declaraciones consabidamente escandalosas. A estas alturas de su vida y de su obra, en el año 34, aún debemos rastrear todos los factores que lo llevaron a esa madurez, y aún debemos seguir los giros que dio —que no fueron pocos—. Uno de estos giros, esencial para entender lo que fue luego el Dalí más conocido, el que desgraciadamente más ha quedado en la memoria colectiva, es el giro que daría ahora, entre las dos guerras: la Civil española y la Segunda Mundial. Es el giro en su compromiso político y social. Siguiente capítulo.

IV.   LA GUERRA ESPAÑOLA Y LA GUERRA MUNDIAL: ATENTO Y APARTADO

Comenzamos este capítulo por el año 34 porque si bien la Guerra Civil española no comienza hasta 1936, es en este año cuando los planteamientos de Dalí en política comienzan a hacerse conservadores. Con toda la ambigüedad que siempre caracterizó sus declaraciones en estos temas. Ya hemos visto cómo en 1934 es acusado en el grupo surrealista de hitleriano. Hitler acaba de hacerse con el poder en Alemania, y en otros lugares de Europa, España incluida (con la Falange como grupo principal), se han fundado partidos de ultraderecha de orientación nazi o fascista, para la toma del poder. El peligro es inminente y las ambigüedades se toleran mal desde los grupos socialmente comprometidos.

Dalí insistirá en que su fascinación por el personaje de Hitler es meramente estética, que lo ve afeminado y masoquista, pero no niega su atracción por las élites, el fasto y la ceremonia (incluidos los grandes despliegues militares) y los uniformes (incluido el correaje de Hitler). Además, en muchos otros aspectos de su obra, sus escritos y su vida, su reorientación hacia el pensamiento más tradicional empieza a consolidarse. Como ya le sucedió respecto al surrealismo, que estuvo unos años siéndolo sin aceptar que lo era, le sucederá ahora con esta vuelta al clasicismo/conservadurismo.

Al tiempo, en este año 34, se va a producir el avance decisivo en su salto al otro lado del atlántico, a esos Estados Unidos que presentía suculentos económicamente, y menos problemáticos para sus posturas personales. Y que efectivamente, como veremos en este capítulo, lo fueron.

Pero, sobre todo, dada la estrecha relación que siempre mantuvo con su país de origen, este año va ser decisivo porque se producirá en la República Española un intento revolucionario organizado, en el doble sentido que más le afectaba a él: revolución socialista y revolución nacionalista, en Cataluña precisamente. Veamos el proceso a grandes rasgos y su vivencia de él tal como la reconstruye el propio Dalí. Aunque lo

73

haga con inexactitudes, como siempre, en este caso su narración es el mejor testimonio de sus percepciones y decisiones posteriores, que es lo que al fin y al cabo más nos interesa.

Octubre de 1934. En varios focos de la República Española comienza una insurrección contra el nuevo gobierno, en el que habían entrado ministros del partido derechista CEDA (que en el 36 apoyaría a los fascistas sublevados contra la República). Aunque quizá el episodio más conocido de estos levantamientos sea el protagonizado por los mineros asturianos (cuya represión feroz dirigió el propio general Franco desde Madrid), lo que vivió Dalí en persona fue la sublevación catalana.

El 6 de octubre, Lluis Companys, entonces presidente de la Generalitat (Gobierno autónomo catalán), a la vista de que desde el Gobierno central se le impedía desarrollar leyes propias de Reforma Social, proclamó la República de Cataluña —independiente de España—. Ante los tumultos, explosiones de bombas, movimiento de tropas y demás desórdenes en Barcelona, el galerista Dalmau aconsejó a Dalí marcharse a París, proporcionándoles a Gala y a él un automóvil con un conductor anarquista provisto de salvoconductos. A pesar de todas esas precauciones, el trayecto, y la noche en general, la recordaba luego Dalí como de pesadilla. Controles, inseguridad, permanente sensación de amenaza, ametrallamientos, bombas... y frivolidades, propias del peligro cercano.

En un punto del camino a Francia, el conductor se detiene y juega largo rato al ping-pong, juego que a Dalí le parecía estúpido, y simbólico de lo que iba a suceder. En su imaginación, ese juego de ping-pong, en el que la pelotita blanca se sustituye por una calavera, era una imagen premonitoria de la irreflexividad con la que se jugaría con la vida y la muerte en un enfrentamiento civil ya cercano.

Según sus propios escritos, esta experiencia de confusión, tan lejana a su vida controlada (escándalos incluidos), le hizo desde entonces despreciar cualquier *noche histórica* y en general tener *horror y aversión a toda clase de revolución.*

No se acaba ahí el giro político del antiguo pro comunista que alababa en su primera juventud las revoluciones y hasta el terrorismo obrero. Sus consideraciones sobre este tipo de cambios sociales llegaron a una actitud netamente reaccionaria, como se manifiesta en sus reflexiones más explícitas sobre la cuestión:

Las revoluciones no me interesan nunca... las revoluciones sólo son interesantes porque al revolucionar desentierran y recuperan fragmentos de la tradición, que se creía muerta... a través de la revolución de la Guerra Civil española iba a redescubrirse nada menos que la auténtica tradición católica peculiar de España, ese catolicismo completamente categórico y fanático, esa pasión construida de piedra maciza, de la realidad granítica y caliza que es España.

Como vemos, reproduce literalmente las claves del discurso de los intelectuales fascistas con los que se había tratado: Ernesto Giménez Caballero, Eugenio Montes, Dionisio Ridruejo... Pese a que él mismo descalifique este discurso en otros momentos como pseudofilosófico.

En adelante, y más tras el triunfo de Franco en la Guerra Civil, este agregado de concepciones y valores sería decisivo en su ideario político: tradición eterna, indestructible y absoluta de lo español, ligado a una imagen mítica del imperio católico, en la que la pobreza, la esterilidad y el salvajismo (tanto de las tierras como de las costumbres) se valora por su pureza mística, espiritualizada, frente a la civilización de la decadente Europa o los avances del progreso técnico. Ecos de Nietzsche y del irracionalismo idealista, al servicio del conservadurismo social, en una mezcla peculiar, abigarrada, en cuyo análisis no podemos adentrarnos porque desborda los objetivos y el espacio de esta biografía.

Tras esta mala experiencia de la fallida revolución del 34, Dalí pintará *Construcción blanda con judías hervidas*, guiado por su obsesión con el canibalismo, el sadismo y el masoquismo. Sólo dos años después, comenzada ya la Guerra Civil, con un oportunismo evidente, lo cambiará de nombre para llamarlo *Presentimiento de la Guerra Civil*, dándolo a conocer como una de sus profecías. En la obra, muy impresionante en cualquier caso, unas formas humanas doloridas, tensas, desgarradas, se atenazan monstruosamente, en un *delirio de autoestrangulación*, como él mismo lo describió. Esto hizo que se percibiera desde entonces como una referencia directa a la guerra, en concreto a nuestra Guerra Civil.

Y dentro de este giro crucial en su trayectoria hacia el conservadurismo, este año de 1934 Dalí, ya con 30 años, intentará también la reconciliación con su padre y su hermana, a través de su tío paterno Rafael, que intenta mediar entre ellos, y de una serie de declaraciones a la prensa donde excusa y trata de justificar estéticamente sus anteriores posiciones contrarias a la familia, haciendo protestas de su amor, en lo personal, a la suya.

No es ajeno a todos estos cambios el que en noviembre dé su primer salto a los Estados Unidos. Aunque él señala que fue Picasso quien le facilitó el viaje, parece dudosa la intervención del pintor malagueño. Son Caresse Crosby, que les prepara el viaje por mar, y les hace allí de cicerone, y Julien Levy, el galerista, las piezas clave de este desembarco. Hay que tener en cuenta que aunque Dalí acariciaba ya años antes la idea de ir a este país, donde tenía una exposición prevista para noviembre y diciembre, y donde pensaba realizar un proyecto de cine (aquel del que había hablado a Lorca), era casi un desconocido allí, y él desconocía casi todo, empezando por el idioma, que no llegó a aprender en los años que estuvo allí posteriormente.

Esta circunstancia, su desconocimiento del idioma y de los círculos sociales, haría a los Dalí estar más cerrados entre sus conocidos —y en su propia pareja—, y más inseguros, lo que sin duda era un estímulo para las explosiones de extravagancia de Dalí. Como hemos visto desde su adolescencia, reaccionaba así a su patológica timidez.

No pudo venirle mejor esta circunstancia desde su llegada a Nueva York. En el barco, parapetado entre cuadros atados a su cuerpo, resulta lo que los periodistas estadounidenses, ávidos de novedades, buscan. Su arte, moderno y complejo, polémico, es justo la imagen que se tenía en Estados Unidos sobre el arte de vanguardia. Por si esto fuera poco, Dalí detecta de inmediato que este medio es lo suyo y se presenta allí como el profeta del surrealismo. Pedagógico, como siempre fue en sus escritos y declaraciones, acerca a cualquier espectador la vanguardia, insistiendo en que su arte es entendible porque el inconsciente habla un lenguaje universal. En este sentido se dirige a Breton, agradecido por su labor divulgadora del surrealismo en América, insistiendo en que se deben buscar medios fáciles y espectaculares, por ejemplo los trampantojos, los juegos visuales, para llegar a ese público masivo, de un nivel educativo medio. De nuevo, el objeto surrealista se deberá poner en su opinión por delante en importancia de la literatura e incluso de la propia pintura surgidas de lo inconsciente.

¿Qué tenía el surrealismo para interesar a los estadounidenses, tan pragmáticos? Probablemente lo que había tenido el psicoanálisis de Freud, que tanto se popularizó allí entre las clases medias urbanas: la propuesta de sacar los fantasmas de lo inconsciente, de lo reprimido, para mejorar la propia salud mental. De hecho, Dalí se presenta allí como discípulo de Freud e insiste en esta componente terapéutica del surrealismo, terapia que permite, sin drogas, reducir el control consciente y dar más vía libre a una imaginación productiva.

En una sociedad ávida de productividad (comercial), y aún instalada en valores puritanos, esto era un alivio, una liberación y una sugerencia de acciones en las que no se veía ningún peligro social. Es entonces, en la serie de entrevistas y conferencias que da, cuando Dalí pronuncia por vez primera su famosa frase de que *la única diferencia entre un loco y yo es que yo no estoy loco*. Combinación perfecta para aquella sociedad deseosa de consumir ocio nuevo: extravagancia pintoresca pero inofensiva (y comercializable).

La contradicción con el surrealismo aumenta, no obstante, porque este camino supone trivializar el surrealismo, y apolitizarlo, llevándolo —de la mano del delirio de grandeza de Salvador Dalí— a una vía de crecimiento alternativa e irreal, hacia la mística. Dalí, en su ambición sin límites, a la vista del éxito en aquel país nuevo, propone que el surrealismo haga su revolución moral desarrollando su propia línea política e incluso su propia religión, una religión fundida con la ciencia. El planteamiento nos suena a las propuestas del fundador del positivismo en el siglo XIX, Augusto Comte, que desarrolló su *positivismo* para combatir los peligros de la filosofía dialéctica hegeliana. Efectivamente, el propio Dalí señala que Comte debería ser el mesías de esta nueva religión (reservando a Breton que fuera su gran predicador).

Estos planes nunca pasarían del delirio personal del pintor y el surrealismo en los Estados Unidos seguiría su camino —de éxito— en lo comercial (sus cuadros se venden, y caros) y en lo social, como una diversión insólita, novedosa e imaginativa. Sin más.

La despedida de esta primera visita, en enero del 35, así lo atestigua. Se hace un baile de disfraces «oníricos», en el que cada uno de los invitados debía ir ataviado de su propio sueño recurrente. El disfraz de Dalí, que decora la mansión de la fiesta, destaca por un aparatoso vendaje en la cabeza y un escaparate en el cuerpo en el que se mostraba un sujetador, en homenaje a Caresse Crosby, inventora de esta prenda en el París de los años 20. Gala, vestida muy ceñida y con una falda mínima para lucir sus piernas y su pecho, llevaba una muñeca en un parto simulado por el cráneo. Este elemento, el muñeco representando un bebé, desató las críticas agrias de sectores que impresionados por entonces con el secuestro y asesinato del hijo del aviador Charles Lindberg, lo relacionaron. El incidente pronto se olvidó, pero dejaba a las claras que en Estados Unidos, más aún que en Europa, había cuestiones intocables. El antihumanitarismo de Dalí debía ocultarse allí celosamente.

El año nuevo será venturoso también para sus planes de vuelta a Europa. Reencuentros. Con su padre, la reconciliación empieza a hacerse efectiva: esa primavera, Salvador Dalí Cusí rehace su testamento, aunque la beneficiaria principal siga siendo la hermana del artista. Y en otoño se produce el reencuentro con su viejo amigo Federico García Lorca. En Barcelona, donde el poeta estrenaba *Yerma*, una de sus grandes tragedias, en su carrera ascendente como dramaturgo. Lorca se mostró tan cariñoso y expansivo como de costumbre, sin escatimar elogios hacia su amigo: habla de Dalí como de un genio y de la coincidencia en sus posturas tras siete años sin verse. Son almas gemelas y trabajarán juntos de nuevo, sin duda.

La personalidad de Lorca era tal que incluso Gala, habitualmente celosa y hostil con los amigos, lo trató con simpatía. En marzo del año siguiente, el 36 ya, Dalí lo invita a Port Lligat, pero el poeta se excusa porque debe permanecer en Barcelona atendiendo a otros montajes teatrales de sus obras. Será la última vez que se comuniquen.

Parece además que tras sus éxitos comerciales, los Dalí se tranquilizaban, más seguros aún con su mecenas Edward James, que les proporciona dinero para ampliar su casa de Port Lligat, haciendo al pintor un contrato por dos años y patrocinándolo en el Reino Unido. Como vemos, un patronazgo semejante, aunque la relación fuera más personal, al que había tenido con el aristócrata francés Noailles. Gala y Dalí, sin embargo, no cumplen económicamente con el trato. Cicateros, fechan como anteriores cuadros posteriores a la fecha del contrato o aumentan apresuradamente la producción los días antes de entrar éste en vigencia, devaluando los precios posteriores de su obra. En los años que dura su amistad, las reclamaciones sobre el contrato por parte de los abogados de James serán permanentes y, pese a la generosidad del mecenas, al final la ruptura, inevitable.

Instalado en su creciente delirio de grandeza, Dalí insiste en la necesidad de una nueva religión para un occidente convulso, y que ésta debe ser el surrealismo —a su manera— o si no será el nazismo, creciente. Así lo expresa en su ensayo del 35, *La conquista de lo irracional*. Sus ataques al comunismo son ahora explícitos tras el suicidio de Crevel (aquejado de una tuberculosis incurable), del que Dalí culpa a los comunistas por no aceptar el surrealismo, cuestión que efectivamente desesperaba a Crevel (que, comprometido en los dos movimientos, nunca abandonó el comunismo ni el surrealismo).

Lo que no parece es que Dalí tuviera la solución a estos conflictos ideológicos, a juzgar por sus inquietantes ambigüedades. En la primavera del 36, en una gran exposición en París de objetos surrealistas de varios autores (Gala incluida), hace un artículo, ¡*Honor a los objetos!*, en línea con su pensamiento de siempre sobre la objetividad, a la que añade consideraciones imperialistas, como que el objeto surrealista se destina a la conquista paranoico-crítica del mundo, hablando de la cruz gamada nazi como objeto de superación de la dialéctica izquierda-derecha.

Pese a todo, Breton aún lo alaba en una serie de conferencias que dan juntos, acompañados de Eluard, en junio y julio del 36 en el Reino Unido. Sus alabanzas son además no sólo como pintor, sino también como teórico del surrealismo. Es entonces, en una gran exposición de más de 400 pinturas, esculturas y objetos de varios autores, de catorce naciones distintas, a la que acuden más de 20.000 visitantes, cuando van a recibir los ataques más directos en la prensa, tanto de los conservadores como de los comunistas británicos. Las descalificaciones, en líneas generales, coinciden: los consideran un grupo de jóvenes frívolos con poco que ofrecer y que justifican sus meras ocurrencias con una racionalización excesiva.

Dalí, entre todos, vuelve a destacar. No sólo por su obra, en la que incluye las *Afueras de la ciudad paranoico-crítica*, de este año, y la

Construcción blanda con judías cocidas, del 34 (que pronto será la *Premonición de la Guerra Civil*), sino por el espectáculo que dio al pronunciar una conferencia en traje de buzo, según él para ilustrar el buceo al inconsciente del surrealismo. Casualidad o parte del *show*, el pintor casi se ahoga, al no poder retirársele la escafandra según sentía la falta de aire.

Ante su obra, incluso los más críticos reconocían el virtuosismo técnico de su pintura, esperando, con ironía, que despertara de las pesadillas a ver si hacía algo interesante. Pero justo entonces, se iba a mostrar que las pesadillas no eran algo gratuito de los artistas de la vanguardia, que eran por desgracia una realidad cotidiana. Una realidad europea poco dada a la contemplación serena.

El 17 de julio de 1936, las tropas del general Franco en África se sublevan contra el Gobierno republicano salido de las urnas en febrero. La Guerra Civil española llega de verdad. El 18, el golpe de Estado de parte del ejército y de la Guardia Civil, apoyados por los partidos antidemocráticos y monárquicos más conservadores, y la jerarquía eclesiástica, se extiende a algunas ciudades de la península, entre ellas Granada. Allí Federico García Lorca es secuestrado y asesinado por los ultraderechistas, en un episodio que conmoverá al mundo entero. Tan vergonzoso que no han aparecido aún los autores que se quieran responsabilizar del crimen, ni el cadáver, por cierto, que sigue *desaparecido*.

Dalí permanecerá apartado de la Guerra, pero al tanto. Según James, que intenta ayudar al Gobierno republicano organizando una exposición de las obras de El Greco en Europa, para comprar armamento, el pintor inicialmente habría sido pro republicano. Otras fuentes, por el contrario, lo ponen desde el principio favorable a los sublevados, lo que él mismo daría a entender luego, cuando vencieron. No está claro.

Recibe las primeras noticias en el hotel Savoy, en Londres, durante una cena, y evitará volver, y tomar partido explícito por ningún bando. Desde la izquierda, se le ha reprochado que residiera la mayoría de esos tres años (36-39) del conflicto en Italia, y que asistiera a mítines fascistas de Benito Mussolini.

En la España sublevada, los franquistas intentarán captar a los elementos indecisos o ambiguos del mundo de la cultura, ya que la mayoría de los intelectuales y artistas se había adscrito combativamente en defensa de la República. Entonces pensarán en él. Pedro Sainz Rodríguez, ministro de Cultura del Gobierno de Franco, de hecho, contará con él como uno de los posibles apoyos al régimen. Dalí es ambiguo inicialmente. Habla y escribe sólo de las atrocidades cometidas en Cataluña por los anarquistas que le han contado. Le impresiona especialmente lo que ha oído sobre cadáveres arrastrados por las calles de Barcelona, en las iglesias saqueadas. El de su admirado Gaudí, entre ellos, que según estas mismas fuentes estaría incorrupto, con un aspecto como el del momento de su muerte, decenios atrás.

George Orwell, como otros intelectuales antifascistas comprometidos, lo criticarán abiertamente: *Evitó astutamente ponerse de parte de cualquier bando y se marchó a Italia. Se sentía más y más inclinado hacia la aristocracia, frecuentaba lujosos salones, se buscaba amigos poderosos...*

Esta ambigüedad, evitando el compromiso, parece para alguno de sus amigos y biógrafos su postura más propia, y esto parecen avalar sus frecuentes declaraciones posteriores: *Yo, el Divino Dalí, soy apolítico completamente.*

Pero su filiación monárquica, reconocida también reiteradamente, ya no parece tan apolítica, aunque juega con una ambivalencia incluso humorística entre una anarquía popular —a nivel municipal— y una monarquía tradicional en la cúspide del estado, monarquía mística, inalcanzable: *Siempre he sido monárquico... el rey garantiza la diversidad o la diversión del pueblo, la anarquía del pueblo...*

Parece estar jugando con un concepto del monarca comodín, apolítico en su divinidad, semejante al que sostenía Yukio Mishima respecto al emperador del Japón: una figura casi divinizada, que no baja a la arena de la política ni restringe las libertades.

El problema, para los que quieren hoy justificarlo políticamente, aparece ante otras tomas de postura, más explícitas aún, donde su apoyo a los elementos más conservadores de la política «oficial» fue de la mano con actitudes sociales inequívocamente profascistas y retrógradas. Pero esto será posterior.

¿Qué postura tomó en aquel momento ante el asesinato de Lorca, de su amigo, o más que amigo, de hacía no tantos años? Lo supo en septiembre de ese año, tras los rumores previos, y en su afición al esoterismo y al peso de las casualidades en el destino humano, especuló con que si Federico se hubiera ido con él esa primavera a Port Lligat se habría salvado.

¿No chocaba lo sucedido con ese considerar a Franco un santo salvador? También aquí su ambigüedad jugaría a favor del ganador. No podía negar el hecho de *la mala muerte* de Lorca, pero lo veía como el cumplimiento perfecto de su destino trágico. Y en términos políticos le daba la vuelta para quitarle al asesinato su sentido, ignorando los escritos del poeta y sus tomas de postura abiertas contrarias al fascismo y a los conservadores en los meses previos al golpe de Estado.

En esa vuelta de tuerca llegaría a acusar de manipulación ideológica a los del bando republicano:

80

Federico García Lorca murió ante un pelotón de ejecución... Su muerte fue explotada con fines de propaganda. Esto era innoble, pues sabían tan bien como yo que Lorca era, por esencia, la persona más apolítica del mundo... por lo demás, en la Guerra Civil la gente no se mataba por las ideas, sino por razones personales. Por razones de personalidad. Y como yo, Lorca tenía personalidad de sobra y, con ella, mejor derecho que la mayoría de los españoles a ser fusilado por españoles.

Esta última frase, haciendo de ser fusilado un derecho, casi un honor si lo hacen españoles, raya ya el sarcasmo. Ante un hecho tan terrible y tan cercano, sus manifestaciones resultan de un cinismo cómplice, difícil de negarse hoy. Por lo demás, el resto del texto anterior es una suma de falacias, partiendo de negar el carácter político de una ejecución realizada por fuerzas políticas en una sublevación de carácter político contra un personaje público posicionado políticamente.

Entre finales del 36 y comienzos del 37 va a Nueva York de nuevo. Se valora la alta calidad técnica de las obras que expone, entre ellas la *Premonición...*, considerada entonces ya su obra maestra y la mejor del surrealismo, a la que acompaña una obra nueva, el *Canibalismo de otoño*, realizada —esta sí— específicamente alrededor de los sucesos de la Guerra Civil española. Pese a lo brutal de las imágenes, Dalí no entra en las causas ni en quiénes han iniciado la guerra, tratándola siempre como una desgracia natural, como un cataclismo humano en el que nada hay que condenar. Son los tiempos en los que su giro hacia la frivolidad descomprometida está acabando de darse: le hace famoso el teléfono langosta diseñado para Edward James, le piden autógrafos por la calle, realiza escaparates llamativos para grandes almacenes y declara que ha pasado del marxismo de Carlos Marx al de los hermanos Marx.

A estos actores y creadores de cine cómico, a los que considera *los tres surrealistas americanos*, y en concreto a Harpo, que le parece el más surrealista de todos, les admira. Regala a Harpo uno de sus objetos surrealistas más famosos, un arpa en que las cuerdas son alambres de espino. Harpo le contesta con una foto en que se muestra junto al objeto con los dedos vendados. Luego, a comienzos de ese año, se ven en Hollywood, donde Dalí siempre soñó con desembarcar con un proyecto cinematográfico de su autoría. Retrata a Harpo Marx, al que le descubre la misma mirada penetrante que tenía Picasso. Pero el proyecto de película surrealista no cuaja.

En marzo del 37 se monta en la Exposición Universal de París un gran pabellón de reivindicación de la España republicana, famoso por albergar el *Guernica* de Picasso, pintado para la ocasión, en protesta por el bombardeo nazi sobre población civil en esta ciudad del País Vasco, amén de esculturas clave en la obra de Julio González (*La Montserrat*) y del escultor toledano Alberto, o del propio diseño del pabellón, obra de un conocido de Dalí, el pintor y arquitecto José Luis Sert. Dalí elude participar, clarificando algo más su postura proclive al bando fascista.

Mientras, el desarrollo de su obra paranoico-crítica llega a su cumbre con *El gran paranoico*, de 1936, donde nos muestra el rostro de un personaje apesadumbrado, formado (lo descubrimos al acercarnos al cuadro) por una serie de figuras humanas también atormentadas por la culpa. En junio del 37 hace *La metamorfosis de Narciso*, pintura a la que acompaña un poema homónimo. Como veremos al tratar de analizar algunas claves de su obra, ya no se trata de una imagen de lectura doble sino de dos imágenes paralelas, que desarrollan las dos lecturas posibles de una imagen semejante: Narciso mirando su reflejo en el agua, y una mano con un huevo. Esto ha hecho a algunos críticos ver la obra como el hito que marca su alejamiento del método paranoico-crítico y del surrealismo incluso, consideración probablemente extremada a la vista de su evolución posterior.

Ese año, en el verano, viajará a Italia instalándose en el otoño en París en un apartamento caro. Allí, en enero ya del 38, participa en un montaje surrealista, famoso por la instalación de decenas de sacos de carbón en el techo de la sala —obra de Marcel Duchamp, el inventor del *ready-made* antecedente de los objetos surrealistas—. Dalí colabora con su propia instalación de un *Taxi lluvioso*, sin techo, en el que los maniquíes se mojan bajo la lluvia, idea que repetirá en su futuro teatro-museo de Figueras. El montaje indignó a la prensa, lo que garantizó el lleno de la sala.

Al tiempo, Eluard y Breton editan un *Diccionario abreviado del surrealismo* en el que Dalí se autodefine como *príncipe de inteligencia catalana, colosalmente rico*, definición bastante sintomática de sus deseos e identificaciones profundos del momento. Es en este diccionario en el que definen a Gala como *mujer violenta y estéril*.

De nuevo en Italia desde febrero, instalado en la mansión de un aristócrata inglés amigo de James, hace una breve visita a Sicilia, que le inspirará *Impresiones de África*, continente nunca visitado por él. El título hace referencia a un libro de igual título, cuyo autor nunca estuvo tampoco en África.

Mientras, en Europa central se ha producido un hecho inquietante: los nazis han anexionado Austria a Alemania, siguiendo el proyecto de ese Tercer Reich (Imperio) pangermánico que amenaza a los estados colindantes. En el interior, la anexión supone la nazificación de Austria, persecución de artistas e intelectuales de este país, etc. En arresto domiciliario, bajo vigilancia, el creador del psicoanálisis, Sigmund Freud, judío además de pensador crítico, se ve obligado a huir de su país, y de la ciudad en la que ha vivido los últimos setenta años, para exiliarse en Londres.

Así, en julio de 1938 se va a producir un hecho decisivo para la futura evolución del artista: su entrevista con Sigmund Freud, uno de sus *héroes* desde la primera juventud. El psiquiatra, anciano y enfermo ya de cáncer (moriría el año siguiente), vivía retirado pero conservaba intacta su lucidez intelectual y su sentido del humor.

Aunque era considerado, por sus teorías sobre el inconsciente y los fenómenos oníricos, el autor de la fundamental base teórica del surrealismo, Freud nunca se había querido ver involucrado en este movimiento artístico. En 1923 había recibido la visita, en Viena, de André Breton, con escaso interés, aunque el líder del grupo surrealista le continuará escribiendo durante algún tiempo.

Si accedió a entrevistarse con el pintor catalán fue por la recomendación elogiosa de un amigo común, el novelista y biógrafo Stefan Zweig, también judío y perseguido por los nazis, que se suicidará en 1942, incapaz de soportar el aislamiento de su exilio. Zweig le habló de Dalí como el *único pintor de genio de nuestra época, y el único que la sobrevivirá.* Dalí aprovechó para mostrar a Freud su cuadro *La metamorfosis de Narciso*, considerado precisamente el que cierra el periodo surrealista, más brillante y más personal del pintor. La impresión en el anciano psiquiatra fue en términos generales buena, como muestra el siguiente fragmento de la carta que escribió luego a Zweig:

Tengo que agradecerle las palabras de presentación que me trajeron los visitantes de ayer. Según parece, hasta ese momento estuve tentado de considerar a los surrealistas, quienes por lo visto me han elegido como su santo patrón, por rematadamente locos (digamos que al 95 %, como el alcohol absoluto). El joven español, con sus cándidos ojos de fanático y su innegable maestría técnica, me ha incitado a reconsiderar mi opinión. Sería en efecto muy interesante estudiar analíticamente la génesis de un cuadro de esta clase.

Después se extendía en consideraciones sobre lo dudoso de considerar arte algo como estas obras, si de verdad se habían producido con tantas dosis de material inconsciente, porque para él el arte, como otras producciones humanas, exige que la elaboración consciente sea la directora del proceso, aunque las motivaciones y los elementos con que se haga la elaboración posterior pertenezcan al mundo escondido de lo inconsciente.

Para Dalí, el resultado de la entrevista no fue tan positivo: vio que a Freud no le interesaba su método paranoico-crítico, por una parte, y por otra se quedó dolorosamente impresionado por la observación de Freud sobre cómo ante el arte de los antiguos se tiende instintivamente a buscar las motivaciones inconscientes, y sin embargo ante una obra surrealista se tiende a buscar lo que conscientemente haya introducido el autor.

Esto fue para el pintor un mazazo, su *sentencia de muerte* sobre el surrealismo como movimiento, en palabras textuales de Dalí. La lucidez del anciano Freud le mostró a las claras que no estaban consiguiendo sus supuestos objetivos de libre expresión —y comunicación, por tanto— de lo inconsciente.

Además, con su habitual perspicacia para detectar la evolución social de las modas y de las tendencias, Dalí se dio cuenta en esta entrevista de *cuántas cosas habían terminado en Europa con el inminente fin de su vida* (de Freud)... (entre ellas el surrealismo) *como doctrina, como secta, como ismo.*

El abandono real del surrealismo se producirá entonces, en el año 39, porque pese a que Breton considerara luego que desde el 35 ya no era el surrealista Salvador Dalí, sino Avida Dollars (anagrama confeccionado con las propias letras de su nombre para señalar su codicia monetaria), y definiera a este *Avida Dollars* como un pintor católico, seguidor del Papa y sólo interesado artísticamente en la imitación de los maestros renacentistas, lo cierto es que habían seguido colaborando hasta estas fechas.

Pronto, en 1941, cuando acaba su recopilación de memorias *La vida secreta de Salvador Dalí,* el artista se considerará testigo excepcional del cambio, de esa época que acaba, y en consecuencia vidente del nuevo renacimiento (que luego será místico y nuclear tras las bombas atómicas). Dice, al final de su libro:

Quiero ser escuchado en el mundo entero, porque soy la encarnación más representativa de la Europa de posguerra (la posguerra de la Primera Guerra Mundial, se refiere), *tras haber vivido todas sus aventuras, experiencias y dramas. Como guerrillero de la revolución surrealista, he conocido día a día los mínimos incidentes y repercusiones intelectuales de la evolución del materialismo dialéctico* (el marxismo) *y las doctrinas pseudofilosóficas que fundaban sus mitos de la sangre y la raza en el nombre del nacional-socialismo* (fascistas y nazis)...

Dalí se va a Florencia y luego espera las noticias de la guerra, que ya parece inminente en Europa, en la villa de la diseñadora Cocó Chanel, en la Costa Azul. Trabaja incansablemente, como de costumbre, con una imaginación fértil, en varios frentes. Prepara su exposición próxima en Nueva York, pintando *El enigma sin fin,* donde aparece la imagen de Lorca nuevamente sobre la playa. Mientras, se ha firmado el Pacto de Múnich, haciendo los británicos y los franceses más concesiones a Hitler. Dalí pinta entonces *El enigma de Hitler* con claras alusiones, aunque inconcretas, a esta situación amenazante (el paraguas del premier británico Chamberlain, el teléfono —la comunicación— roto...).

Al tiempo, trabaja en un ballet sobre la misma idea que comentó a Lorca en el 34, de las relaciones entre el rey loco de Baviera, Luis II, y el músico Richard Wagner. El ballet se había de llamar *Tristán loco* o *Bacanal* y sufrirá múltiples vicisitudes antes de montarse, y sólo de forma parcial. También prosigue el pintor con su actividad literaria, centrada ahora en sus memorias, lo que será años después *La vida secreta de Salvador Dalí*.

Con Breton, y el Movimiento surrealista, el divorcio no es pacífico. En febrero del 39 se encuentran y el escritor francés lo acusará de racista. Después, Breton declarará públicamente que ha roto toda conexión con el pintor, ya que Dalí le había admitido, sin ningún matiz humorístico, que el actual problema del mundo era racial, *y que la mejor solución, poniéndose de acuerdo todas las razas blancas, sería reducir a todas las razas oscuras a la esclavitud*. Breton añade, indignado, que no sabe qué puertas le abrirán este tipo de declaraciones en Italia y Estados Unidos, los lugares entre los que ahora oscilaba su vida, pero sí sabía los que le cerrarían.

Como vemos, ahora ya Salvador Dalí estaba en las antípodas de sus antiguos compañeros, como Breton, que había lanzado en 1937, junto a Trotsky, un *Manifiesto por un arte revolucionario independiente*. La independencia de Breton y los suyos (independencia de las directrices de la Unión Soviética y la rigidez stalinista) es cada vez más distinta de la independencia de Dalí. Éste, que siempre había jugado a tratar con los círculos aristocráticos y con el grupo surrealista, mutuamente excluyentes, cada vez se muestra más adaptado al primer tipo de ambientes, a la compañía de Cocó Chanel y los diseñadores de lujo y aristócratas de la Costa Azul.

Dalí no tenía ningún problema en admitir esta admiración por los aristócratas, por los ricos, aunque la matizaba con su interés también por los pobres originales, como los pescadores de Port Lligat, incluyendo en su desprecio a todas las clases intermedias, gente común y actitudes mediocres, inauténticas para él, en la vida. Para él, los surrealistas formaban parte, cada vez más, de ese grupo de mediocres intelectuales *pequeños burgueses, una fauna de inadaptados mal lavados*. De los que él quería huir *como de la peste*.

Su expulsión formal definitiva del grupo surrealista, continuamente aplazada desde 1934, vendrá en 1941, en principio determinada por tres razones relacionadas con su postura vital reaccionaria: su inclinación —aunque ambivalente— a dejarse llevar por la fascinación del fascismo, su orientación creciente hacia el catolicismo activo y místico, y su interés excesivo por el dinero. De las tres acusaciones el pintor sólo negaría la primera, señalando como causas reales de su expulsión el que él era demasiado surrealista, *el más surrealista del grupo, el único quizá*, y el que no se sometía al liderazgo de Breton ni a las normas de un grupo constituido en principio contra toda norma.

Lo surrealistas lo considerarían ya *un renegado* que *preso de terror... se replegó con precipitación, mientras todavía tenía tiempo, hacia posiciones estéticas que debían gustar a los maestros de la contrarrevolución triunfante...* (en 1941).

Después, Dalí, en Estados Unidos, se defenderá intentando hacer aparecer como una tercera vía la suya, coincidente con la de los vencedores de la Guerra Civil española, pese a que éstos se habían aliado con los fascismos europeos enemigos de las democracias occidentales:

A mi alrededor, la hiena de la opinión pública aullaba y quería que me pronunciara: ¿hitleriano o stalinista? No y cien veces no. ¡Yo era daliniano, nada más que daliniano! ¡Y lo sería hasta mi muerte! No creía en ninguna revolución, no creía más que en la calidad suprema de la tradición... españoles, esa raza que es la aristocracia de los pueblos.

En cualquier caso, él ya estaba iniciando su evolución hacia otros derroteros tanto artísticos como sociales, pese a que reaccionara, como es famoso, desde su militante narcisismo con la terminante declaración de que *el surrealismo soy yo*, lo que dejaba toda esa *mascarada* de la expulsión sin efecto real. Él seguiría su camino.

Y su camino estaba cada vez más claro. En la primavera del 39, vuelve a América. La guerra en España ha terminado con la victoria de Franco, y a Dalí le llegan noticias de los excesos de los anarquistas en Cadaqués, de la muerte de pescadores amigos suyos, de la detención y encarcelamiento veinte días de su hermana Ana María, que la ha llevado al trastorno mental por los malos tratos recibidos de parte de los comunistas. Las propiedades familiares han sufrido desperfectos también, y su padre, lógicamente afectado por estos años en la retaguardia republicana, se ha convertido en partidario de los franquistas. Todo esto es lo que le impresiona, o al menos de lo único que se quiere hacer eco el pintor en estos momentos, olvidándose de la represión sistemática y masiva de los vencedores. Debemos recordar, una vez más, que él mismo dice poco después, en su *Vida secreta*, que ha mudado la piel, como las serpientes, hacia el catolicismo.

Ni siquiera los antiguos amigos se libran del cambio en las convicciones del pintor. Luis Buñuel, exiliado, sin trabajo, en los Estados Unidos, le pedirá ayuda, y Dalí se la negará abiertamente, porque su guía esotérica (le habla de Paracelso y Nostradamus, pero es Gala la vidente) le aconseja que no lo haga, que debe acabar con el pasado infantil de sus amigos (izquierdistas) madrileños. En la misma carta se permite además aconsejarle que se *desinfecte* también de marxismo, una teoría *imbécil* a su parecer, que en la práctica tiene que ver con un humanismo mediocre. En este *humanismo mediocre* estarían el doctor Negrín (último presidente del Gobierno de la República), Dolores Ibarruri, líder comunista, o el propio Stalin, mediocre y antiimaginativo (idea, por cierto, que cambiará como veremos al final de su vida), que nada tienen que hacer frente a la grandeza de un pasado imperial, de una Isabel la Católica.

En su antihumanismo, vuelve a apoyarse en Sade y en Nietzsche, considerando textualmente que *la mierda marxista es la última superviviente de la mierda cristiana*, caritativa, contraria a la realidad —que él exalta— del fuerte que se come al débil. Un cristianismo que nada tiene que ver con la solidez del catolicismo, ese de la *realidad biológica española* que reivindica el franquismo hacia el que todos, dice, se vuelven ahora, incluso su padre, afectado por el *desastre revolucionario* señalado arriba. La familia es su ideal ahora, y el individualismo, que sin duda está creciendo en él a la hora de trabajar. Le dice también que su colaboración en el pasado fue negativa para él, para Dalí, refiriéndose paradójicamente a los dos cortometrajes que cimentaron su fama en París, y que en adelante quiere trabajar exclusivamente solo.

Le sigue interesando el cine, pero sólo se dedicará a este medio cuando lo reclame la industria (estadounidense), le den todo el dinero que requiere y le dejen ser un dictador para llevar sus proyectos a la práctica sin intromisiones de nadie. Remata la carta con la fe (franquista) de que España está destinada al imperio y la hegemonía mundiales y grita un *¡Arriba España!* (el saludo falangista, oficial con el régimen de Franco) *surrealista*.

Buñuel no lo perdonó ni lo olvidó. Llevó durante años esta carta en su cartera y, una vez consagrado como director de cine, muchos años después, sería él quien se negase a nuevas colaboraciones cinematográficas que le propuso Dalí, quien nunca llegaría a desarrollar un solo proyecto en el cine.

Hay que tomar en cuenta, sin que esto pretenda ser una justificación de su comportamiento para con su antiguo amigo, que Salvador Dalí acababa de pasar por la mala experiencia —en cuanto a trabajo en colaboración— de su participación en la Feria Universal de Nueva York de ese verano. En ella había diseñado por encargo un pabellón de recreo, *El sueño de Venus*, tan modificado al final respecto a su diseño que no quiso esperar a su inauguración en junio, volviéndose a Europa. Esta experiencia negativa le hizo escribir su *Declaración de la independencia de la imaginación y los derechos del hombre a su propia locura*, en que se defendía la libertad artística de los creadores, con el apoyo de las masas a las que la creación iba dirigida, frente a la mediocridad cultural que se interponía entre el creador y el público. En la declaración, cuyas copias se tiraron desde una avioneta sobre Nueva York, se preguntaba Dalí por qué no se podía hacer un cuerpo de mujer con cabeza de pez en vez de lo contrario (la tópica sirena), como le habían prohibido en la feria.

Lo cierto es que en el montaje, con poco éxito crítico, surrealista pero con mucho sexo explícito, la crítica maliciosa había visto mucho del estilo de Broadway en la locura de Dalí, por ejemplo en las buceadoras reales, desnudas, que hacían de sirenas.

Llovía sobre mojado, porque esa primavera su exposición había sido un éxito económico, con ventas superiores a los 25.000 dólares, desde otro escándalo producido también por los límites que se querían poner por razones comerciales a su creatividad. Fue la acción (de notoriedad pública) más efectiva de su vida, aunque él siempre sostuvo que había sido casual.

Para decorar el escaparate de unos almacenes en una calle céntrica de Nueva York, había instalado un viejo maniquí de cera, vestido con ropa que se transparentaba, en una bañera. Cuando lo vio sustituido por otro maniquí actual, vestido con un traje a la moda del momento, se enfureció. La dirección lo había cambiado por miedo a desagradar a un público que, evidentemente, se paraba por la calle a mirar el montaje. Dalí subió al escaparate y cuando lo iba a intentar recomponer, según su propio relato, la bañera empujada hacia fuera rompió la luna y se precipitó a la calle, yendo él detrás, que resultó ileso. La rotura del enorme cristal del escaparate y la aparición en la calle del artista, la bañera, el maniquí y el agua fue espectacular.

Detenido y encarcelado unas horas, el juez le reconoció su derecho como artista a defender la integridad de su obra, imponiéndole sólo una multa por la forma violenta de hacerlo. Cientos de cartas de apoyo de artistas estadounidenses se volcaron con él. Dalí había dado, una vez más, con un debate clave en la mentalidad de aquel país: la libertad individual. La novela *El manantial*, adaptada al cine por el director King Vidor, en el año 1949, volvería al mismo tema en un caso que llega a los tribunales.

Tras el escándalo, el narcisismo mostrado por Dalí fue mayúsculo. El catálogo de su exposición, titulado *¡Dalí, Dalí!*, iba adornado de citas elogiosas hacia él de Picasso, quien había dicho que su imaginación era como un motor fuera-borda que nunca para, del propio Breton, sobre el valor de su método paranoico-crítico, y de Stephan Zweig, el escritor austriaco, famoso autor de biografías, que le había presentado a Freud.

Pero el ballet que preparaba en Europa no se estrena por el estallido de la Segunda Guerra Mundial, el 1 de septiembre del 39, y la frustración de Dalí por esta demora y el semifracaso de su participación en la feria de Nueva York lo lleva a contestar de malos modos a su protector,

Edward James, que sólo quería ayudar a que el ballet se estrenase en los Estados Unidos. James, consciente finalmente de la ingratitud del artista, entra en los meses siguientes en un cruce de reproches con éste en los que Dalí irá más allá, responsabilizándole de los fracasos últimos, y reprochándose a sí mismo la supuesta debilidad de haberse fiado de James.

Con el estallido de la guerra, que pocos meses atrás en la carta a Buñuel consideraba imposible basándose en sus augures (Gala), Dalí pasa un tiempo de nerviosismo. Considera que ya ha llegado a la edad y el momento de hacer una invención relevante, rupturista, como el cubismo de Picasso (siempre Picasso) que éste, según él, había desarrollado durante la Primera Guerra Mundial (en realidad había sido anterior). Piensa entonces aprovechar la ruptura definitiva con los surrealistas y volver a lo objetivo, a un nuevo clasicismo.

Pero al mismo tiempo, mientras Breton llama a los surrealistas a un retorno al automatismo del primer manifiesto, considerando a Dalí y su método monótono, repetitivo y complaciente, Dalí no quiere renunciar al surrealismo y se considera el único surrealista, el surrealismo en persona (*el surrealismo soy yo*, parafraseando al rey absoluto Luis XIV).

Era verdad además que en Estados Unidos, y cara a la cultura de masas, esto era cierto: Dalí era el surrealismo. Él tenía ese capital ya asociado a su nombre, por más que algunos críticos puristas y algún otro pintor señalasen que su autopublicidad hacía confundir el surrealismo con las ocurrencias de Dalí y sus *peep shows* (exhibiciones sexuales de nulo valor artístico, por lo sucedido en la feria con *El sueño de Venus*). En cualquier caso no hay tiempo entonces para vacilaciones. La guerra relámpago de los ejércitos del III Reich los lleva a entrar en París el 14 de junio del 40. Y el 28 ya están en Hendaya, en la frontera española. Los Dalí huyen a España, donde ven los desastres de la Guerra Civil, Figueras en ruinas tras los bombardeos del ejército franquista, su casa de Port Lligat con pintadas de los combatientes de ambos bandos, su familia aún no recuperada del trauma...

Pese a estas visiones, su óptica seguirá siendo unilateral. En Madrid, de paso a Lisboa para embarcarse hacia los Estados Unidos, se encuentra con los intelectuales falangistas que refuerzan sus sueños en la Roma imperial y en que España será el salvador espiritual del mundo, pero no ve —o no dice nada al respecto— las ejecuciones y los encarcelamientos masivos de los republicanos derrotados, la humillación de las clases bajas, el hambre y la degradación a que se somete a los vencidos. Si estuvo cuatro años fuera de España durante la Guerra Civil, ahora estará ocho fuera de Europa.

En la residencia de Caresse Crosby coincidirán con Anais Nin y Henry Miller. Anais Nin, la célebre escritora erótica, los describirá en su diario como un pareja cerrada en ellos mismos, poco llamativa, y se quejará de que pronto Gala dará por hecho que todos deben estar en aquella casa al servicio de Dalí, el único genio. Allí redactará el pintor su *Vida secreta*, para sorpresa de Caresse Crosby, que se encuentra al pintor escribiendo y al escritor Henry Miller haciendo acuarelas.

Mientras hace esta incursión literaria —la más completa y celebrada de su carrera artística— Dalí prepara una exposición para la siguiente primavera que será según él la última de su era psicológica, para dar paso a su era morfológica, donde vuelva a su obsesión antigua por el perfeccionismo y el clasicismo, por la *Santa Objetividad*, que ya le caracterizaba en los tiempos de su amistad con Lorca.

Aunque, por más que declare que *el surrealismo ha muerto* y que vuelve al clasicismo, el proceso no será tan rápido ni tan radical, sobre todo porque no encuentra esa nueva forma que buscaba para abanderar una revolución como la del cubismo. Ni siquiera tiene aún nuevos temas: sigue con los relojes blandos —ahora hay también un avión blando, el que decidirá la guerra europea— y con la vergüenza ante la masturbación entre otras obsesiones ya mostradas.

La crisis de ventas, los ataques de los surrealistas, lo tímido aún de sus intentos de renovación clasicista (como en la *Familia de centauros marsupiales*, de 1940), el propio miedo ante la guerra (reflejado en *El rostro de la guerra*, también de ese año), le hacen buscar salidas más seguras que le proporcionan ingresos económicos pero lo ponen en una posición aún más vulnerable a las críticas: pinta retratos, da salida a su habilidad como publicista (organizando eventos sociales como la *Noche en un bosque surrealista*, a la que acuden famosos del mundo del cine, en California, donde ha encontrado su Port Lligat veraniego) y colabora con los ballets rusos, haciendo *Laberinto*, con coreografía de Massine, el que preparó *Bacanal*, con más publicidad que éxito crítico.

No obstante, en noviembre el panorama parece equilibrarse. Se organiza una retrospectiva conjunta con Joan Miró, en el Museo de Arte Moderno de Nueva York, que durará hasta el año 43, pasando por otras ocho grandes urbes estadounidenses. Esta muestra se convierte en una prueba ya de su consagración cuando se acerca a los cuarenta años de edad. La exposición intentaba ilustrar las dos caras del surrealismo: la de las pesadillas congeladas, inquietantes, las sombras, de Dalí; y la luminosa, de las alegrías de la vida, de Miró. De su obra, desde *Cesto de pan*, de 1926, tema del que hará otra versión clasicista en 1945, hasta las obras más recientes, como *Vejez, adolescencia, infancia* (1940), se excluyen los periodos impresionista y cubista iniciales. La crítica destacó una vez más *La persistencia de la memoria*, el más conocido allí, de diez años atrás ya, *La premonición de la guerra civil*, del 34, y las *Impresiones de África*, del 38, pero se comenzaban a alzar voces contra lo repetido de sus asuntos y su estilo, y contra la superficialidad que escondía su virtuosismo, pese a su impacto publicitario.

Las críticas más constructivas son las que lo sitúan como una *voz de su tiempo*, expresión de la psicología atormentada del momento, percepción que aunque fuera tópica le permitiría acceder a nuevos admiradores, entre ellos un matrimonio de Cleveland, los Morse, que se convertirán en sus admiradores y compradores principales de obras el resto de su vida.

Finalmente, en octubre del 42, tras la entrada de Estados Unidos en la Guerra Mundial a finales del 41, aparece su libro de memorias *La vida secreta de Salvador Dalí* (traducida al castellano en el 44), donde se consolida el giro que quiere dar a sus posiciones con su reinterpretación del pasado. Un engaño para ocultar su verdadera vida, dice un crítico, y Buñuel lo apoya, viendo que queda en el libro como el chivo expiatorio al que Dalí carga con todas las responsabilidades más comprometedoras.

Hay que tener en cuenta las persecuciones anticomunistas que ya comenzaban a iniciarse en los Estados Unidos, adelantando lo que será la Caza de brujas de la posguerra, y de las que Dalí obviamente quería librarse. Para presentarse como *el salvador de la pintura moderna* (salvador por su vuelta al clasicismo), Dalí oculta su pasado marxista, su devoción durante años en esta línea por Breton, la propia posición política de Lorca, las razones de su ruptura con su padre —al que asegurará que ha dejado un relato donde la familia queda a salvo de cualquier ataque o cualquier revelación desagradables —, el sistema del *zodiaco* para costearse el nivel de gastos junto a Gala (que no era la pobreza de la que habla), etc.

Y fantasea, exagerándola, con su amistad con Picasso, o la predestinación de Gala y él para encontrarse, llevado de una megalomanía característica suya, amena por ser una verdadera parodia de sí mismo. Así, cuando dice que *a los seis años quería ser cocinera, a los siete Napoleón, y mi ambición desde entonces no ha dejado de crecer,* el tono resulta humorístico, como humorístico lo hace su estilo provocativo. El libro fue por tanto un éxito de ventas, que le llevó a escribir incansablemente poco tiempo después una novela, al estilo de Sade, *Rostros ocultos*, que no tuvo el éxito esperado.

En *La vida secreta* se inicia su colaboración con el fotógrafo Phillipe Halsman, conocido en el 41, que durará hasta la muerte de éste en 1979, colaboración de la que surgirán imágenes tan famosas como la de Dalí, desnudo, en un huevo, haciendo referencia a sus recuerdos intrauterinos, prenatales. Otros elementos que rodeaban el texto eran las ya consabidas citas elogiosas de famosos, en este caso junto a la de Picasso otra de Freud sobre su fanatismo, que lo hacía un ejemplo perfecto de español, y otra del biógrafo André Maurois señalando la inteligencia, respetuosa con la tradición, y el corazón anhelante de fe, que Dalí escondía tras su estilo provocador. Justo el argumento que él utilizará en décadas posteriores para salvar su obra cuando critiquen su imagen pública.

En la cubierta, la imagen de *La persistencia de la memoria* con sus relojes blandos delante y una de Gala detrás, y la imagen de un crucifijo frente a los aviones de combate (el catolicismo como la solución al problema de la guerra mundial).

Habrá críticas duras. El escritor George Orwell, ofendido por su postura ante la Guerra Civil española, lo va a considerar un síntoma de la decadencia de la cultura occidental, igual que su pintura, una obra pornográfica, necrofílica, y formalmente un mero pastiche modernista. Como vemos, la polémica con Dalí era continua.

No era para menos. En su novela *Rostros ocultos*, publicada en el 44, la acción, en Francia del 34 al 43, muestra a un aviador republicano arrepentido de su pasado, defensor ahora de la tradición aristocrática, que ve en el catolicismo la unidad de Europa tras el sufrimiento del yugo alemán. Los protagonistas aristocráticos, el tono que denota la herencia del Marqués de Sade, la temática de la simulación, junto con otras obsesiones dalinianas: el sexo no consumado, la impotencia, la objetividad, el placer en el dolor, el misticismo, la obsesión con la muerte y la putrefacción, aparecían ante el puritanismo estadounidense como algo negativo, que les ponía en contra de esa Francia decadente a la que estaban en ese momento socorriendo militarmente.

Además, el estilo anticuado, un refrito del romanticismo tardío, hizo a los críticos recordar a Dalí que no era un novelista, faceta en la que no insistirá.

Mientras, en ese año 43, su exposición en la galería Knoedler, básicamente de sus últimos retratos sobre fondos de escenarios característicos de él, ya conocidos, y con elementos y objetos típicos también de Dalí pero con una presencia forzada en esos retratos, fue mal acogida. Se señaló su *virtuosismo y detallismo cansinos*, lamentándose el objeto de su esfuerzo y considerando que *el esfuerzo es digno de dirigirse en un sentido mejor*.

¿Estaba Dalí agotado ya, a sus cuarenta años, tras más de veinte de una productividad incansable y un carrera meteórica a la fama internacional? Afirmarlo sería excesivamente radical, dado que aún producirá obras notables en su periodo místico y clásico, a finales de los 40 y en la década de los 50, pero es evidente que incluso los biógrafos de su círculo próximo, los que más lo defienden, suelen dedicar al resto de su vida y de su producción un espacio sensiblemente menor en sus comentarios.

Es evidente que lo perjudicó a la larga su nueva posición política conservadora, pese al reconocimiento institucional. Sobre todo por el giro radical e interesado personalmente que había dado. Es evidente que se cebaron con él los antiguos surrealistas y otros intelectuales de izquierdas. Pero es también evidente que su imagen pública, su trivialización publicitaria, su personaje y su *corte* lo fueron agotando como creador relevante en el mundo artístico.

Quedarán, no obstante, además de sus obras en los años siguientes, sus influencias en otras nuevas tendencias, en el arte pop y en los hiperrealistas de los años sesenta y setenta. Hace, ya en 1943, *Poesía de América* (luego *Los atletas cósmicos*), donde pinta una botella de Coca-cola, anticipándose a la inclusión que hará el pop de marcas masivas en el mundo del arte.

Si Dalí fracasó en su lucha contra la prevalencia del abstracto en los años posteriores a la Segunda Guerra Mundial, su cruzada clasicista sí tuvo cierto éxito en su recuperación y revalorización del detalle, de lo anecdótico en la pintura, de la precisión que siempre ha sido y sigue siendo, junto con su fértil imaginación, su principal defensa como artista virtuoso del dibujo.

Pero esto ya son los capítulos finales y las valoraciones sobre su obra. Por ahora, nos quedamos con él en los Estados Unidos, en el 44, como uno de los pintores más ricos del momento, pasada ya la juventud pero aún no en la vejez física, solicitado por los potentados que como Helena Rubinstein, la gran empresaria de los cosméticos, era tan admirada por el pintor ampurdanés por su voluntad y su capacidad de ascenso social, su facilidad para elaborar eslóganes con alcance para llegar a las masas de consumidores y su criterio de valoración bien centrado en la posesión de una fortuna en dinero. Todo un modelo. Todo un síntoma.

V. CLASICISMO Y COMERCIALIZACIÓN: LA POSGUERRA, EL FRANQUISMO, LA CONSAGRACIÓN OFICIAL DEL «DIVINO» DALÍ

Nuevamente, manejamos las fechas con flexibilidad. En el año 1944 la guerra aún no ha acabado, pero tras la derrota de los alemanes en el frente ruso en la batalla de Stalingrado y su retirada paulatina del este de Europa, el desembarco estadounidense en el norte de África y las primeras victorias en el Pacífico sobre los japoneses, el repliegue de las potencias del eje sólo podía conducirlos a la rendición final. Era cuestión de tiempo. Era inminente el desembarco aliado en Francia y la liberación de Europa. En los Estados Unidos, lejos de la devastación, los exterminios, los frentes de batalla y las migraciones masivas, ya se pensaba en el día de después.

La posguerra. Un periodo de reflujo ideológico. ¿Lo previno Dalí, o simplemente se acomodó a lo que iba surgiendo? El presumía de lo primero, y con esa mezcla tan suya de narcisismo y de justificación en los clásicos se apunta al individualismo, la religiosidad, la espiritualidad. Pero en ese juego historicista se pierde. No quiere quedarse en esa supuesta *Edad Media* espiritual pero bárbara de la guerra o del fin del comunismo, el nazismo y el resto de ideologías que él conoció. Y anuncia un nuevo renacimiento, *Renacimiento* del que él sería el abanderado en la estética. De paso, nuevos ataques contra el comunismo y las revoluciones:

Sabía que después de España, toda Europa se hundiría en la guerra a consecuencia de las revoluciones comunista y fascista, y de la pobreza y derrumbe de las doctrinas colectivistas, surgiría un periodo medieval de reactualización de los valores individuales, espirituales y religiosos. De esta inminente «Edad Media» yo quería ser el primero, con una comprensión completa de la vida y la muerte de la estética, para poder pronunciar la palabra «Renacimiento».

95

No cabe duda en cualquier caso de que en esto fue de nuevo un adelantado a su tiempo, porque el proceso que describe no fue tan inmediato. De hecho se ha vivido a nivel mundial, generalizado, a partir de los años 80 del siglo xx, apagados ya los ecos de mayo del 68. Y no fue hasta 1989 —fecha de su muerte—, con la emblemática caída del muro de Berlín, cuando se produjo *el derrumbe de las doctrinas colectivistas* que él anunciaba y el ascenso del ultraliberalismo al que él tan bien se adaptó.

En la posguerra mundial, Dalí tuvo la visión, al menos comercial, de que el centro, la capital del arte de vanguardia se trasladaba de París a los Estados Unidos, a Nueva York. No en vano su *Niño geopolítico observando el nacimiento del hombre nuevo* realizado ya en 1943, nos muestra muy a las claras su percepción de quién era ahora, definitivamente, el dueño del mundo. El globo terráqueo, blando y desgarrado, se abre por Norteamérica pariendo el torso de un hombre musculoso que aprieta con fuerza el pie desde dentro de la Tierra contra las costas del Pacífico asiático, mientras se aferra con el brazo contrario, la mano poderosa como una garra, sobre una Europa occidental casi borrada del mapa.

Y no acabó ahí su perspicacia. Supo entender también que la vanguardia artística, en Estados Unidos, no estaba distanciada de la cultura de masas, en la que tan bien había sabido desenvolverse. Y en parte, como se ha comentado, supo ver que la ciencia y la técnica —al menos en lo que sus avances entraban a formar parte de esa *cultura de masas*— tampoco debían dejarse fuera de la órbita de la creación para ese público masivo.

Porque la reacción de Dalí ante ellas de nuevo fue ambigua: al mismo tiempo que coqueteará con la terminología y los conceptos técnicos y científicos de moda, intentará situarse frente a ellos desde la posición de superioridad displicente del casticismo españolista que nos recuerda el *que inventen ellos* de Miguel de Unamuno.

Su solución es irracional, por supuesto. ¿Cómo superar la ciencia de los más desarrollados? Con la mística española:

...La intuición profunda de lo que es la comunicación inmediata con el todo, la visión absoluta, por la gracia, de la verdad, por la gracia divina. Más fuerte que los ciclotrones y los ordenadores cibernéticos, en un instante puedo penetrar los secretos de lo real... ¡A mí el éxtasis!... ¡A mí la perfección, la belleza, a la que puedo mirar a los ojos!... ¡A mí Santa Teresa de Ávila!.

Pero esto aún no había llegado a formalizarse plenamente. Sigamos, pacientemente, sus últimos años en Estados Unidos y su vuelta a Europa.

Dalí estaba ya explotando las posibilidades comerciales de su nombre como marca. Dibujante de anuncios en los que aparecen sus temas:

relojes blandos, langostas teléfono, hormigas...; Ilustrador, con variaciones de lo que había hecho ya en la década de los treinta: playas o llanuras inmensas, con sus hormigas, tinteros, la figura del niño de la mano de su padre... Con este esquema están realizadas, entre otras, sus ilustraciones de *Don Quijote*, en 1946, la de los *Ensayos* de Montaigne en el 47, o las de la *Autobiografía de Benvenuto Cellini* en 1948. Son resueltos con soluciones semejantes sus decorados y vestuarios para ballets y espectáculos musicales: el *Coloquio sentimental*, en octubre del 44, en el que el músico Paul Bowles se siente engañado porque lo ve como una mera fórmula daliniana; o *El café de Chinitas*, espectáculo flamenco realizado por La Argentinita, cantaora y bailaora flamenca con la que Federico García Lorca había grabado a comienzos de los 30 sus canciones populares. Este último espectáculo, en Estados Unidos, Dalí lo defiende orgullosamente como el primer homenaje a Lorca tras su muerte.

También colabora allí con el director de cine Alfred Hitchcock componiendo la secuencia onírica de su película *Recuerda*, colaboración en la que tuvo problemas con el productor David O'Selznick, como de costumbre por la escasez de medios materiales a su disposición. Así lo cuenta en un peródico humorístico y narcisista que hace con su antiguo compañero de instituto Jaume Miratvilles, el *Dalí News* (parodia del famoso diario *Daily News*).

En esta revista, de cuatro páginas, hace un avance de lo que será su publicación de una obra sobre pintura, clasicista precisamente, *Los cincuenta secretos mágicos para pintar*, editada en 1948, inspirada en Cenino Ceninini y su *Libro del Arte*, un manual del Renacimiento, los escritos de Luca Pacioli y los propios pintores del Renacimiento italiano, y la obra de sus admirados Zurbarán, Van Eyck o Vermeer.

Lo dice bien claro por entonces: *Los medios de expresión pictórica fueron inventados en el Renacimiento, de una vez por todas, y con la máxima perfección y eficacia; la decadencia de la pintura moderna proviene del escepticismo y la falta de fe, consecuencias del materialismo mecanicista.* La solución, por tanto, clasicismo y espiritualidad, a la que añade algún pintoresco consejo de su cosecha, fruto de su método surrealista y el descrédito de la realidad objetiva al que llevaba: *Cuando pinte, piense siempre en otra cosa.* Hay que ver, pero sobre todo *ver de una forma metafísica*, añade, salvando así su interés previo por la realidad interior surrealista.

En su conocida obra *Sueño causado por el vuelo de una abeja un segundo antes de despertar*, del 44, esta combinación se hace evidente: el desnudo central de una mujer, clasicista como el tigre que se arroja sobre ella, o la bayoneta que amenaza con picarla, o la granada de la que surgen inicialmente, están al servicio de la idea —freudiana— de cómo los sueños reflejan de forma delirante algo que sucede en la realidad exterior que amenaza despertarnos. Parece que la pesadilla estaba acabando.

En esta misma revistilla satírica *Dalí News* es donde aparecerá su también famosa caricatura de Picasso, como *el anarquista*, en 1947, junto a otra suya, un retrato «blando» en que aparece como *Dalí, el Salvador*. La parodia se parodia a sí misma y deja clara su doctrina, llevada a la práctica en su obra: en una imitación burlesca de los anuncios en prensa de remedios para la salud anímica, también en el *Dalí News*, lo expresa con humor pero con claridad: *¿Depresión estética, fatiga, disgusto con la vida, depresión, mediocridad congénita, cretinismo gelatinoso, cálculos renales, impotencia, frigidez? Tome «Dalinal», el fuego artificial del espíritu que le estimulará de nuevo.*

Porque en el 45 sí que se van a producir hechos y obras que rompen la monotonía e introducen materialmente nuevos elementos formales clasicistas. Retrata a su mujer en *Galarina* (título que juega con la *Fornarina* de Rafael Sanzio), probablemente el retrato que mejor la muestra como era, su tensión vigilante reflejada en el rostro. Gala aparece más que nunca en su obra a partir de este momento, en sus mejores obras, como *Mi mujer desnuda contemplando su propio cuerpo convirtiéndose en escalera, tres vértebras de una columna, cielo y arquitectura,* también de 1945, en la que el clasicismo se combina con algún elemento surrealista. Es, a partir de ahora, la protagonista casi absoluta de su obra, quizá fruto de su unión progresiva en la tensión compartida durante su ascenso en París y los Estados Unidos.

Pieza clave de su nuevo *clasicismo*, Gala será la virgen de los cuadros clásicos, la *Madona de Port Lligat* en sus varias versiones, desde 1949; la Magdalena ante la cruz de la crucifixión de los 50; la Leda mitológica (amante de Zeus, que en forma de cisne la fecundó) como la pinta Dalí en *Leda atómica*, desde 1947, en un cuadro que acaba en 1949.

En este cuadro precisamente aparece ya la idea, recogida de las teorías atómicas, de que las partículas de materia no están realmente en contacto, lo que encajaba de lleno con la fobia de Dalí al contacto físico. Así pintará los objetos —el mar incluido o el cisne y Leda—, sin tocarse, ingrávidos, levitando en el espacio.

Indudablemente en esta nueva aportación *nuclear* a su estilo había jugado un papel esencial el lanzamiento de la primera bomba atómica, que aún reflejará en su estilo anterior en el *Idilio melancólico del átomo y el uranio*, del 45.

La explosión atómica el 6 de Agosto de 1945 me había estremecido sísmicamente. A partir de entonces el átomo se convirtió en mi sujeto de reflexión preferido... miedo enorme que sentí... La mezcla del miedo y el asombro era común entonces en cualquier ciudadano, pero él añade algo

Salvador Dalí en su estudio.

imprevisible: su interés por la ciencia, como en los años de su juventud por la objetividad, tendrá un sentido espiritual exacerbado: ...*tengo la intuición genial de que, para penetrar en el corazón de la realidad, dispongo de un arma extraordinaria: el misticismo.*

De nuevo intentándolo en el cine, esta vez en 1946, con Walt Disney, el genio de los dibujos animados, hace un proyecto de película mezcla de personajes reales y animación, *Destino*, sobre la relación del dios del tiempo, Chronos, con una mujer, que paría monstruos luego desaparecidos en un mar eterno. Sólo se harán veinte segundos, pese a la buena impresión general que tuvo Walt Disney del creador ampurdanés y sus facultades.

Se ha señalado muchas veces que en su etapa americana Dalí seguía utilizando como escenarios de sus obras los paisajes del Ampurdán, como muestra de esa ligazón a su tierra nunca abandonada. Así se señala en la prensa local de entonces en Barcelona, insistiendo en que apenas habla inglés tras ocho años de estancia allí y en que su éxito económico no le ha hecho perder las raíces.

Ya antes, en el 46, Josep Pla, su paisano escritor, comentaba tras leer su *Vida secreta* que el individualismo de Dalí y su localismo compatible con su cosmopolitismo eran muy de la comarca catalana, como era muy barcelonesa (por línea materna) su capacidad como estratega social. Termina reivindicando su figura y la necesidad de trasladar a España su fama internacional.

Dada su ambigüedad política, y la del propio régimen franquista al acabar la guerra mundial con la derrota de sus aliados fascistas, es cierto que se hablaba poco —casi nada— de Dalí—, pero cuando, a los 74 años ya, se jubile su padre, en la prensa local se volverá a citar al hijo famoso. Eran tiempos de intentos de reconciliación del franquismo con el mundo occidental, a través de los Estados Unidos principalmente, y Dalí va ser bienvenido por las autoridades españolas a inicios de 1948.

Por su parte, cuando vuelve a Europa, para residir en su amada Port-Lligat, su justificación del franquismo resulta estereotipada, pero tajante: el orden como valor preferible, el supuesto apoliticismo de las dictaduras antes que el riesgo de desórdenes: *Antes de Franco, los políticos y los gobiernos aumentaron la confusión, el desorden y las mentiras en España. Franco rompió abiertamente con esa falsa tradición, restableciendo la claridad, la verdad y el orden en todo el país y en los momentos de mayor anarquía*

Más adelante ya vendrán las exageraciones, Franco como santo, como hombre con una personalidad especial, comparable a alguno de sus maestros admirados. También en esta hagiografía del dictador, Dalí demostró una vez más su habilidad dialéctica. Dada la mediocridad del personaje de Franco, había poco a lo que asirse y él señaló quizá la virtud más mediocre de todas, la calma:

Vine a visitar a los dos caudillos de España. El primero, Francisco Franco. El segundo, Velázquez... existe una relación entre los dos caudillos... si España no diese seres de un sosiego casi olímpico y de una serenidad como la de Franco y la de Velázquez, éste sería un país de locos... el histerismo es un grande y mal maestro. La gran suerte es que, de vez en cuando, salen españoles que no lo padecen. Tal es el caso del colmo de la calma: Velázquez y Franco.

Ciertamente, cuando se leen estas palabras viniendo de alguien tan lúcido como Dalí, uno no puede dejar de pensar si en ellas no hay una clara ironía. Más de un biógrafo así lo ha creído.

Una vez más, en todo el proceso hay etapas, por más que Dalí lo tuviera bien decidido, porque la realidad tiene sus ritmos, y ni el parsimonioso Franco ni el prudente Vaticano se iban a precipitar en acogerlo. Él se quejará a los periodistas de esto, de que no se le recibe en loor de multitudes, ni se habla de él lo suficiente en la prensa, pero pronto verá que detrás de esta prudencia se escondían los lógicos recelos del mundo conservador ante un recién converso que aún jugaba con el escándalo.

Su libro *La vida secreta de Salvador Dalí* había sido traducido al castellano, sí, y leído, por su padre o por Josep Pla entre otros, pero la traducción y la edición eran argentinas. En la Nueva España de Franco el libro estaba prohibido, como lo estaba su maestro Freud, al que él seguía ligado, y ni hablar de su otro maestro, el pervertido Marqués de Sade. Ésa era la España ultracatólica a la que él volvía con su espectacular Cadillac conducido por su libertina mujer Gala. Era el triunfo del que vuelve con dinero, sí, como del indiano de antaño, pero sus compatriotas tendrían por ello quizá más resentimiento y más reservas hacia él.

Se publica una biografía no autorizada por él, que le indigna, donde se revelan algunos de los sucesos más comprometedores de su pasado, y aunque el propio Dalí ruge y amenaza, va a ver que ni siquiera su propia familia está ajena a esa actitud general de recelo de los grupos conservadores.

Acogido en la casa paterna de Figueras y Cadaqués, junto a Gala, mientras siguen ampliando *como un laberinto orgánico* su antigua casa de pescadores de Port Lligat, muestra en sus cartas de poco después la preocupación que le produce la escritura por parte de su hermana de sus memorias sobre él. No se equivocaba. Cuando se publique *Salvador Dalí visto por su hermana*, a finales del 49, se indignará con su familia y los tachará de hipócritas. Habrá una nueva tensión y en el testamento del padre, rehecho de nuevo en el año 50, Ana María volverá a ser la principal heredera. Por lo demás, el libro, aunque tan inexacto y poco documentado como las propias memorias de Dalí, lo que nos muestra es a un niño, adolescente y joven tímido pero bondadoso, creativo y extravagante, pero sin malicia, al que corrompen los surrealistas. Evidentemente, el ataque a Gala, a la que ni siquiera nombra Ana María, no podía dejar indiferente a ésta y en consecuencia a Dalí, que amenaza con revelar unos terribles secretos de familia (nunca revelados, hasta el momento).

No le iba a resultar fácil a Dalí su aceptación en la sociedad española de posguerra, pero él lo iba a intentar. Por el camino más fácil de compartir: el catolicismo. Hace varias declaraciones en este sentido, hablando de su supuesto ascenso en los Estados Unidos, y se lanza a pintar su *Madonna de Port Lligat*, la primera, en ese verano del 49, con el rostro de Gala. Esto de que la promiscua Gala fuera el rostro de la virgen debió de parecer en la España de la época una tomadura de pelo, pero Dalí siguió adelante con su decisión característica. Es más, aprovechó su trabajo con el director de cine y de teatro italiano Luchino Visconti, en la escenografía de una obra de Shakespeare representada en Italia, para acercarse con su cuadro bajo el brazo a ver al Papa Pío XII. De la breve audiencia, Dalí no hizo declaraciones firmes de que el papa hubiera aprobado su obra, lo que hubiera sido un espaldarazo para su aceptación en España, pero sí lo dejó entrever. Esta visita motivaría los ataques directos de Breton, que acuñará entonces el anagrama de *Avida Dollars*. Dalí contraatacará señalando el fracaso de Breton frente a su fama internacional, pero su pugna entonces no estaba ya en ese frente.

Logra del Gobierno italiano de la democracia cristiana el encargo de ilustrar la *Divina Comedia* de Dante, obra en la que dice ver una búsqueda de la fe semejante a la suya de aquel momento (aunque en alguna otra ocasión confesaría que era un libro aburrido que nunca leyó entero). Y se consolida su fama como escenógrafo en Italia por el éxito de la representación shakespeareana con Visconti, tras diseñar un decorado doble, que según la iluminación representaba un bosque o un palacio. El resultado entusiasma a Visconti, a la crítica y al público. En los decorados aparecen también los elefantes de patas larguísimas, produciendo sensación de ingravidez, de ascenso a los cielos (en los que significativamente se entreveía El Escorial), que habían aparecido ya en *El sueño antes de despertar* del 44 y sobre todo en *La tentación de San Antonio*, del 46.

No había tenido tanta suerte el director inglés Peter Brook, que en su montaje de la ópera *Salomé*, con música de Strauss y texto de Oscar Wilde, no había conseguido el compromiso completo del pintor. Brook se quejó de que Dalí, una vez más faltando a sus compromisos, no acudiese al montaje final y desestimó su posible colaboración futura con él, pese a que admirase su obra, por su informalidad, megalomanía y, posteriormente, su estilo anticuado.

102

Se completaba esta labor de Dalí como escenógrafo con el montaje de *Don Juan Tenorio*, en España. Polémico por aquellos años, fue un éxito de público, repitiéndose en los años sucesivos.

Durante treinta años, los Dalí repetirán el mismo esquema de vida: en invierno atendiendo negocios y otros trabajos en Nueva York o Londres; y en primavera, verano y comienzos del otoño en Port Lligat, con breves visitas a Barcelona o a Madrid. Allí, junto al mediteráneo, trabajaba Salvador Dalí de la mañana a la noche, aunque sin perdonar esa siesta *yoga de los españoles*, como la definía el doctor Marañón, intelectual republicano bien asentado posteriormente en el franquismo.

Comenzaba ya a sentirse el *terror nuclear* ante el posible enfrentamiento entre las dos grandes superpotencias, con sus bloques respectivos formados al acabarse la Segunda Guerra Mundial: el bloque soviético y el occidental, capitaneado por los Estados Unidos. En Europa, tan castigada por la guerra reciente, se formó una comisión por la paz, en la que entre otros estaban Picasso y el arzobispo de Canterbury (máxima autoridad de la Iglesia anglicana, entonces con fama de progresista).

Cuando esta comisión pretendió desplazarse a los Estados Unidos para que el Gobierno de este país tomase iniciativas a favor de la paz, Dalí se opuso desde allí a colaborar entre los que les diesen la bienvenida. Las razones aducidas no podían ser más conservadoras: entre ellos había comunistas, como el propio Picasso, partidarios de una ideología de lucha social. A él sólo le interesaba el arte apolítico, a cuya maestría se entregaba día a día. Toda iniciativa por la paz debería venir de la Organización de Naciones Unidas (ONU). Los argumentos de Dalí, comunes aún hoy entre los que combaten las iniciativas de paz, no podían dejar de irritar a muchos de sus antiguos conocidos. No eran sólo una toma de postura personal. Tenían su repercusión efectiva, como prueba el que en este caso la comisión no fuese recibida.

Otros intentos de Dalí en estos años cincuenta, aparte de su segunda versión de *La Madonna de Port Lligat*, en mayor tamaño, serían de nuevo cinematográficos. En paralelo con el neorrealismo italiano, él pretendía comenzar con un cine neomístico, a la española, pero sus planteamientos narrativos tenían aún mucho más que ver con el surrealismo. La idea de su proyecto *La carretilla de carne* tenía que ver con su vieja obsesión con el *Ángelus* de Millet y con unas ideas sobre la pasión amorosa difícilmente comercializables.

Sí que tenían viabilidad, en cambio, sus incursiones estadounidenses aprovechando su fama, como fue en los 50 la elaboración para la revista *Vogue* de una guía para una visita a España, donde Gaudí en Barcelona, y el museo del Prado en Madrid (insistiendo en Rafael, Mantegna y El Bosco) eran los platos fuertes, con breves incursiones en el pistoresquismo andaluz y los misterios de Toledo. Sin dejar de mencionar de pasada sus preferencias por El Escorial (convertido en símbolo de la España imperialista por los intelectuales del régimen franquista).

Las claves de su proceso artístico y personal en la década de los 50, y probablemente ya en el resto de su obras, nos las dará su *Manifiesto místico: Las dos cosas más subversivas que le pueden ocurrir a un exsurrealista en 1951 son dos: primero volverse místico, y segundo saber dibujar*. Junto a una reiterada vanagloria de sus capacidades técnicas, de su virtuosismo como dibujante (insinuando que los demás no están a la altura), Dalí deja caer aquí un argumento paradójico, típicamente reaccionario, común por cierto en la posmodernidad de después de los 80: Frente al agotamiento de las posibilidades de ser subversivo, por haberse experimentado ya casi todo en cuanto a novedades, la vuelta a la norma tradicional sería la mayor subversión.

El resto del manifiesto, publicado en latín además de en francés para darle mayor solemnidad religiosa, no resulta tan claro. Es más bien un cúmulo de palabrería grandilocuente, ininteligible deliberadamente. Como serán en el futuro la mayoría de las producciones verbales —orales o escritas— del autotitulado divino y genio de Cadaqués.

Sí son claros sus ataques, como el que hace al arte africano y sus derivados (a partir de Picasso), que considera *aberraciones para deficientes mentales*, en una nueva alusión agresiva hacia el arte contemporáneo que hubiera seguido caminos distintos al suyo propio, con tintes además racistas, o al menos muy etnocéntricos. Reafirmando su fe en el Renacimiento como inspiración auténtica, vuelve a ensalzar El Escorial y los escritos de Juan de Herrera, su principal arquitecto, sobre el cubo. Su obsesión con la forma cúbica y las grandes perspectivas le va a guiar en la elaboración de sus siguientes obras religiosas del periodo: *El cristo de San Juan de la Cruz*, del 51, basado en una idea de este místico castellano, en la que la crucifixión se representa desde una vista cenital, viendo la bahía de Port Lligat a sus pies; *El ángel de Port Lligat* y *la Cruz nuclear*, del 52; *Asumpta corpuscularia lapislazulina*, del 53, y *Santa Elena de Port Lligat*, del 56.

Por estos años empieza también a darse otro de los aspectos que ha sido más discutido de sus obras: el uso de ayudantes, a los que no reconocía luego su contribución a la obra final. Primero sería Emilio Puignau, encargado de pasar las ampliaciones de unas fotografías hechas a un trapecista estadounidense a dibujo, lo que constituiría la base para el Cristo de San Juan de la Cruz. A éste lo seguirían en su trabajo con las amplias perspectivas dos arquitectos jóvenes, Ferrer y Jacomet, y posteriormente Isidoro Bea, un joven escenógrafo acostumbrado a pasar de pequeños tamaños a grandes superficies, que será el ayudante varios años, comenzando por su trabajo para *La última cena*, en 1955.

El misticismo de Dalí, menos explicado en sus conferencias aún que el supuesto *método* paranoico-crítico, nunca descrito como tal método, se quiso fundir con los avances científicos más pop constituyendo primero el *misticismo nuclear*. De este término, muy aireado por Dalí, poco más quedaba en la práctica que lo ya comentado sobre la discontinuidad de la materia, que en su pintura suponía la ausencia de contacto entre los objetos o su descomposición en partículas, ya fueran esféricas o cúbicas, dando lugar a alardes perspectivos importantes, como la *Cabeza rafaelesca estallando*, de 1951, o la *Galatea de las esferas*, de 1952.

En estas obras aparece ya otro de sus temas repetidos, en principio menor, pero que se convertirá en una de las formas elementales en que descompone —o con los que recompone— figuras mayores: el cuerno de rinoceronte. Parece ser que todo vino de un regalo que le hicieron en estos años, y que a lo extravagante per se del animal, Dalí le sumaría otros datos de su interés, como sus largas cópulas, sus formas espirales siguiendo el perfil de una curva logarítmica, o su asociación con el unicornio mítico, símbolo de eternidad y de castidad en las leyendas tradicionales (sólo dejaba acercarse a él a las vírgenes). Jugando con la forma logarítmica, pretende hallar esta clave en su propia pintura, o incluso en Vermeer y alguno de los viejos maestros.

En su afán por hallar una clave de conocimiento y creación, prepara una nueva película sobre un rinoceronte y la *Encajera* de Vermeer, con un joven fotógrafo, Robert Descharnes, que con el tiempo será su secretario y uno de sus biógrafos.

El juego con los significados contradictorios, en el terreno erótico, del cuerno del rinoceronte era directo, porque su forma fálica se contradecía con su asociación (por el unicornio) a la castidad. Esto le permite hacer en el 54 su *Joven virgen autosodomizada por los cuernos de su propia castidad*, vendida a una colección erótica y que él tenía por la mejor pintura jamás hecha sobre el erotismo del cuerpo femenino en una visión posterior. La obra, que recuerda a uno de sus antiguos cuadros de una muchacha asomada a una ventana, es indiscutiblemente erótica.

También lo erótico en lo místico pretendía estar presente en sus ensayos literarios del momento, como el *Delirio erótico-místico*, obra en verso nunca acabada, en que los tres protagonistas, un confesor católico, un príncipe onanista y una joven virgen con deseos sexuales irreprimibles vuelven a estar en la órbita de su admiración por Sade.

Por último, sobre el misticismo de este periodo habría que señalar que tuvo una proyección internacional teórica: los Estados Unidos aportarían su capacidad técnica, práctica; los judíos el dinamismo intelectual y la «antiestética» que les atribuía Dalí (pensando en sus reverenciados Freud y Einstein); Francia el didactismo, dándole la forma constitucional que su desarrollo cultural le permitía; y a España le quedaría la misión de ennoblecer todo ello con la fe y la belleza. Porque incluso en Juan Gris o en Picasso, pese a estar uno olvidado por culpa de los mediocres —señala agresivo— y el otro perdido para la causa por su actual comunismo, están los valores espirituales de la tradición hispana.

Planteamientos racistas, obsesión por lo genético —comenzando por su propia familia— que le van a llevar a sentirse fascinado por otro de los avances científicos popularizados entonces: el ADN (ácido desoxirribonucleico), cuya descripción en forma de doble hélice en 1953 tanto le impresionó (de nuevo la búsqueda, mágica, de las formas clave, de la gran ley del universo que le permitiera hacer su gran aportación y descubrir su predestinación). Tras recibir el Premio Nobel a comienzos de los años 60 los científicos que hacen este descubrimiento, Dalí aumentará sus referencias a estos avances.

No parecía que el misticismo en la versión de Dalí estuviera reñido con ninguna faceta, ni siquiera las más mundanas, ni que implicara virtudes como la austeridad, porque de estos años son sus espectaculares apariciones en el carnaval de Venecia, con disfraces de Christian Dior como gigantes de más de siete metros, en una fiesta de la alta sociedad, o su trato progresivamente más íntimo con Nanita Kalaschnikoff, hija del escritor erótico Jose Mª Carretero (el Caballero Audaz), cuyas novelas tanto le habían impresionado en su adolescencia. Parece que con ella tuvo una complicidad erótica mayor incluso que con Gala, siempre más tensa, y que rehusaba participar en los juegos de Dalí. Además los dos recordaban juntos, divertidos, el Madrid de los veinte y sus zarzuelas, compartiendo unos recuerdos de los que Gala estaba excluida. Ella, espectacular físicamente, dedicada al mundo de la moda y las fiestas de la alta sociedad, estaba también casada, pero esto no impidió una relación que algunos testigos consideraban no sexual.

En el transcurso de esta vida mundana, conocerían entonces los Dalí al matrimonio Albaretto, dos médicos de Turín, ligados a los negocios editoriales de la orden salesiana, que serían, como desde antes los Morse, grandes coleccionistas de su obra, intimando con ellos —a la distancia que siempre Gala y Dalí imponían.

Otras extravagancias sonadas del momento, que continuaban conformando o alimentando el Dalí público fueron su llegada a la Sorbona en un Rolls lleno de coliflores, para sostener que tanto éstas como los girasoles o los rinocerontes seguían las curvas logarítmicas perfectas. Como pieza de humor, la conferencia fue muy celebrada, ya que en ella se veía una parodia de los excesos de la intelectualidad profesional del momento.

En su oficio, también se incorporan —o se mantienen— las extravagancias propias de sus años surrealistas: llena huevos de tinta de diferentes colores para arrojarlos sobre piedras o telas (como recuerda el coreógrafo Maurice Bejart de su colaboración a comienzos de los años 60), o graba en piedra (litografías) disparando sobre ellas con armas de fuego, en lo que pretende ser una nueva técnica de grabado. Como vemos, el *action-painting* y algunos de los desarrollos del expresionismo abstracto no estaban muy lejos entonces de su campo de interés (pese a su pregonado clasicismo).

Aunque no todo era diversión. Estos de la posguerra son años también de muertes clave para ellos: la del padre de Dalí (su gran obsesión durante años), en el 50, que origina el pleito posterior sobre la propiedad de su obra depositada en las casas familiares, que pasaban a propiedad de su hermana. Ésta vendió en varias ocasiones la obra de su hermano, al parecer necesitada siempre de dinero, aunque lo hacía de forma disimulada. Incluso Salvador sospechaba que se había apoderado de obra suya cogiéndola de su mansión de Port Lligat para venderla. Ante estos ataques a su propiedad, el pintor reaccionó con ira, llegando a echar de su casa por la fuerza a un notario que venía a comunicarle un posible arreglo entre ambas partes.

Aunque él lo quiso interpretar por el lado simbólico (el notario representaba a su padre, notario, al que se permitía devolverle la expulsión de su domicilio), incurrió en un delito —contra un servidor público en el ejercicio de sus funciones— que le podía haber costado la cárcel. Para librarse tuvo de hecho que recurrir a sus amistades en el régimen franquista y aun así tuvo que pasar por la humillación de presentarse a las autoridades judiciales dos veces al mes durante un tiempo.

La otra muerte fue la de Eluard, en 1952, a cuyo entierro ellos no acudieron, pero sí Picasso, entre otros comunistas, surrealistas e intelectuales de la izquierda francesa.

La alabanza de lo tradicional no se da sólo en el terreno artístico. En noviembre de 1951, aprovechando una representación de *Don Juan Tenorio* en Madrid, con sus decorados del 49, hace una especie de conferencia en verso que aparte de su ya conocido egocentrismo y admiración por Picasso, mostraba a las claras su voluntad de ser aceptado por un régimen como el franquista, entonces intentando salir de su aislamiento internacional aprovechando el anticomunismo de la Guerra Fría. De la conferencia, presentada por el entonces secretario general del Instituto de Cultura Hispánica, Manuel Fraga, se han destacado varios párrafos, pero el más conocido quizá sea éste:

...Picasso y yo / servidor de ustedes./ Picasso es español / yo también. / Picasso es un genio / yo también. /Picasso tendrá unos 72 años y yo

unos 48./ Picasso es conocido en todos los países del mundo, / yo también./ Picasso es comunista. / Yo tampoco.

Picasso nunca reaccionó públicamente a estas provocaciones, si bien se negaría siempre a recibirlo, dando órdenes de decir que no estaba en casa cuando Dalí intentó visitarlo en los años sucesivos. *Cosas de la política,* se excusaba el malagueño. Y todo hace pensar que lo eran, efectivamente, pese a la admiración que Dalí siempre sintió por él. La derecha más recalcitrante del franquismo, que se expresaba entonces por el diario *Madrid,* criticó abiertamente esos intentos de reconciliación con un comunista, al que sólo se podía acoger arrepentido, por la generosidad del perdón.

Dalí en este sentido siempre deslindó su admiración por el artista de su posición política. También a comienzos de los cincuenta, cuando se organiza una Bienal de Arte Hispanoamericano, Picasso hace un llamamiento a boicotearla, organizando otra paralela de artistas contrarios al régimen de Franco. Dalí se opone, descalificando a los exiliados republicanos como una España ficticia, irreal, pero salvándolos como parte de esa España imperial y sus logros artísticos, que él defendía: *La España real se encuentra en España. Su imperio espiritual culminó y culminará en sus pintores con el genio de Picasso, inclusive, pese a su actual comunismo. Ante la antipatriótica tentativa de Picasso de sabotear nuestra Bienal...*

Esta vez sí que había dado Dalí con lo que necesitaba para su aceptación definitiva en la España franquista. El régimen, auxiliado en un momento crítico, se lo agradecerá siempre, y los intelectuales de la España franquista le harán una cena de homenaje, llena de elogios hacia su figura, por parte de Dionisio Ridruejo (que hace un canto a la libertad), de Eugenio Montes, de Laín Entralgo y otros varios que cierran filas en defensa de ese Arte Moderno que encarna el catalán.

En 1953, Franco declara *Paisaje Pintoresco* la cala de Port Lligat, protegiendo el entorno del ya cercano desastre urbanístico de las costas españolas a consecuencia del turismo venidero. La admiración en los siguientes años del dictador —pintor aficionado— por el ampurdanés va a crecer, hasta el punto de que rumorean los allegados que en 1960 pidió decorar el interior de su yate privado de pesca, el *Azor,* con pinturas de Dalí. No se hizo porque era demasiado caro.

Basándose en sus posiciones políticas, la oposición de los surrealistas, cada vez con menos peso en la escena internacional, aún se seguiría haciendo pública durante unos años. Publican y difunden una octavilla (en mayo de 1960), titulada *We do not eat en that way* («Nosotros no comemos así», literalmente, algo así como que no comulgaban con su imagen pública) donde lo acusan de buscar el escándalo barato, recuerdan su expulsión del grupo surrealista veinte años atrás, y que para ellos sigue siendo *el hombre que hacía la apología de Hitler* o *el pintor fascista, clerical y racista.*

En 1956 el mismo dictador Franco lo recibe oficialmente en su palacio de El Pardo, condecorándolo con la Gran Cruz de Isabel la Católica, la máxima distinción del régimen, en 1964. En estos años, ante las acusaciones frecuentes de otros artistas contemporáneos, él se admite reaccionario (según él, como toda persona inteligente, que debe reaccionar a los acontecimientos) y *¿Acomodaticio? ¡Muchísimo!* —se contesta a su propia pregunta.

En consonancia con esta afinidad al régimen franquista, produce una serie de lienzos monumentales de temas imperialistas, para algunos críticos cada vez más decididamente *kitsch* (concepto parecido al mal gusto que en castellano llamamos *hortera*). Son *Santiago el mayor* (sobre el apóstol *matamoros* que habría ayudado a los cristianos contra los musulmanes en la reconquista), en 1957; el encargo multimillonario de *El descubrimiento de América por Cristóbal Colón*, en 1959, que pretende parangonar el cuadro de Velázquez *Las lanzas*; o *La batalla de Tetuán*, de 1962, inspirado en el pintor catalán del siglo anterior Mariano Fortuny.

La consagración oficial también sería respaldada en otros estados: en Francia, en 1958 recibe la Medalla de la Villa de París. En el Vaticano, en el 59 es recibido en audiencia privada por Juan XXIII, después de haberse casado religiosamente con Gala, tras la muerte de su marido legítimo en términos católicos, Paul Eluard. La boda se había celebrado en la intimidad más absoluta en España, en la capilla de los Ángeles de Montrejic.

Como reverso de esta consagración oficial, en los medios conservadores, y sus declaraciones sobre la tradición y la familia, su vida privada era cada vez menos ejemplar: el empleo de la prostitución, o de modelos (claramente abusando de que él los contrataba) entre los campistas que llegaban a Port Lligat o que les suministraban en los hoteles donde se alojaban en las grandes ciudades eran habituales para su distracción erótica y la de Gala. El propio Dalí no tiene embarazo en relatar lo que confirman quienes los frecuentaron: parejas contratadas para verles practicar la sodomía, jóvenes tratadas por *el divino* como instrumentos de sus placeres perversos, tomando las huellas de sus anos abiertos sobre la arcilla para luego coleccionar, enmarcadas, estas «huellas», etc.

Al abuso, ya fuera consentido recibiendo un pago directo, o porque acudían atraídos por la fama y el interés de estar en el círculo del pintor famoso, se añadía una distinción clasista que el propio Dalí explicita en sus *Metamorfosis eróticas* (publicadas en 1969): *El erotismo está al lado de los que llevan corbata, de los ricos. ¡Con él están los dioses y las águi-*

las! El pornógrafo, por su lado, es pobre, no lleva corbata... tullido obsceno, calvete impúdico y libidinoso...

Entre sus amantes de los años de madurez, destacaron dos sobre todas: Amanda Lear y Nikita Kalachnikoff, apodada por él «Luis XIV». De la primera, modelo y cantante de éxito escaso, se dice que era un travesti luego transexual, y se comenta que fue luego amante de los cantantes Miguel Bosé y David Bowie. Adentrándose en estas relaciones, con poco interés artístico, se hace evidente cómo la vida pública de Dalí y Gala entraba cada vez más de lleno en el mundillo de los «famosos» de los medios de comunicación.

Dado lo ínfimo de este tipo de cotilleos, y la ambigüedad sin profundidad con que se juega en ellos, no vamos a entrar aquí en los rumores ni en las relaciones con terceros, porque este libro trata de ser una biografía seria, aunque sucinta, de un artista; y no literatura rosa.

Baste decir que Gala, por su parte, pasó de la promiscuidad habitual en ella a gastar sumas considerables en los intentos de promoción de actores y cantantes que no han llegado ni siquiera a una notoriedad pública digna de comentarse.

En los años sesenta, pasadas las estrecheces puritanas de la posguerra, cuando llega la renovación a toda Europa, y una modernidad entre consumista y contestataria, Dalí se había quedado fuera de su antigua síntesis —de comienzos de los años 30— entre marxismo y psicoanálisis freudiano—, síntesis entonces tan en boga. Sin embargo, en su afán de modernidad, de no quedarse atrás, quiere recuperar su vertiente más desinhibida, más liberal, y se olvida en parte de la mística. En esos años en su concepto de modernidad entraba todo: ciencia, técnica, moda en el vestuario... Dalí se apunta a todo lo que le suene a vanguardia, llega a decir *yo fui el primer hippie*, basándose en poco más que su pose de largos cabellos, y en mayo del 68 escribe un panfleto *Mi revolución cultural*, en la que vuelve a recuperar su oposición a la cultura burguesa.

Aunque había declarado en el 59 que había abandonado definitivamente su interés por el rastreo de lo inconsciente para interesarse por la física de las partículas y la antimateria, lo cierto es que gran parte de su obra posterior, y las extravagancias con las que continuamente se señalaba en sus apariciones públicas, seguían siendo deudoras de su pasado surrealista. Por poner un ejemplo, su «invento» para la locomoción urbana, el *Ovocípedo,* presentado en el 59 en París, estaba diseñado como un huevo, para que al ir saltando el viajero tuviera la sensación de estar de nuevo en el útero materno.

En el 61 hace un ballet, *Ballet de Gala*, junto al entonces joven coreógrafo Maurice Béjart. El año 63 se publica el *Diario de un genio,* especie de continuación, aunque con menor valor literario, de su *Vida secreta,* de nuevo un himno a la tradición, al catolicismo y a la monarquía, y un ataque al arte abstracto, incluso en sus antecedentes (así dice: *El peor pintor del mundo, desde todos los puntos de vista, sin la menor vacilación ni duda posible, se llama Turner*, y algo más adelante hablando de Pollock, el expresionista abstracto estadounidense, contemporáneo entonces en la cima de la vanguardia, dice: *No es tan malo como Turner. Porque es aún peor*). Con Kandinsky, el iniciador más brillante del abstracto a comienzos del siglo, hay además consideraciones xenófobas: *Está claro: jamás podrá haber un pintor ruso* y lo relega al papel de un artesano que podría hacer la decoración de sus bastones.

Reconoce sin pudor su atracción por el oro (innegable en quien por entonces pinta y escribe sobre la *Apoteosis del dólar*, o dice que *después de Gala, lo que más amo es el dinero*). Y apuesta una vez más por el positivismo de Comte, y su religión científica, pero vuelve a atacar al materialismo, al que culpa una vez más del deterioro del arte moderno. Es evidente que entre estas contradicciones su criterio es político: el materialismo destructivo procede de la Revolución francesa; los existencialistas son *ratas de alcantarilla*, pero el existencialismo hispano que señala su amigo Eugenio Montes está salvado porque está espiritualizado; la pintura de Messonier, *ultrarretrógrada en su técnica*, le resulta *subversiva*; y hasta en cuestión de bigotes lo ascensional es lo propio de la exaltación fascista:

¡Hasta en los bigotes iba yo a superar a Nietzsche! Los míos no serían deprimentes, catastróficos, colmados de música wagneriana y de brumas. Serían afilados, imperialistas, ultrarracionalistas, y apuntando hacia el cielo, como el misticismo vertical, como los sindicatos verticales españoles.

Freud sigue también presente, y la cita de éste que presidió buena parte de las obsesiones y los logros de la juventud de Dalí preside la entrada al libro: *Quien se rebela contra la autoridad paterna, y la vence, es un héroe.* En este caso, no sólo referido a su padre familiar, sino a Breton —su segundo padre— y el surrealismo. Para el cierre, Quevedo, como autoridad *católica, apostólica y romana, con la cruz de Santiago al pecho*, para reiterar su obsesión escatológica anal (incluye el opúsculo satírico quevedesco sobre las *gracias y desgracias del ojo del culo*, y otra obra menos conocida, ésta decimonónica, sobre los pedos).

Un año antes se había por fin publicado *El mito trágico del* Ángelus *de Millet*, escrito treinta años atrás, una de sus piezas mayores de crítica artística, que intentaba seguir la estela de los análisis de Freud sobre obras clásicas de Leonardo o Miguel Ángel Bounarotti. Además de volver sobre temas y técnicas de su obra pasada, y de introducir en estos años referencias *científicas* (al ADN, por ejemplo, o a la holografía y las técnicas de fotografía tridimensionales), vuelve a alguna vieja obsesión de su vida, como la del hermano muerto, del que hace un *Retrato* imaginario en 1963. Y comienzan ya las publicaciones de biografías y resúmenes de su creación, junto a las grandes retrospectivas de su obra, en Tokio en el mismo 64, seguida en el 65 por la de Nueva York, y Rotterdam en el 70, aunque aún pintará alguna obra de las consideradas principales en su carrera: *La pesca del atún*, en 1967.

Por supuesto, aunque la importancia de su obra pictórica hubiese decaído, Dalí seguía estos años con sus diseños comerciales: ceniceros, barajas, carteles publicitarios de aguas, ferrocarriles o chocolates (pese a lo cual se declara públicamente *contra la sociedad de consumo*). Hace reportajes de viajes para revistas, en los que insiste en recuperar la arquitectura orgánica e imaginativa de Gaudí, y ataca el racionalismo y el funcionalismo de la arquitectura contemporánea, con su bestia negra en Le Cobusier, *protestante, el veneno más funesto de nuestro siglo*. Y sigue dando conferencias con altas dosis de humor y escándalo.

En el año 70, Franco aprueba —extraoficialmente— el proyecto del museo-teatro Dalí en Figueras, en el mismo lugar donde hizo Salvador Dalí, aún adolescente, su primera exposición. Pronto vendrá la aprobación oficial, y Dalí se pondrá manos a la obra. Pinta el techo, con *El palacio del viento*, perspectiva falsa desde los pies de un gigante de un cielo abierto, al estilo de las cúpulas de las iglesias del Barroco, una obra monumental formada por cinco telas de grandes dimensiones. Allí también, en el patio-jardín, incluirá un gigante-puerta con el diseño de uno de sus decorados de ballets de los años 40, retomando también para este teatro la idea del *Taxi lluvioso* de la instalación surrealista de París de los 30. Otra vieja idea, la del rostro de Mae West (actriz famosa de los años 20 y 30) conformando un habitación, en la que sus labios son el sofá, los ojos dos cuadros, la nariz una chimenea y las cortinas los cabellos (ocurrencia en la línea de su *método* paranoico-crítico) será también de los elementos más sobresalientes del espacio. Dos años después de esta aprobación oficial, decide donar las obras de su propiedad al Estado español. El teatro-museo se inaugura el 28 de septiembre del 74.

Y en el 71 se había inaugurado el museo Dalí de Cleveland, basado en las obras de los Morse. Y se publica una primera antología —en francés— de textos de Dalí. Mientras, él sigue ilustrando libros (el *Decamerón*, de Bocaccio; *Roi je t'attendes à Babylone*, de Malraux) y experimenta con hologramas, aconsejado por el premio Nobel de física Denis Gabor (investigador sobre el láser), presentando en el 78, en el museo Guggenheim de Nueva York su primer resultado *hiperestereoscópico: Dalí levantando la piel del mediterráneo para mostrar a Gala el nacimiento de Venus*.

Pero en todos estos años, lo que quizá mejor nos indica su trayectoria no es esta sucesión de realizaciones, proyectos y reconocimientos, sino la disociación que se va haciendo cada vez más evidente entre el personaje público extravagante, de voz ahuecada, bigotes enhiestos y ojos desorbitados, y la persona tras la máscara.

Dalí está condenado a representar su disfraz hasta el paroxismo, ya que nadie podría compadecerse de su cansancio, decía Joseph Tharrats, señalando que el mismo pintor le confesaba una tarde: *... veo que viene gente y estoy obligado a disfrazarme de Salvador Dalí...*

Su propia hermana habla con tristeza al final de su libro del *eterno carnaval que lo ha conducido a un continuo fingimiento* y aún precisa más:

Desde 1949 Dalí ha sido promocionado como el personaje que se ha visto obligado a representar... Para los que prefabricaron el «personaje Dalí» el éxito económico fue total... divertía al público que seguía sus dichos y hechos con la jocosidad que se pretendía... este «personaje» ha acabado devorando su auténtica personalidad.

Como vemos, hay alusiones a esa *corte* de acólitos que lo rodeaban, viviendo del personaje, entre ellos amantes (de él y de Gala), secretarios personales, coleccionistas... Llegando a la estafa. En el año 2003, por citar un ejemplo reciente y clarificador, la Fiscalía acusaba a John P. Moore, uno de sus últimos secretarios, de falsificar obra de Dalí, por valores millonarios, pidiendo para el acusado nada menos que once años de cárcel por la reiteración en sus delitos.

Lo más llamativo, o lo más triste, según se mire, lo más trágico en cualquier caso, es que él era consciente de ello. Pero no podía evitarlo. Todo lo más que podía era reivindicar que no había sido sólo él el responsable. Ni el único beneficiario: *Me han preguntado muchas veces si a mí me gusta la publicidad. Mi respuesta es afirmativa. Pero añado: también a la publicidad le gusta mucho Dalí. Llevo medio siglo entreteniendo, día a día, la atención del público.*

Como él mismo veía, más allá de las críticas políticas, las que lo relegaban a la condición de bufón del reino, el *personaje Dalí* que él mismo había ido fabricando hacía un encaje perfecto en el sistema social y económico consumista, nuevamente adelantándose a su tiempo para ser lo que hoy conocemos como *personaje mediático.* Con todas sus miserias y sus efímeros brillos. Y el mérito indudable de su prolongación en el tiempo.

En otras ocasiones, resistiéndose a que su obra se despreciara a la postre, cuando esos vientos tan mudables de la celebridad pública se llevaran el recuerdo de su personaje excéntrico, reclamaba la diferenciación necesaria entre su vida y su obra, sacrificando sin dudar la primera —al

113

menos en su faceta pública— para salvar sus realizaciones. Parece evidente que de la primera, de su máscara, no siempre estaba muy orgulloso: *Soy un loco de precisión. Soy un pintor que trabajo seriamente y que como* hobby *hago el payaso. A la inversa a todos les parecería bien. A mí que, como trabajo serio, pinto, no me lo perdonan.*

Como trasluce esta declaración, al final había en su actitud bastante de victimismo: el mundo lo había tratado mal, injustamente. La misma reflexión se harán algunos de sus admiradores más cercanos cuando describan su fama postrera y el penoso final de la pareja Gala-Dalí al que asistieron: peleas, demencia, ruina económica por los gastos en *gigolós* de ella... pero eso ya es otro capítulo, el final de nuestra historia.

VI. EL RETIRO FINAL: LA DEMENCIA, LOS HOMENAJES, LAS DESAVENENCIAS, LA SOLEDAD, EL INCENDIO, LA MUERTE

Durante la última década de su vida, Salvador Dalí suspendería sus habituales traslados de temporada para retirarse a su querido Ampurdán, especialmente desde 1981, cuando en el invierno en Nueva York enferma. Su producción será ya entonces reducida, mientras crece el reconocimiento mundial alrededor de su figura. Desgraciadamente, su decadencia física va a impedirle disfrutar de estos últimos años.

Como es lógico en alguien obsesionado con su divinidad y la inmortalidad, las habituales resistencias a la muerte se extremaron en su caso. Cita con frecuencia a Ovidio, en latín *morte carent animare (las almas rechazan la muerte)*, insiste en su interés por el ADN, al darse cuenta de que es en los genes donde siempre se mantienen las especies, pese a la desaparición de los individuos. En este sentido, las reflexiones de Dalí sobre el tema nos recuerdan las ideas de Richard Dawkins, que en *El gen egoísta* señalaría precisamente a comienzos de los 80 cómo son los genes los que se reproducen a través de los individuos, que no somos más que *máquinas de supervivencia* que aquellos utilizan para reproducirse, condicionando cómo somos y cómo nos comportamos.

A Dalí le fascinaba además el hecho de que el ADN estuviera formado por dos cadenas gemelas enlazadas, que al separarse cada una de ellas podía duplicar (con mínimos errores) la ausente. Esto tenía mucho que ver con su antigua obsesión de los gemelos divinos, los dioscuros Cástor y Pollux, hijos de Zeus, mortal el primero e inmortal el segundo, que habían sido referencia de comparación para parejas de *almas gemelas* tan importantes en su vida como la de su hermano muerto Salvador y él mismo, Lorca y él en su juventud, o Gala y él el resto de su vida.

Sería esta misma obsesión por la muerte la que lo llevaría a interesarse por otro campo científico: la teoría de las catástrofes (en matemáticas, desarrollada por René Thom). Pero, sobre todo, con su peculiar sentido del humor, construido además de con disparates, con ironías que se ironizaban a sí mismas, dejando un fondo serio; piensa en la cuestión y escribe sus *Diez recetas de inmortalidad*, en 1973. Aquí señala, entre alusiones —como siempre— a lo anal (los animales que hibernan tapándose el ano concienzudamente), su voluntad de ser hibernado (congelado) a la espera de las soluciones mágicas de la ciencia contra la muerte. En unos años, él supone, una operación ordinaria. Y, por el otro lado, también propio de él, recurre al ejemplo de los santos incorruptos, generadores de perfume en vez de fétidos cuerpos en descomposición. ¿Por qué él no?

Admitamos que me muero. No quiero que se diga simplemente: «Dalí ha muerto». Quiero que se añada: «Una vez más, Dalí no es como los otros. ¡Se ha hecho congelar!»... El rejuvenecimiento de las células se hará en un futuro próximo. Devolver la vida será una operación ordinaria. Esperaré sin impaciencia en el helio líquido... ¿Y si el cuerpo no muriera? ¿si nuestro cuerpo se convirtiera en una especie de fábrica de vida? Hay personas que ya en vida no son más que podredumbre, personas que huelen mal (sobre todo los burócratas...) pero los santos, al morir, se convierten en fábricas de perfume... se conocen más de 50 santos que murieron en «olor de santidad» —lo que no es una frase hecha, sino una realidad objetiva...—. El caso más célebre es el de Santa Teresa de Ávila...

Además de estas especulaciones sobre la inmortalidad, Dalí (y Gala tanto o más) se interesó activamente por las soluciones prácticas contra la vejez, como el *Gerovital*, una fórmula supuestamente casi mágica de retraso del envejecimiento, recién inventada entonces por la doctora Aslan, a la que Dalí conoció. Esta médica rumana estuvo también ligada a la fundación de la clínica Incosol, en Marbella, de la que era uno de los directivos el yerno de Franco, el marqués de Villaverde, clínica de lujo en la que Dalí, en una de sus primeras enfermedades de la vejez, sería ingresado.

A Dalí le preocuparon los síntomas tempranos de la enfermedad de Parkinson que padeció, porque le imposibilitaban pintar (se producen temblores en las manos), aunque él nunca lo aceptó. Y se veía también bastante afectado al comprobar la decadencia de algún amigo cercano, como Eugenio Montes, que sufrió un derrame cerebral y tenía ausencias y desorientaciones notables. Dalí había proyectado con él hacer un libro sobre Velázquez, tema de interés de ambos, coincidiendo con su nombramiento como académico francés, y el de su amigo como académico de la lengua castellana. El proyecto tuvo que abandonarse y los cercanos a Dalí dicen que le vieron afectado por el caso.

116

No hicieron sin embargo estos temores a la enfermedad y la muerte más tolerante o más flexible a Dalí. Al contrario, en algunos aspectos reaccionó a la inseguridad con más rigidez y más exaltación. Así, en la política, en sus últimos años, extrema sus posturas. Dalí, aunque era anticomunista declarado, no estaba en contra de algunos líderes, teniendo en su casa fotografías de Mao o de Stalin (como tenía también de Hitler o de José Antonio Primo de Rivera, el fundador de la Falange Española). La razón que daba era tajante: su oposición a la libertad y su apuesta por el autoritarismo.

Al final de su vida, lejos de las invocaciones a la libertad estadounidense o del franquismo católico que había hecho en los años 40 y 50 frente al comunismo, dirá: *Me gusta Mao. Toda la gente autoritaria, la que está en contra de la libertad, me gusta. Porque para mí lo peor del mundo son las libertades y no importa de qué clase sean. Nuestra época se muere de libertad...* (y termina citando el famoso *Libertad, ¿para qué?*, de Lenin, eso sí, desvirtuado por el contexto). Del mismo modo señalará que:

...elogio sinceramente a José Stalin, que es el único que persiste de toda la Revolución soviética. No elogio la ideología comunista sino la personalidad de un hombre. El poderío actual de la Unión Soviética dimana de Stalin, de su tiranía, que por cierto era de muy buena calidad y estaba en línea con los mejores gobernantes que tuvo siempre la Santa Rusia...

Pese a todas estas salidas de tono, el reconocimiento a la figura de Dalí vendría en primer lugar del ámbito internacional, en concreto de Francia, con la magna exposición de su obra en el 79 en el centro Pompidou de París, a la que seguiría el año siguiente otra gran recopilatoria en la Tate Gallery londinense. En el mismo año 1979 se le hace miembro de la Academia Francesa de Bellas Artes, haciendo su discurso sobre *Gala, Velázquez y el Toisón de Oro* (la máxima distinción monárquica, instituida por el emperador Carlos V, y transmitida a los reyes de España, que recogía la tradición mítica de *el vellocino de oro,* asunto que, junto a las ruedas de Raimundo Lulio, le obsesionará sus últimos años). En el discurso desfilan Eugenio Montes (que no pudo asistir, debido a su enfermedad) o el ADN, de la mano de Descartes o Leibniz. Un año antes ha producido su última obra literaria con cierta entidad: el *Tratado de las guirnaldas y los nidos.*

Allí, en la Academia Francesa, se le va a reconocer además su valor artístico como él pretendía que fuese reconocido: como el *Salvador del arte moderno* frente a la amenaza de los ismos. Resultan muy significativas las reflexiones del académico Michel Déon, dándole este valor a su obra, pero volviendo al final a renegar de sus excentricidades públicas, que pueden estropear toda esa labor reconstructiva:

117

A este hombre del Renacimiento le resulta fácil esconderse tras su exhibicionismo, pero es su obra lo que nos gusta, y por su obra será juzgado... ha aportado a la pintura una conciencia y un rigor que habíamos perdido de vista a causa de la descomposición introducida por Picasso. Un pintor es también un artesano y, en este terreno, Dalí es uno de los más grandes. Muy pocos saben que este artista es un experto técnico que ha redescubierto muchas recetas perdidas y que, un día, sus lienzos mayores, más conocidos, se compararán con los de Velázquez o Rafael... Todos aquellos que le quieren bien y le consideran un genio, por lo menos un gran talento, quisieran que este hombre incansable, en la actualidad miembro del Instituto de Francia, pusiera fin a alguna de sus payasadas. Yo mismo desearía que se afeitara sus bigotes puntiagudos, que dejara de mover esos ojos saltones y que no recurriera al prestigioso azar de los accidentes... si por fin se decidiera a dejar de ser un acontecimiento público, su pintura aparecería a plena luz, ganando ciertamente en significado...

Pero era tarde ya para este cambio. Por lo demás probablemente innecesario para los que no estuvieran empeñados en esa destrucción del Arte Contemporáneo y *su descomposición introducida por Picasso*. Dalí había casi cerrado su periplo. Y había sido sin duda beneficiado también por su imagen pública, y no sólo económicamente.

Las instituciones españolas, y en concreto la reciente corona (Franco muere en 1975 y le sucede Juan Carlos de Borbón, según estaba previsto), no se quisieron quedar atrás. Según Antonio D. Olano, uno de sus biógrafos y recolector de anécdotas más cercanos, el Rey pidió/exigió a sus colaboradores una atención especial: *Hay que volcarse con Dalí. Que no nos vaya a suceder como con Picasso.* ¿Qué había sucedido con Picasso? ¿Cuál era el estigma, a evitar esta vez? Que un genio universalmente reconocido como Picasso había muerto en el exilio, para vergüenza del franquismo, en 1973, sin volver a su país de origen. Aunque el mismo Olano sostiene que Franco lo quería dejar entrar en su España, y que incluso hubo negociaciones vía Luis Miguel Dominguín, el torero, amigo común de ambos —y de Dalí, por cierto.

Picasso, también por razones ideológicas como hemos visto, no quiso nunca recibir a Dalí en sus últimos años. El desencuentro entre las dos Españas era insalvable tras lo que sucedió en la Guerra Civil y la represión posterior del franquismo. Tampoco Dalí y Buñuel volverían a brindar juntos, pese a los deseos del pintor. Y Dalí lo sabía y lo comentó en Port Lligat. Si lo hubieran hecho, quizá el fantasma de Lorca hubiera estado demasiado presente. A Dalí, sin duda, tras su apoyo a la dictadura, se le habría atragantado.

Sin embargo, su antiguo amigo Luis Buñuel, en sus memorias *Mi último suspiro* (1982) hace una loa impagable de las cualidades de Dalí. Dentro de una síntesis precisa que nos deja claro el doble aspecto de la personalidad —y quizá también de la obra— del pintor: su cuestionable rol público frente a sus innegables cualidades privadas: *Aun cuando ciertos aspectos de su personalidad son abominables... la búsqueda frenética de gestos o frases originales... es un auténtico genio... un conversador, un pensador sin igual...*

Este pensador sin igual había tocado fondo. Tras la exposición retrospectiva en el Pompidou la demencia comenzó a manifestársele. Tenía 75 años. A veces, se arrastraba por el suelo diciendo que era un caracol y no quería que lo levantasen, y sufría desconexiones cada vez más acentuadas de la realidad. Consciente de su estado penoso, no quiso que lo visitase su última y principal amante, Amanda Lear, para que no lo viese en estado tan lamentable. A este deterioro se le vino a sumar la depresión, fruto en buena medida de la situación de ruina económica que los amenazaba por los dispendios inagotables de Gala para con sus amantes, que venían a sumarse a su vicio también costoso de los últimos años con el juego. Además, Gala temía la ruina física de Dalí, que creía que les supondría a los dos la pobreza.

La pareja se crispó cada vez más. Separaron sus residencias, cuando ella se fue a vivir al castillo de Púbol, regalo de Dalí. Aun así llegaron incluso a la agresión física. En una ocasión Gala golpeó a Dalí, tendido en el suelo, con un bastón. Y en otra éste golpeó a su musa desde la cama, causándole la rotura de tres costillas. No fue una vejez tranquila.

El año 1982 se abre el museo Dalí de San Petersburgo, en Florida, fundado por los Morse. En él se exhiben, entre otros lienzos, algunos tan importantes como su *Naturaleza muerta viviente*, de 1956; *El torero alucinógeno*, de 1970; *El descubrimiento de América por Cristóbal Colón*, de 1959; o el *Autorretrato* de 1921. Lejano ya su anticatalanismo surrealista, el presidente de la Generalitat reinstaurada, Jordi Pujol, lo condecora con la Medalla de Oro de esta institución.

Este mismo año, el 10 de junio, muere Gala, que es enterrada en el propio castillo de Púbol, en una ceremonia estrictamente privada. Aunque como hemos comentado ya no vivían juntos y no parece que sus relaciones estuvieran en su mejor momento, Salvador Dalí, su compañero de más de 50 años, que la había mitificado tanto o más que a sí mismo, ya decrépito, sufre un descenso anímico considerable. Al mes siguiente se traslada a vivir allí. Intenta suicidarse por deshidratación (una de las formas recomendadas de inmortalización en sus *Diez recetas de inmortalidad*, porque pensaba que como algún tipo de gusano, se podría así pasar a un estado larvario, del que se volvería a la vida añadiéndole el agua necesaria). Este intento le cuesta tener que ser alimentado mediante una sonda nasogástrica de la que ya no podrá desprenderse en los últimos años de vida.

Además, el tiempo que está hospitalizado, a fuerza de llamar a las enfermeras con el interruptor de pera eléctrica provoca un cortocircuito incendiando su camisa de dormir y su cama, lo que termina por ocasionarle pérdidas en la voz, que se le volverá casi ininteligible. El hecho de no ser entendido provocará su impaciencia y su ira en adelante.

Abandona prácticamente su actividad como pintor y sus apariciones públicas, a las que había sido tan aficionado. Ese año de 1982 había hecho su última obra considerable: *Los tres enigmas gloriosos de Gala* (tres perfiles tumbados de su mujer), y ya sólo hará unas reelaboraciones de algunos de su amados clásicos, en concreto de Velázquez y de Miguel Ángel (de *La Piedad* y del *Adán* de la Capilla Sixtina) hasta abandonar definitivamente toda actividad a comienzos del 83.

Estos últimos años su salud estaba ya muy deteriorada, tenía implantado un marcapasos en el corazón, pesaba menos de 50 kilos y necesitaba un extremado control de su dieta para sobrevivir.

En el 83 los reyes inauguran su gran antológica, en el Museo Español de Arte Contemporáneo, trasladada luego a Barcelona. Como comentábamos, Dalí recibió estos últimos años valiosos apoyos institucionales, en concreto el apoyo de la monarquía española. Los reyes lo visitaron personalmente en su retiro en el año 1978 y 1981, y fueron de los primeros en interesarse por su salud tras su internamiento en 1988, ya en su agonía, siendo la suya una de las últimas visitas que recibió. Él, agradecido, había dedicado al nuevo rey su obra *El príncipe de ensueño*, en 1980, hoy en el palacio de la Zarzuela, residencia del monarca. Pero declaró su adhesión a ese concepto paradójico y original, escurridizo, muy suyo, de la *monarquía anárquica*. Encajaba en su personalidad, le permitía seguir a bien con el poder, pero le comprometía menos.

Entre otras distinciones se le concedió incluso un título nobiliario, el de marqués de Dalí y Púbol (el castillo a unos kilómetros de Figueras adonde se había retirado en 1982, tras la muerte de Gala, enterrada allí) el 26 de julio del 82, y también en 1982, la Gran Cruz de la Orden de Carlos III, instituida hacía más de dos siglos para premiar talentos destacados.

Pese a su decadencia y aislamiento, aún hay un último lanzamiento comercial sobre su fama. El perfume *Dalí*, que se presenta en 1983. Sus envases se diseñan con formas orgánicas (nariz, labios, incluso testículo en la fragancia masculina) pretendidamente dalinianas, surrealistas, con gran éxito sobre todo en Estados Unidos y Japón.

120

También recibirá durante estos años otros apoyos oficiales, que consolidarían aún más su prestigio y lo mantendrían de actualidad: en 1984 el presidente de la Generalitat inaugura la fundación Gala-Salvador Dalí, en Figueras, que se hará cargo de su teatro-museo y de la difusión y estudio de su obra; y en 1985 Dalí firma un acuerdo con el alcalde de Madrid, Enrique Tierno Galván, para realizar una plaza según sus diseños que llevara su nombre. En ella, se hace una estatua-monumento a Newton muy deudora aún de sus influencias de la pintura metafísica de Chirico.

Poco antes, en 1984, se declaró un incendio en sus habitaciones del castillo de Púbol. Salvado in extremis, se le opera en Barcelona de diversas quemaduras. A su vuelta se le instala en la Torre Galatea de Figueras, donde estará prácticamente aislado sus últimos años, comunicado con el exterior a través de un círculo cada vez más reducido de colaboradores. Entre éstos, el fotógrafo Robert Descharnes, el pintor de la familia amiga Antoni Pichot, Mª Teresa, su secretaria y encargada de leerle la prensa, y Arturo, el chófer, ayuda de cámara, enfermero y lacayo en general desde los años 50.

Cuando un grupo de intelectuales catalanes escriba una carta abierta al president de la Generalitat, denunciando a esa *corte* que estaría interpretando a su conveniencia la voluntad de un Salvador Dalí ya sin voluntad, Dalí —según los de la *corte* — montaría en cólera. Acude a su llamada el president, al que hace donación de un cuadro para la Generalitat, para probar que sí tenía aún voluntad propia. Consecuencia de todo el asunto: Cataluña es desheredada, recayendo toda la herencia daliniana en el reino de España.

Entre otras importantes retrospectivas de su obra, como la del Pallazo dei Diamanti en Ferrara, del 84, o las que se harán en el año 89 en la Staatsgalerie de Stuttgart o en la Kunsthaus de Zúrich, destaca como muestra del cambio mundial que se avecinaba, ya imparable, el que en el año 88 se haga una primera exposición de obra de Dalí en la Unión soviética, en el museo Pushkin de Moscú.

En noviembre del 88 será de nuevo hospitalizado, volviendo a fin de año a Torre Galatea. En la visita real que recibe en la clínica, Dalí entrega a sus majestades unos poemas que había escrito. Según todas las fuentes, ésta sería su última producción artística, porque de un proyecto de tragedia que concibió estos últimos años sólo se aseguró de escribir la palabra típica del final de cualquier obra de teatro: *Telón.* ¿Desvariaba? ¿O fue su último rasgo de humor surrealista, en alusión además a su cercano final? Encaja con su carácter. Sea como fuera, en enero del 89 no supera un último agravamiento de sus enfermedades y muere, el día 23, en una clínica de Figueras.

En su teatro-museo, en el antiguo teatro municipal de su ciudad natal, donde había hecho de adolescente su primera exposición, será enterrado entonces, en una cripta excavada bajo la gran cúpula de cristal. Su deseo de reposar junto a Gala aún no ha sido cumplido. Que sepamos, de sus intentos de inmortalidad física, sólo ha quedado la casi seguridad de que su cuerpo, embalsamado, resistirá al menos trescientos años la incuria del paso del tiempo. Mientras, el cadáver de Dalí sigue con las guías de sus bigotes engominadas en vertical, vestido con la túnica en que está grabada su corona de marqués, para que le conste la aristocracia —finalmente conseguida— que tanto le atraía. Sobre la túnica, bordada, la doble hélice de la molécula del ADN recordará su obsesión con este descubrimiento, tan asociado a la antigua idea de los dos gemelos inseparables, Castor y Pollux, los dioscuros, primero relacionada con su hermano muerto, luego por unos años compartida con su amigo Federico García Lorca, y para el resto de su vida con su mujer y musa, Gala. Las almas gemelas. También, no sin ironía, este ADN de su sudario recuerda que son los genes, como los avances culturales, los que sobreviven, y no nosotros, los individuos que apenas cumplimos el papel de máquinas de supervivencia para esos que perduran. Aunque seamos *el divino Dalí*.

A su muerte, en un año tan significativo como el 89 (sobre todo por la caída del muro de Berlín y de los regímenes socialistas de Europa del Este) dirá el escritor y articulista Francisco Umbral que con su muerte terminaba el siglo XX. ¡Hasta ese punto había llegado a ser Salvador Dalí un emblema del arte de vanguardia, una de las realizaciones más señeras de la humanidad en ese siglo!

CLAVES PARA COMPRENDER LA OBRA DE DALÍ

I. PRINCIPIOS ESTÉTICOS Y CONSTANTES TEMÁTICAS EN SU PINTURA

La amplitud y la diversidad de la obra de Dalí exigen para su conocimiento, aunque sea básico, como el que pretende esta biografía, hacer una introducción previa que nos permita ver, más allá de las diferentes etapas de su obra (parejas lógicamente a las etapas de su vida) cuáles fueron los principios estéticos a los que Dalí se atuvo en la mayoría de su obra, y sobre todo en las fases más conocidas y más representativas de la misma.

Esto nos debe hacer buscar unos referentes comunes, unos principios estéticos y unas ciertas constantes tanto en su forma como en su temática. La tarea sería compleja si no fuera porque además de las numerosas críticas y análisis publicados sobre su obra, el propio Dalí indicó con frecuencia sus intenciones, y sobre todo sus principios estéticos. Así, en el grueso de su producción como pintor (sin excluir en la medida de lo posible sus etapas iniciales, más de exploración, aunque ya produzca obras valiosas en esos años) encontramos una serie de valores, casi podríamos decir que un sistema de valores plásticos, a los que el pintor se acogió, tanto en positivo (principios a seguir) como en negativo (contravalores, lo que él estéticamente rechazaba). Comenzaremos por los primeros:

Principios estéticos dalinianos

— El primer principio, y quizá el más difícil de definir en la obra de todo artista, es el concepto mismo de arte y de belleza. ¿Qué entendía por éstas Dalí? ¿A dónde apuntaban sus flechas (esas de la *firme decisión* que decía Lorca)? Nunca al servicio de una causa ajena a él mismo o su arte, y de ahí le vendría su choque de fondo con los surrealistas comprometidos. Lo dijo con claridad, aunque con su humor provocador característico:

125

El arte no sirve para nada. Entonces, ¿por qué hago arte? Pues porque me interesa lo específicamente inútil.

— Esta admisión de la inutilidad del arte, claramente reflejada en su pasión por los objetos surrealistas, básicamente inútiles, era un ataque directo al racionalismo y el funcionalismo burgueses. Sin embargo, no implicaba en él un concepto elitista en cuanto al público al que se dirigía el arte, al contrario: a Dalí no se le puede negar la fascinación que sintió siempre por los objetos y las invenciones dirigidos a las masas, al público —consumidor en general— y su abominación de un mercado artístico como el europeo de vanguardia (o el del cine estadounidense), en manos de los que él llamaba *mediocres intelectuales* y *masonería del arte moderno*, que impedían esa comunicación del creador con el público. Su vida estuvo llena de ideas de hacer elementos de consumo: uñas artificiales con espejitos para mirarse en ellas, maniquíes transparentes con el cuerpo lleno de agua donde nadaban peces, muebles moldeados según el cuerpo del mismo comprador, esculturas-ventilador que giraban, objetos para romperlos con placer contra la pared, formas aerodinámicas para automóviles... el *ovocípedo*. Admiraba el éxito de su amiga y protectora Caresse Crosby en su invento del sujetador y el talento comercial de Helena Rubinstein o Cocó Chanel.

Todas estas ideas de inventos, además de hacerle un adelantado del arte pop, coinciden con el deseo expresado por Andy Warhol, el patriarca precisamente del arte pop, de querer inventar un objeto-masa, como la Coca-Cola o los pantalones vaqueros. Aunque Dalí nunca diera con ella, y sus ideas mejores fueran empleadas por otros, es evidente que encajaba a la perfección con ese mecanismo del capitalismo de consumo estadounidense, pensando en términos de notoriedad, de llamar la atención a un público ansioso de novedades publicitarias.

— La belleza debía ser tangible, incluso comestible. *Sé lo que como, pero no sé lo que hago* es una de sus frases más identificativas de este principio, que se ha asociado a la tradición nacional catalana, y más en concreto a la ampurdanesa. Ese afán por lo tangible está en su pasión por los objetos, por los alimentos, por lo escatológico incluso, y está también en su aversión por lo abstracto, incluso en términos políticos y sociales (por las revoluciones o las promesas de un futuro mejor), y por la música en general.

Además de la abundancia de pinturas y objetos surrealistas que realizó con pan y otros alimentos, está su constatación teórica, incluso hablando de arquitectura (la modernista que admiraba), a favor de lo

126

Salvador Dalí, fotografiado en 1950 por Roloff Benny.

comestible: *La belleza será comestible o no será,* llega a decir en pleno furor surrealista por el canibalismo como forma de amor.

— En pintura ya, esta necesidad de lo tangible como principio estético le dirige al gusto por la norma, por la precisión, que le lleva al virtuosismo, al miniaturismo y al gusto fotográfico en la reproducción de imágenes. No le importa que lo ataquen por esto. Él lo reivindicará siempre, sabedor de que incluso para sus detractores, su habilidad técnica con el dibujo era su mejor baza como artesano de la pintura. Cuando reivindique el clasicismo, insistirá en ello. Pero ya antes, en su etapa principal surrealista, quiere plasmar con precisión fotográfica esas pesadillas o esos caprichos que nos muestra:

En efecto, toda mi vida he utilizado la fotografía. Hace muchos años declaré que la pintura no era otra cosa que fotografía en color hecha a mano... el inventor de la lupa nació el mismo año que Vermeer, y estoy convencido de que Vermeer utilizaba un espejo óptico donde se reflejaba el motivo que calcaba en sus cuadros. Praxíteles, el más divino de todos los escultores, copiaba el cuerpo sin ninguna deformación subjetiva. Velázquez, del mismo modo, respetaba la realidad con una castidad absoluta... sólo a partir de este virtuosismo es posible crear otra cosa, el arte.

Como vemos, para él el virtuosismo era una condición necesaria, aunque no suficiente, del arte.

— Sorpresa. De nuevo, para él imprescindible. Cuando hay rutina ya no hay arte. Por eso, lo que más le dolía de los ataques que le pudieran hacer era que le señalasen que se repetía (como al final de los treinta le acusan desde varios frentes: surrealistas, críticos más academicistas...).

El primer hombre que comparó las mejillas de una joven con una rosa era, con toda evidencia, un poeta. El segundo que lo repitió era, posiblemente, un imbécil. Todas las teorías del dadaísmo y el surrealismo están siendo repetidas con monotonía... el ready-made inunda el globo, dice Dalí a comienzos de los sesenta, cuando las nuevas tendencias del arte contemporáneo vuelven sobre lo absurdo, lo caprichoso, los objetos inútiles, lo ya dado en la realidad cotidiana reinterpretado, etc.

Casi siempre en su obra, esta sorpresa se dio a través de la incongruencia, como ya le señalan en 1941, en Nueva York, criticando su vertiente comercial: *¿Dalí es un loco o un avezado hombre de negocios?... El secreto de Dalí consiste en yuxtaponer de forma incongruente los objetos más tradicionales.*

— Pero no era éste su único *secreto*, como creía el crítico neoyor-quino. A lo largo de su vida, la *Efervescencia de ideas* que le han señalado sus admiradores sería su principal aliada contra la rutina y a favor de la sorpresa. Tal efervescencia mental producía incongruencias, sinsentidos, palabrería, y entre ellas, como valor raro, una visión humorística, pro-vocadora, desacralizadora. El lado negativo de esta personalidad (y pro-bablemente como consecuencia de que no admitiera la crítica y lo rode-aran cada vez más aduladores), es que en su mezcolanza caótica de ideas suele echarse de menos algo más de reposo, de filtro crítico (aunque pre-sumiese de la parte crítica de su *método* paranoico-crítico) que ordene esas ideas. Tal ordenación le hubiera permitido elaboraciones más suti-les, más compuestas, más articuladas (frente a la yuxtaposición de ele-mentos que suele ser habitual en su obra).

Así, su efervescencia creativa llegó a extremos delirantes de escaso interés, como aquella relación que pretendía establecer por las curvas loga-rítmicas entre las nebulosas, la encajera de Vermeer, el cuerno del rino-ceronte, el granulado del girasol, el aspecto similar de la coliflor, llegando al erizo de mar, que, por si fuera poco, se asemejaba a una gota de agua con *carne de gallina*, por miedo a perder su pureza original en el momento de ser creada. El interés, en estos casos, quedaba en lo humorístico, como parodia del arte contemporáneo o para la diversión del propio barroquismo del lenguaje. Poco más. Aunque él pretendiese hacer de estas asociacio-nes la base de reiteradas elaboraciones plásticas durante años.

— Equívoco perceptivo. Otra de las claves de su estética, también en aras de la sorpresa, y sin duda buscando un efecto más permanente en el espec-tador, fue su juego con los equívocos perceptivos, las imágenes dobles, o múltiples, básicas desde sus años surrealistas. Su pretendido *método* para-noico-crítico en la realidad no pasó de eso, de pintar imágenes compuestas por formas de doble lectura (dos figuras femeninas que forman el rostro de Voltaire, en *Mercado de esclavos con la aparición del busto invisible de Voltaire*, de 1940; o una serie de figuras humanas cuyos cuerpos componen el rostro apesadumbrado de otro personaje, en *El gran paranoico*, de 1936; por ejemplo). Aunque este juego con las ilusiones ópticas y las imágenes de doble lectura tenía otros propósitos más ambiciosos, en los que nos exten-deremos algo más cuando hablemos del surrealismo daliniano.

— Combinación de elementos clásicos académicos con elementos populares, incluido lo atómico y científico desde los años 40. Dalí quiere reflejar la discontinuidad de la materia, o la angustia de la indetermina-ción del principio de Heisenberg, un físico, o quiere reflejar la estructura del ADN, pero lo hace al lado de dibujos triviales de astronautas o de una botella de Coca-Cola, como en *Poesía de América*, del 43, antecedente claro del arte pop, al ser la primera vez que aparece este objeto tan popular (manando de un pecho —de América— y siendo a su vez fuente de un teléfono que es una fuente de petróleo).

El que reivindicara a los pintores *pompiers*, a Meissonier en Francia o a Mariano Fortuny en España (para él mil veces más interesantes que todos los ismos o el arte de otras culturas: oriental, polinesio, africano...), es parte de este gusto por lo popular en su sentido menos exigente estéticamente, que le llevará a imitar en los cincuenta los cuadros patrióticos de estos autores del XIX, de técnica académica pero mal considerados por el arte de vanguardia.

— Lo mágico y lo simbólico. Paradójicamente en una estética tan amante de lo tangible, de los objetos y del rigor, el racionalismo de Dalí choca con su pasión —o su debilidad— para con lo místico, que en los cincuenta llegará a inundarlo todo. Entonces incluso lo más científico, los protones y los neutrones, *son elementos angélicos*. Dalí tiene miedo de que el racionalismo le lleve al escepticismo (como ahora veremos, una de sus bestias negras), y prefiere salvarse por la fe, en un sentido amplísimo: desde el mítico, primitivo: *Creo en la magia y en mi destino*, hasta los fastos y rituales de la liturgia católica. De ahí lo recurrente de sus temas talismanes, alguno tan banal aparentemente como el cuerno de un rinoceronte. Otros tan convencionales como los ángeles y los santos y vírgenes de la religión tradicional.

Dios, inevitablemente, termina por recoger toda esta preocupación, como un comodín donde cabe todo: ... *el erotismo, las drogas alucinógenas, las ciencias del átomo, la arquitectura gótica de Gaudí y mi amor por el oro presentan un común denominador: Dios está presente en todo*. Este sentido panteísta de la divinidad, y su necesidad de combinar razón y religión le llevarían ineludiblemente a toparse con la obra del filósofo medieval Raimundo Lulio (o Ramón Llull), y alguno de sus seguidores, como el arquitecto del monasterio-palacio-sepulcro de El Escorial, Juan de Herrera.

Seguidor de su amigo Eugenio Montes y otros intelectuales falangistas, a esta necesidad de *espiritualismo penetrante* le va a dar siempre Dalí un sentido patriótico: Francia es la razón, la intelectualidad, y España es la mística: *Francia es el país más intelectual del mundo, el país más racional del mundo, y yo, Salvador Dalí, procedo de España, que es el país más irracional y más místico del mundo...* Estas palabras, pronunciadas en una conferencia en la Sorbona treinta años después del estreno de *El perro andaluz*, volvían a reproducir el mismo análisis.

130

Frente a estos principios, y para acotar bien el terreno en que nos movemos (pese a sus incongruencias y sus paradojas aparentes) señalaremos ahora algunos principios estéticos que, en negativo, enmarcan la obra y la opinión de Dalí

Principios antiestéticos dalinianos

— Como consecuencia de los principios anteriores, sobre todo del de la objetividad/gusto por lo tangible, Dalí va a oponerse al arte no objetivo, al sentimentalismo en sus primeros años (junto a Buñuel), y pronto al abstracto: *Esa cosa inmunda que llaman arte abstracto caía a nuestros pies, herida de muerte... no había ningún sitio más en Europa para los rombitos maniáticos del señor Mondrian,* dice recordando el efecto demoledor de la proyección de su cortometraje surrealista *El perro andaluz.* Después, como hemos ido desgranando en su vida, atacará a sus principales representantes: Kandinsky (pionero del movimiento e importante teórico del arte de vanguardia), Mondrian (el representante más conocido de la abstracción geométrica), Pollock (el representante más conocido del expresionismo abstracto), o su antecesor remoto el pintor inglés Turner.

— Del mismo modo se va a oponer a lo decorativo en el arte, que él polariza alrededor de Henry Matisse y sus seguidores (arte fauve, y en buena medida el expresionismo). Inicialmente considera esta concepción del arte algo burgués y apolillado, y luego los incluirá en todo su arte de vanguardia a asesinar: *Matisse representa exactamente las últimas consecuencias de la Revolución francesa; es decir, el triunfo de la burguesía y del gusto burgués.* Como vemos, hay aquí una concepción política inmanente. Ya sea desde su posición revolucionaria en los años de juventud surrealista, o desde su posición reaccionaria en su madurez clasicista y mística, su oposición al *buen gusto* era una oposición a las revoluciones liberales, a la racionalidad crítica y escéptica de las clases medias.

— Pero esto abarcará al final algo más (y más serio) que su oposición al abstracto o a las tendencias decorativas en las artes plásticas. Hay en Dalí un recelo general contra todo lo que suponga pérdida de fe, racionalización llevada a extremos de análisis, crítica o compromiso social y personal. Pese a sus protestas de ser ultrarracionalista, Salvador Dalí teme que la falta de fe suponga desestructuración, desánimo, ausencia de creatividad, y por aquí ataca a todo el arte (a toda la mentalidad, de hecho) contemporáneo. Resulta significativo que cuando construya una imagen

131

épica de la Guerra Civil española, ponga a los del bando franquista también bajo la gran bandera de la Fe. Dice entonces:

Las consecuencias del arte moderno contemporáneo radican en haber llegado al máximo de racionalización y al no va más del escepticismo. Hoy en día, los pintores jóvenes modernos no creen en nada. Es perfectamente normal que, cuando no se cree en nada, se acabe pintando apenas nada, que es poco más o menos el caso de toda la pintura moderna, incluida la pintura abstracta, esteticista...

— Sus ataques se extenderán también a la arquitectura contemporánea. Ahí la arquitectura funcionalista y racionalista, y Le Corbousier en concreto, serán el blanco de sus ataques contra una forma de construir que percibía pobre, para pobres, sin imaginación, rígida, incluso *autopunitiva*. Su referente positivo en la construcción va a ser su modernismo catalán, y en especial Gaudí, cuya arquitectura trabajaría con formas blandas, imaginativas, comestibles, fantásticas, eróticas, oníricas. En su extremo surrealista incluso la va a considerar una arquitectura canibalística, por el parecido con sus propias formas orgánicas blandas que se comen unas a otras.

— Y, de nuevo, desde su oposición a lo abstracto, le costará admitir formas artísticas no tangibles, excluyendo medios de expresión enteros, como la música, no por ajeno a sus realizaciones libre de sus ataques: *Los músicos son unos cretinos, es más, unos cretinos supergelatinosos*, dirá.

— Pero más que sus opiniones teóricas, lo que supuso en Dalí un ataque al arte contemporáneo fueron sus acciones. Estas acciones supusieron la ridiculización de un arte que él creía agotado o agotador (o en el que nunca se vio suficientemente aceptado). Un crítico señaló con acierto en los años cincuenta, en un artículo titulado significativamente *¿Asesinará Dalí al arte moderno?*

Desde hace veinticinco años, la obra de Dalí tiende a la desvalorización de aquello que configura el gusto actual: el cubismo, el arte abstracto, el expresionismo, etc. No lo disimula, al contrario, proclama bien alto su deseo de asesinar al arte moderno. No hay que dejarse engañar por el tono humorístico y delirante de sus propuestas. Dalí lo dice en serio, y muy en serio, y la «inteligencia de primer orden» que ya le reconocía Breton en 1936 se pone al servicio de una actividad destructiva cuyos riesgos corren a cuenta del prestigio de todo el arte moderno.

Qué duda cabe, como hemos visto en su biografía, que a la postre, y a nivel de masas —el nivel que a él le interesaba— su personaje público ridiculizó el arte contemporáneo dejándolo al nivel de una mera serie de ocurrencias humorísticas, propias del mundo de la publicidad y las estrategias comerciales al servicio del consumismo. Por otra parte, en su obra, la consecuencia era dejar sólo como valor esencial de la obra plástica el virtuosismo al servicio de la tradición, curiosamente tan del gusto burgués que él pretendía atacar.

Veamos ahora, desde el marco de estos principios, los temas que van a encontrarse repetidamente en la obra (sobre todo plástica) de Dalí, y sus significados, interpretados por él mismo o por otros analistas. Con este repaso aludiremos a sus obras claves evitando luego un repaso cansino para el lector de todas ellas, que sería además más propio de un catálogo de su obra que de una biografía del autor.

Constantes de su obra. Motivos típicos dalinianos

Pese a su reiterada valoración de lo original, de lo nuevo, Dalí repitió, a veces hasta el cansancio, una serie de temas, de elementos que ayudaron a configurar con nitidez la imagen popular de su estilo pictórico. Intentamos exponerlos aquí siguiendo un orden que no pretende ser una jerarquía en función de que aparezcan más o menos veces dichos elementos en la pintura daliniana, sino de que se trate de elementos más genéricos, más de fondo, en su obra, o más específicos, más incidentales (formas peculiares).

— En primer lugar, hay que señalar, sin duda, sus escenarios. Las playas infinitas, junto a un mar azul, en calma total. La atmósfera transparente, casi sin atmósfera, aunque a veces aparezcan dibujadas unas nubes. Siempre se han relacionado con su tierra, con la llanura del Ampurdán, abierta al mar, con Cadaqués y con Port Lligat, presentes en él aun cuando llevase ocho años sin verlos, como en los años cuarenta. Van a ser siempre el marco en el que se sitúen sus escenas, sus personajes, tanto en la etapa surrealista como en la clasicista. Y en buena parte de sus primeras obras tentativas. El propio Dalí, describiendo el surgimiento de una de sus ideas, deja ver cómo este escenario era con frecuencia un marco previo a la idea misma del cuadro:

El cuadro que estaba pintando representaba un paisaje en los alrededores de Port Lligat en el que las rocas parecían envueltas por una luz crepuscular transparente... Este paisaje debía servir como tela de fondo a alguna idea, ¿pero cuál? Me faltaba una imagen sorprendente y no la encontraba...

— Pero además, y quizá habría que incluirlo en el mismo punto, estaban las formas caprichosas del Cabo de Creus, esas que inspirarían ya las dobles lecturas de las imágenes, las formaciones delirantes, paranoicas. Aparecen tanto en su figura de *El gran masturbador*, 1929, a comienzos del periodo surrealista, como en la última obra importante en el 82, *Los tres enigmas gloriosos de Gala*. Como analizaremos luego con algo más de detalle, este paisaje extraño y sugerente estará en la génesis de su idea del *método* paranoico-crítico

— Dentro de esta atmósfera también es un elemento característico la sensación de falta de contacto entre los diferentes objetos, que parecen superpuestos. Esta sensación, relacionada con la fobia de Dalí al contacto humano, se hará explícita en su periodo nuclear, cuando los objetos pasen a no tocarse, a levitar distanciados unos de otros. Quizá sea *Leda atómica*, de 1949, la obra donde esto resulte más evidente. Porque frente a la representación clásica del mito, en que un cisne bastante fálico (es Zeus, padre de los dioses clásicos, fecundando a la mortal) se enlaza, posesivo, alrededor de Leda, en la obra de Dalí nada se toca, todo está levitando. Posteriormente, en *Naturaleza muerta viviente*, de 1956, los objetos ya flotan en el espacio directamente.

— También va a ser propio de la iconografía daliniana, sobre todo en sus primeros periodos surrealistas, y luego en el clasicista (aunque de forma más simétrica), la presencia de restos de arquitecturas clásicas o simplemente pedestales, en los que las figuras colocadas aumentan la sensación de profundidad y de soledad. La idea originalmente tomada de Giorgio de Chirico, el pintor *metafísico*, tan admirado por los surrealistas, es pronto capitalizada por Dalí, que la convierte en un elemento fundamental de sus escenarios, en obras de las más famosas, como *El juego lúgubre*, de 1929.

— Las formas blandas, o más bien la oposición entre lo blando y lo duro. Aunque él lo relacionaba con elementos de comida, con los quesos en concreto, es evidente por sus mismas explicaciones y declaraciones que trascendía a esto, teniendo otras connotaciones más complejas y más sugerentes. Lo blando es lo orgánico, lo vivo, frente a la dureza de lo mineral, y en este sentido es cálido, positivo. Así en la arquitectura modernista que tanto admiraba, por ejemplo.

Pero lo blando es también lo que no se sostiene, lo que cae, en un sentido metafísico —el tiempo que fluye, en sus relojes blandos (uno de sus temas más repetidos, desde su descubrimiento en el que es quizá su cuadro más conocido, *La persistencia de la memoria*, o *El tiempo derretido*, de 1931, hasta sus últimas obras, como *En busca de la cuarta dimensión*, en 1979)—. Por eso su veneración también por la solidez de las rocas del

Cabo de Creus, cuyo *paisaje mineral constituye un verdadero delirio geológico*, que es desde hace siglos un refugio seguro, refugio al que Salvador Dalí volverá una y otra vez.

Y este sentido de debilidad, de no sostenerse, tiene también un sentido erótico claro en su obra: lo blando es la impotencia, la inseguridad sobre su virilidad, y la culpa de la flacidez, de la pérdida de energías tras la masturbación. Es su inseguridad, y de ahí tanto autorretrato *blando*, así denominado (el *Autorretrato blando con tocino frito*, de 1941) o en la figura penosa del *masturbador*.

De él, a su visión del mundo. Lo erótico y lo humano es así blando frente a lo geológico y lo eterno. Lo vemos con claridad en su obra *El espectro del sex-appeal*, 1932, donde las formas femeninas son convertidas en sacos informes, decadentes, a la vista estupefacta del Dalí-niño, y ante la solidez de unas rocas marinas. La consecuencia es formulada por él mismo: paradójicamente, para Salvador Dalí, *lo erótico debe ser siempre feo, lo estético divino y la muerte bella*. Su estética no puede ponerse en un erotismo que nos recuerda lo blando de la condición humana, debe ponerse en la divinidad, para evitar el horror de la muerte (de su propia muerte, tan temida) y embellecerla.

— Las muletas. Consecuencia de lo blando como invertebrado, decadente. La muleta es lo que evita, al tiempo que lo subraya visualmente, la decadencia de lo blando. Así proliferarán en toda su obra de los años treinta. Así en su vida es Gala la muleta vertebradora:

Gala me ha dado, en el verdadero sentido de la palabra, la estructura que faltaba en mi vida. Yo no existía más que en un saco lleno de agujeros, blando y borroso, siempre en busca de una muleta. Ciñéndome a Gala he encontrado una columna vertebral, y haciendo el amor con ella he rellenado mi piel.

Y la muleta también sujeta el miedo a la muerte, que en fases posteriores, por influjo de un largo psicoanálisis, Dalí identificará como la consecuencia de que sus padres recordaran su semejanza con el hermano muerto, del que tenían una fotografía en el dormitorio: *Identificado por fuerza con un muerto, no tenía otra imagen de mi cuerpo que la de un cadáver putrefacto, blando, roído por los gusanos*, dice Dalí en los sesenta ya, y continúa su explicación hacia su peculiar relación erótica, claramente de rechazo hacia el cuerpo femenino, y de inseguridad vital:

Mis obsesiones sexuales están ligadas a turgencias blandas... senos alargados, carnes putrefactas... las muletas que pronto adopté como objeto sagrado son, tanto en mis sueños como en mis cuadros, instrumentos indispensables para mantener en equilibrio mi débil noción de la realidad, que se me escapa sin cesar...

Por si esto fuera poco, la muleta se hace también símbolo de sostén político de las fuerzas decadentes. Así lo insinúa Dalí al referirse a su relación con la aristocracia (conservadora):

Muletas, muletas, muletas por doquier. Incluso inventé una muleta facial minúscula, en oro y rubíes, que se adaptaba al labio y sostenía la nariz... (a los aristócratas) *con una sola de vuestras piernas y las muletas de mi inteligencia, sois más sólidos que la revolución preparada por los intelectuales.*

Así pues, la inteligencia es una muleta más frente a un mundo que se cae (y que llegará a pensar sólo sostenible por los pilares de la tradición eterna y la fe).

— El pan. Lo blando nutritivo. La tierra propia. La reivindicación del *pan pagés* catalán exportada (y lucida como sombrero, físicamente por el propio Dalí en sus apariciones públicas, en alguna de sus instalaciones y esculturas, en objetos relativamente útiles, como el pan portatinteros, y en múltiples imágenes de personajes —sobre todo ciclistas, símbolo para él del esfuerzo— con grandes panes sobre su cabeza). Cuando llega a Nueva York por vez primera, quiere hacer un pan de quince metros, pero el horno de las calderas del barco sólo le permite hacer uno de dos metros y medio, para repartirlo a los periodistas *(como San Francisco a los pajarillos*, bromea Dalí; quizá se pueda ver más bien como dándoles simbólicamente parte de sí mismo para alimentar sus ansias de novedades).

Con el pan, Dalí nunca deja de ser, como reclamaba, el campesino astuto en cuyo cuerpo habitaba un rey. Este campesino que hace de su pan, de su tesoro, una bandera de concreción para los pobladores vanguardistas del sofisticado París, que se pierden en divagaciones estéticas. En sus fases clasicistas, el pan aparecerá también, en un reposo casi sagrado, en 1926 y en 1945 de nuevo, con el mismo título: *Cesta de pan*, dos de sus obras más celebradas. Mística tradicional. En su fase surrealista, el pan se humaniza, y actúa, como en *Pan antropomorfo* de 1932 o el *Pan francés mediano que intenta sodomizar a un pan portugués*, del mismo año. Al final de su vida, el pan sigue recubriendo paredes enteras de su teatro-museo de Figueras.

— Con menor reiteración que el pan, también aparecen otros alimentos en su obra, destacando los huevos (fritos, sobre todo, porque cuando aparecen enteros tienen un sentido más metafísico, de germen, de origen, de embrión de algo —incluso la divinidad—): las chuletas —crudas, normalmente—, en relación con el amor carnal, comestible (en el retrato de Gala que presentó a la prensa en su desembarco en los Estados Unidos, por ejemplo, en 1934); y las judías (cocidas), símbolo también de lo blando nutritivo. Y quizá alivio de la tensión, como aclara él mismo al referirse a su *Construcción blanda con judías hervidas* de 1934, luego *Premonición de la guerra civil*, en que la impresión brutal de autoestrangulamiento se habría intentado suavizar con esta presencia alimenticia feculenta.

— Los elementos —y acciones— eróticos. Como hemos visto al tratar de su vida, no podían ser otros que el reflejo de sus propios gustos y preocupaciones. Entre los primeros, van a destacar los culos, femeninos habitualmente, y la sodomía, su placer preferido, más alguna referencia a las felaciones. Esto último aparece ya en *El gran masturbador*, de 1929, pintado bajo la influencia de su recuerdo de Gala, tras conocerla, y luego se repetirá ocasionalmente. Los culos por el contrario van a ser una constante, prioritaria entre su formas, desde sus primeras obras de bañistas, dominando las que están de espaldas (por ejemplo en *Bañistas de Es Llané*, de 1923, una obra puntillista), hasta la que es quizá su obra más explícitamente erótica: *Joven virgen autosodomizada por los cuernos de su propia castidad*, de 1954, comprada por la revista *Playboy*, y que podría ser una venganza hacia su hermana Ana María.

Tras publicar ésta *Salvador Dalí visto por su hermana*, Dalí hace esta obra en que la postura de la joven reproduce las de los retratos de su hermana —de espaldas también— asomada a su ventana en el año 25. En la obra del 54, el desnudo de la mujer reclinada sobre la ventana, con medias y zapatos, recuerda directamente un póster erótico de los llamados *pin-ups* en Estados Unidos, con el cuerno del rinoceronte en una forma fálica evidente, amenazando con penetrarla.

No resulta nada exagerado hacer estas lecturas de sus obras a la vista de sus propios relatos de escenas montadas para su disfrute personal:

Mi delirio erótico me lleva a exaltar mis tendencias sodomitas hasta el paroxismo... los culos más sublimes que se puedan imaginar. Induzco a las mujeres más bellas a desvestirse. Siempre he dicho que a través del culo se pueden indagar los mayores misterios... mi dicha es total cuando logro asistir a una sodomización consumada. Lo esencial para mí pasa a través del ojo. Conseguí convencer a una joven española de que se dejara sodomizar por un chico de los alrededores que la cortejaba... nos instalamos en la habitación en un diván. La pareja hace su entrada por dos puertas diferentes... sin esperar, él le da la vuelta y comienza a penetrarla. Lo consigue tan pronto que me levanto para verificar si no se trata de un simulacro... el joven varón se agita ardientemente en el trasero de la joven española, que gime de satisfacción. Insisto: «¿Reconoce que le gusta lo que tiene en su culo?». Su comedia cesa entonces sin ningún disimulo. «¡Sí, grita, lo adoro!». Y entonces he visto la cosa más asombrosa

que se pueda soñar como expresión de una belleza fenomenal: la joven,
sujeta fuertemente por la cadera y atornillada al hombre, levanta sus
brazos y los echa hacia atrás, y sus labios rozan los del hombre que la
hace gozar en el sufrimiento... la maravillosa sensación de haber violado
el secreto de la belleza perfecta.

Como vemos, además de su pasión por el trasero (generalizada a toda la espalda, postura en la que retrataba a la mujer, tanto fuera su hermana como su esposa) hay una referencia, aunque breve, clara, al placer obtenido del dolor (*gozar en el sufrimiento*). El masoquismo y el sadismo fueron aspectos con los que Dalí jugó siempre, desde sus versiones del San Sebastián de sus años de juventud con Lorca, hasta la broma a los visitantes de su piscina en su mansión de Port Lligat, cuyo fondo estaba tapizado de punzantes erizos de mar (con un cristal encima, invisible para los no advertidos), pasando por la broma bien conocida de su regalo a Harpo Marx (un arpa cuyas cuerdas eran alambres de espinos). Aunque no fuera sadomasoquista, el juego con la idea lo fascinaba. Y en su obra se refleja reiteradamente esta fascinación, asociada a la sangre, las mutilaciones y los éxtasis.

Entre las preocupaciones, la impotencia, la castración, la masturbación y la culpa. *El juego lúgubre*, de 1929, es la obra donde todo esto es más evidente. Un personaje, sobre un pedestal, se echa una mano a la cara, avergonzado, mientras la otra mano o la postura de otro hombre que trepa a la estatua refieren directamente a la masturbación. En el centro, el rostro de Dalí como *masturbador*, tema del que luego hablaremos, y en el extremo opuesto la figura paterna, castrante.

También jugó Dalí entre el placer y la culpa con su fascinación por lo anal y excrementicio (la mierda) y el dolor, el placer sádico en el sufrimiento, normalmente muy contenido, muy simbolizado. Los caballos y la mujer (entera, en una visión frontal) finalmente aparecerán como símbolo de lo carnal, de las tentaciones (quizá en su presentación más evidente en *La tentación de San Antonio*, de 1946).

La castración aparece en todas las referencias a Guillermo Tell, símbolo del padre castrador, figura que aparece con barba —como su padre de joven llevaba—, a menudo con unas tijeras —de castrar— y con restos de excrementos en sus calzones, como recuerda Dalí una escena en su niñez que le impresionó y le avergonzó porque su padre comentó que le había pasado involuntariamente (ensuciarse por una diarrea imprevista). Del desarrollo de este tema las obras principales van a ser *El juego lúgubre*, de 1929, en la que la castración se asocia a la culpa por la masturbación; *Guillermo Tell*, de 1930, donde la figura paterna aparece con tijeras, ante un hijo que huye como Adán del paraíso; *La vejez de*

Guillermo Tell, de 1931, donde los dos amantes son expulsados del paraíso por un padre rodeado de dos mujeres, en una acción oculta tras una tela; o *El enigma de Guillermo Tell*, de 1933, en la que el rostro del padre es el de Lenin y la agresión sobre el hijo la amenaza de comérselo.

— El *Ángelus* de Millet. Repetido en innumerables versiones, esta obra clásica obsesionaba a Dalí desde su infancia. Pero será a partir de 1932 cuando aparezca en su obra. Según interpreta en *El mito trágico del Ángelus de Millet*, escrito en 1933, el cuadro representaría, tras su aparente inocencia, una versión cruda del complejo de Edipo. El campesino se cubriría con el sombrero, agachando la cabeza con culpa, una erección. Y la mujer, en su postura de aparente recogimiento, estaría embarazada (la madre de la que se enamora el hijo en el complejo de Edipo), y además Millet nos la muestra adoptando la postura de la mantis religiosa, que devora al macho tras la cópula —o durante ella.

La inquietud que le producía el cuadro desde su infancia le llevó a Dalí a hacer múltiples versiones, con referencias más o menos explícitas a su interpretación del asunto, incluyendo la carretilla en segundo término. Así vemos el tema en innumerables obras, entre ellas destacan *Gala y el Ángelus de Millet precediendo la llegada de las anamorfosis cónicas*, de 1933; *Atavismo del crepúsculo*, de 1934, con el rostro del hombre convertido en calavera; la *Reminiscencia arqueológica del Ángelus de Millet*, de 1935, en que ambas figuras son ya ruinas de construcciones; *El Ángelus de Gala*, también de este año; y *La estación de Perpiñán* —para Dalí lugar que simbolizaba el centro del mundo—, en 1965 (obra en la que aparecen esbozadas, de fondo, escenas de muerte y sodomía entre los personajes). Además, aparecen elementos aislados, pero reconocibles de la obra aún en 1963, en el *Retrato de mi hermano muerto*, o en el 44 en *Tristán e Isolda*.

— Relojes blandos. Aunque ya lo hemos comentado al hablar de lo blando, conviene darle un punto específico por lo reiterado del tema. Desde 1932, con *La persistencia de la memoria*, prolifera este tema, el más famoso quizá en el mundo y desde luego en Estados Unidos de la obra daliniana. ¿Por qué? Probablemente porque sus asociaciones —por lo blando— a la decadencia y a la impotencia, a la culpa o a la masturbación, no son tan procaces como sus otros elementos, y permiten una contemplación menos inquietante, menos censurable. Así lo vemos, como un icono casi, identificativo de Dalí, junto a su nombre en el cartel de la segunda exposición individual en la galería Julian Levy de Nueva York en 1934. También aparece una chuleta, el rostro del *masturbador*, la figura femenina del *Ángelus*, y las hormigas que proliferan en su obras desde su aparición en *El perro andaluz*, saliendo de una mano.

Todas, en principio, permisibles para cualquier censor (no como los elementos señalados en el punto anterior).

— Hay también, en la obra de Dalí, la presencia de una serie de personajes reales claves en su vida: primero su hermana, sobre todo como cuerpo de mujer, asomada a la ventana, de espaldas, o tendida en la playa en sus figuras clasicistas de los primeros años 20. Luego será su amigo Lorca —del que aparecerá la silueta de la cabeza, habitualmente decapitada, en el periodo que un especialista en la obra de Dalí como Santos Torroella llama periodo lorquiano—. Después, y ya de por vida, Gala, su solución a lo blando, de la que hará innumerables retratos, destacando sin duda los del periodo clasicista: *Galarina*, en 1945, y de este año también *Mi mujer desnuda, contemplando su propio cuerpo transformarse...*, aunque Gala será también —como virgen o santa— el rostro de su periodo místico, y había sido ya una figura presente en su periodo surrealista, desde el *Monumento imperial a la mujer-niña*, de 1929. Aunque no fuera central, sí que suponía en ocasiones la parte activa o que invitaba a la actividad: así en *Las afueras de la ciudad paranoico-crítica*, de 1936, donde acerca al espectador un racimo de uvas tentadoras.

También se repetirán otros personajes no directamente retratados: el padre/Guillermo Tell; el mismo Dalí niño, como un niño vestido de marinero a la usanza de inicios del siglo xx, con un aro y un gorro, o de la mano de su padre; y el *masturbador*.

Este personaje, que hemos citado ya en varias ocasiones, es tan central en la obra de Dalí que lo lanza a la fama, que debería ser tratado aparte. Se trata de un perfil caricaturizado del propio pintor, en su juventud, blando y cabizbajo, con la nariz hacia el suelo en un gesto de culpa —poco expresivo la mayoría de las veces, porque se le ve exánime, como muerto—. Está inspirado en su forma en una roca del Cabo de Creus, y aparece con una langosta (el objeto fóbico para Dalí) en la boca, a veces sustituida o complementada por las hormigas. Lo vemos desde 1929, en *Los placeres iluminados* y *El juego lúgubre*, protagonizando inmediatamente *El gran masturbador*, y *El enigma del deseo*, permaneciendo como figura central en *La persistencia de la memoria* en 1931, y posteriormente, algo más erguido —y sujeto con muletas—, en *El sueño* de 1937, y el *Autorretrato blando* del 41, aunque para entonces ya ha desaparecido el personaje como tal, sustituido por el gesto de culpa de los personajes echándose la mano al rostro cabizbajo. Como figura secundaria, está en 1929 en el *Retrato de Paul Eluard*, y en *La profanación de la eucaristía*, de este mismo año, marcando esta primera época surrealista como presencia casi constante.

— Otros elementos y personajes repetidos en la etapa surrealista van a ser los leones amenazantes, que se han querido relacionar con el deseo pero también con la agresión vigilante de la autoridad sobre ese mismo deseo; las jirafas ardiendo, desde mediados de los treinta, sin un significado claro, fuera de lo llamativo visualmente del elemento; y los caballos, como expresión de la potencia y el deseo sexual, como vemos con claridad en *La tentación de San Antonio* (1946), donde los garañones desaforados se alinean con mujeres lúbricas expresando el deseo animal, primitivo, o ya en *Guillermo Tell* (1930) frente al burro muerto (la impotencia) sobre el piano (elemento femenino).

También aparecen con cierta frecuencia teléfonos, derretidos a veces, teléfonos que van a ser protagonistas en las vísperas de la Segunda Guerra Mundial, cuando Dalí pinte *El enigma de Hitler*, en el 37. Y eucaristías. Éste será un elemento blasfemo, como ya hemos analizado en su vida, que tratará de ocultar Dalí tras su conversión al catolicismo en los cuarenta, pero que aparece no sólo en la obra de expresivo título *La profanación de la eucaristía*, sino también en *El juego lúgubre*, ambas de 1929, o en *La fuente*, de 1930.

— Hay que señalar, en un punto específico, los temas repetidos que son «préstamos» de otros autores: así, las cabezas cortadas y bustos clásicos de finales de los veinte (del periodo lorquiano) tienen una inspiración evidente en Picasso (como sus bañistas clásicas — *Venus y amorcillos*, del 26, o el *Personaje entre las rocas*, del 25— o el cubismo de algunos de sus ensayos de juventud) a partir de un bodegón con cabeza clásica que vio en su estudio cuando lo visitó en París; Los *aparatos*, especie de dispositivos sin función alguna, que aparecen en su primer periodo surrealista, desde los primeros esbozos para *La miel es más dulce que la sangre*, en 1926, donde aparecerá todo un bosque de ellos; es préstamo de Tanguy, al que el mismo Dalí reconoce debérselo; y la dispersión de elementos en una atmósfera colorista, propia de sus primeras obras surrealistas —aunque aún Dalí no se reconocía como tal— como *Aparato y mano*, del 27, o *Cenicitas*, del 28, serían tomados de Joan Miró.

También tendría préstamos, aunque quizá menos directos, de las formas orgánicas de Hans Arp, visibles por ejemplo en *Vestigios atávicos después de la lluvia*, 1934; o de Giorgio de Chirico, aparte de los escenarios y pedestales, ya comentados, en las largas figuras estilizadas, parahumanas (estatuas o maniquíes) a las que añadirá cajones en el cuerpo, como en *Jirafas ardiendo*, del 37, o la *Venus de Milo con cajones*, del 36.

— Otros elementos repetidos por Dalí, aunque con menor importancia, son los tinteros, elemento, aunque él se opusiera a este concepto, bastante decorativo, aunque fuese de un modo chocante, poco convencional; los automóviles (arruinados, como antes los burros podridos, o petrificados, dejando ver el paso del tiempo); los continentes (blandos, debilitados, en el periodo de la Segunda Guerra Mundial, cuando los vemos en

Poesía de América, del 43, o este mismo año en *Niño geopolítico contemplando el nacimiento del hombre nuevo*); o los huevos (germinales, cerrados: *La madonna de Port Lligat* del 50, por ejemplo), desde una inspiración renacentista que devendrá formas cúbicas repetidas.

Los cubos, por tanto, van a ser utilizados reiteradamente en su periodo *clásico* o *místico-nuclear*: la *Cruz nuclear*, de 1952, está formada por filas de cubos perfectos; en *La Crucifixión* del 54, también llamada *Corpus Hipercubus*, el cuerpo del cristo —un cuerpo atlético, joven— corresponde al noveno cubo del montaje *metafísicamente, siguiendo los preceptos del* Discurso sobre la forma cúbica *de Juan de Herrera, constructor de El Escorial, inspirado por Raimundus Lullus*; incluso el cubo aparece como base de uno de sus *shows* de la época, en Roma, cuando en una fiesta en los jardines de la princesa Pallavicini, Dalí anuncia su propio renacimiento saliendo de un huevo cúbico, escrito en el exterior precisamente con textos de Raimundo Lulio, haciendo a continuación un discurso en latín.

También serán, como los cubos, formas elementales de descomposición de figuras mayores desde los cincuenta, las esferas-átomos (*Galatea de las esferas*, un retrato de una cabeza de mujer hecho sobre una infinidad de corpúsculos esféricos, con el punto de fuga en la boca, de 1952), y los cuernos de rinoceronte, presentes en pinturas eróticas, como hemos visto, en *La joven virgen...* del 54, en otras religiosas (*La cabeza rafaelesca estallando* del 51), o en versiones de Vermeer (de *La encajera*).

— El último elemento a destacar, de los que se repiten en Dalí más frecuentemente, son las largas patas de elefantes o caballos que vemos ya en el *Sueño causado por el vuelo de una abeja alrededor de una granada, un segundo antes de despertar*, de 1944, y son protagonistas luego de decorados como los que hizo para Visconti en el 49, transmitiendo la misma sensación de ingravidez que en *La tentación de San Antonio*, del 46. Esta sensación le permite llevar la atención del espectador hacia la parte superior del cuadro —el cielo— algo muy propio de las intenciones de Dalí a partir de su periodo *místico*.

Hecha esta introducción a lo que son los principios estéticos en la obra de Dalí, y los elementos más comúnmente repetidos en ella, faltaría —aparte de invitar a comprobar todo lo aquí descrito en los museos (el de Figueras, del teatro-museo; el del Centro de Arte Reina Sofía, en Madrid, o el Español de Arte contemporáneo; o el de San Petersburgo, en Florida; que recogen buena parte de su obra)— hacer un recorrido, sin ánimo de exhaustividad (para no dejar al lector exhausto), sobre algunas obras y algunas interpretaciones especialmente relevantes de la obra de Dalí, claves también para conocer a fondo su personalidad. Es lo que haremos en el siguiente capítulo.

II. LA OBRA PICTÓRICA DE DALÍ A LO LARGO DE LAS DISTINTAS ETAPAS DE SU CREACIÓN

Obras iniciales, exploratorias (hasta 1926)

Como en toda iniciación —y la de Dalí por precoz que fuese no pudo ser una excepción— apreciamos sobre todo ensayos y balbuceos, vacilaciones entre influencias contrapuestas. En concreto en su caso vemos de una parte el peso del dibujo, siempre reconocido como su principal talento y su principal valor técnico, y de otra el peso de las modas de la época.

En su inclinación hacia el dibujo, además de esa pasión (cuasi perversa) a *no salirse de la línea*, a seguir exageradamente la norma, como hacía desde la infancia (en ocasiones como modo de protesta), pesan pronto las enseñanzas de Juan Núñez, dibujante y grabador él mismo, y el conocimiento de los clásicos por medio de las reproducciones en blanco y negro de Gowans, de bolsillo, que le había regalado su padre, y de las que nunca se desprendía.

Enfrente, la pronta fascinación con el impresionismo —precisamente por su ausencia de dibujo y predominio del color y de la luz—, desde 1916, a la vista de los últimos trabajos de Ramón Pichot. En estos años del 16 al 22, entre una y otra influencia, realiza innumerables paisajes y retratos, muy centrado en su ámbito cercano: la familia y Cadaqués. No obstante, aparecen marginalmente apuntes —en sus libros de clase, por ejemplo— donde ya ensaya caprichos y juegos con las dobles imágenes.

En este periodo de búsqueda, que continúa en los años de Madrid, entre la Academia de Bellas Artes y los amigos de la Residencia de Estudiantes, su línea de experimentación y sus mejores logros van a tener que ver sobre todo con la influencia del cubismo. Lo podemos ver en el óleo que le regaló a Lorca, propiedad del Centro Reina Sofía, bajo el que posó el poeta en una fotografía famosa de la época, *Sifón y botella de ron*, de 1924.

Es un cubismo no sólo influido por Picasso, sino que parece más influido por el academicismo de Juan Gris, o incluso de Vázquez Díaz, al que le unió una cierta amistad personal. De hecho, años después Dalí valorará más el *cubismo ascético* del madrileño Juan Gris, para él *el Herrera del cubismo*, que el cubismo picassiano, que Dalí califica de *dionisíaco*, y que vendría inspirado por el arte musulmán hispano (en concreto de la Alhambra, en cuyos mocárabes ve Dalí un precedente de la descomposición en planos propia del cubismo analítico inicial).

La influencia del cubismo en el desarrollo de su amor por la objetividad, ya señalado ampliamente cuando hemos hablado de su vida, le va a dar también la base sólida necesaria para realizar los soberbios retratos de su padre de 1925 o de Luis Buñuel, en el año anterior.

Pero también Dalí, mientras recibe (y digiere) la inspiración de la pintura *metafísica* de Giorgio de Chirico, desarrolla (en buena medida junto a Lorca, también dibujante) una temática propia, que va a tener más que ver con su mundo interior, el que luego le hará un pintor conocido. Son sus interpretaciones del tema de San Sebastián, como ya hemos comentado, objetividad, pero también belleza masculina (con una orientación homosexual narcisista) y éxtasis en el dolor, o de ciertos desnudos equívocos, como el *Desnudo en el agua* (1925), donde ya aparece su obsesión con los culos.

Simultáneamente con el final de esta etapa de búsqueda se puede hablar de una *época de Ana María*, por la profusión de retratos de su hermana que realiza (doce óleos, sólo de 1923 al 26), y las características estilísticas de éstos: detallismo, amplios espacios de fondo —el mar frecuentemente—, atmósfera transparente, luminosidad mediterránea, sensación de quietud, presencia frecuente de ventanas y posición de la modelo de espaldas (un rasgo que mantendrá en su obra posterior)

Son pinturas clasicistas, muy influidas —sobre todo en el tema de las bañistas— por Picasso, donde los cuerpos (femeninos con mayor frecuencia) transmiten una sensación de peso, de volumen, muy en la línea de la «Santa Objetividad» que tanto interesaba al pintor. Destacan la *Academia neo-cubista*, de 1926, una composición con tres figuras, dos femeninas, muy picassianas, y otra de un marinero que nos recuerda el torso de una estatua clásica, y las dos *Muchachas* de espaldas, la *Muchacha de pie en la ventana* de 1925, con el mar de fondo —siempre apacible—, y la *Muchacha sentada de espaldas*, del mismo año, con unas casas y unos olivos muy cubistas detrás. Estas dos obras están realizadas en un estilo más académico pero ya muestran un tratamiento personal de la atmósfera —o la ausencia de atmósfera— y el subrayado meticuloso del dibujo, tan característicos del Dalí posterior.

144

El surrealismo (1926-1945...)

Cualquiera que se asome con interés al mundo de la pintura, sea cual sea su nivel de formación, encontrará claros antecedentes de lo que luego vendría a llamarse surrealismo: del capricho renacentista ya en el siglo XV, al arte Dadá, entre las dos guerras mundiales, se topa uno con abundantes muestras, aunque marginales, del interés por el mundo de los sueños, de lo caprichoso, incluso de lo absurdo.

Cerca de Roma, en Bomarzo, el visitante inadvertido no dejará de maravillarse al encontrar lo que el verbo popular pronto llamaría *el parque de los monstruos*. Allí, tallados en la misma piedra, un duque ordenó construir una serie de fantasmas de su imaginación y sus recuerdos. Uno de ellos llama poderosamente la atención (sobre todo si, como fue el caso del autor de esta biografía, venía de Figueras de ver el teatro-museo de Dalí, pocos días antes). Se trata de un pequeño pabellón esculpido en una roca con forma de cabeza, en el que la única sala está ocupada por una mesa central, rodeada de un banco corrido, e iluminada por dos pequeñas ventanas encima de la puerta. Al salir, si nos hubieran conducido a él con los ojos cerrados, nos sorprendería descubrir que la puerta es la boca abierta de un rostro que grita, cuyos ojos son las dos ventanas, formando el banco corrido la dentadura alrededor de una lengua que es la mesa en que nos hemos apoyado. Inevitablemente lleva a pensar en el salón que configura en Figueras el rostro de Mae West.

La vida del príncipe renacentista que hizo estos caprichos, el duque de Bomarzo, recreada de forma exquisita por el novelista argentino Manuel Mújica Láinez en una novela de igual título, *Bomarzo*, nos da idea ya en su amplia documentación de que la ocurrencia, con ser extravagante y única, no era tan extraña a la época. Desde los monstruos medievales, se había desarrollado una decoración de grutescos, típica de esta época, que imitaba formas también fabulosas del mundo clásico grecorromano: quimeras, arpías, tritones, grifos... en los que se expresaban ya —casi desde el origen de los tiempos— los temores y deseos de los seres humanos, su mundo oculto, su mundo imposible, su mundo no sujeto a la realidad, en definitiva. Los ángeles y los dragones, o las serpientes emplumadas, en otras culturas, nos hablan de la misma necesidad y la misma pasión artística.

Pero en el Renacimiento además encontramos la obra de Arcimboldo, un pintor del siglo XVI que se divertía en componer rostros grotescos con frutas, flores u otros elementos pintados, ajenos en principio al rostro representado, en un antecedente bastante directo de los resultados de lo que Salvador Dalí llamará *método* paranoico-crítico.

Si entramos en el barroco, el gusto por los engaños visuales, los trampantojos, y la deformación de la realidad se hacen más evidentes. Hay

145

relatos de *sueños* por doquier, con una finalidad habitualmente satírica, incluso política, siendo quizá los más conocidos en lengua castellana los *Sueños* de Quevedo, que de nuevo nos acercan —aunque sea como recurso, y no como temática general— a ese mundo más allá, o más bien más acá de la realidad consciente, exterior.

En lo pictórico, va a ser curiosamente el exceso racionalista de la Ilustración del siglo XVIII el que dé pie a continuación a ese interés por el mundo oculto en nosotros mismos, ilógico, absurdo, inquietante, que anticipa el romanticismo y aparece en los caprichos y disparates goyescos, o en sus pinturas negras. No en vano, es en uno de estos caprichos donde Goya escribió que *el sueño de la razón produce monstruos*.

William Blake (1757-1827), poeta además de pintor visionario e ilustrador, reivindicado por los surrealistas, en especial por Dalí por su apreciación del dibujo como algo superior al color y el claroscuro, escribió que *el camino del exceso conduce al palacio de la sabiduría*. En esta línea de no quedarse con lo dado, de saltar la norma académica, crecerá la fiebre romántica por lo irracional, que nos va a acercar a los *pensadores de la sospecha*, ya en los umbrales mismos del siglo XX, pensadores de los que bebe directamente nuestro Salvador Dalí adolescente y joven. Pero antes, atrás, se habían quedado los grabados de Piranesi (1720-1778), autor también de caprichos que se recrean con frecuencia en lo macabro (lo relacionado con el mundo de los muertos) pero están realizados con un virtuosismo clásico —Piranesi era también arquitecto y destacaron sus reproducciones de edificios clásicos de Roma.

En el terreno del pensamiento, los dos hitos principales los representan en el camino hacia el surrealismo (y concretamente hacia el Dalí surrealista —y posterior—) la obra escrita, prohibida, perseguida por indecente, violenta y sacrílega, incitadora del crimen y la asocialidad, del conde de Lautreamont (1846-70), que los surrealistas reeditaron en 1920, dándolo a conocer, y del Marqués de Sade (1740-1814), de cuyo nombre procede la expresión sádico y sadismo (disfrutar, sobre todo eróticamente, con el dolor infligido a otro), cuya rehabilitación también reclamaron insistentemente los surrealistas. El primero, en sus *Cantos de Maldoror*, ilustrados por Dalí, hace un canto al Mal, directamente, personificado en un personaje demoníaco, despiadado y destructivo. Sade, por su parte, trataba, en un tono más humorístico, de burlarse del optimismo ilustrado, mostrando las caras reales de los hombres y mujeres de su época, en su búsqueda egoísta del placer.

Cuando el mundo de las convenciones victorianas se derrumbe definitivamente con la industrialización y la Primera Guerra Mundial, la crisis de valores hará surgir el movimiento Dadá en el centro de Europa. Sus miembros —algunos de los cuales serán posteriormente surrealistas

146

(Tristan Tzara, Hans Arp, Man Ray o Max Ernst)— van a reivindicar lo absurdo como parte esencial del hombre. No sólo lo absurdo como crítica o como alivio humorístico, sino como método de búsqueda y objetivo de sus creaciones artísticas.

En el salto del dadaísmo al surrealismo, de la reivindicación de lo absurdo y caprichoso, en negativo, contra los valores establecidos; a la reivindicación del mundo de los sueños, de lo inconsciente y lo reprimido, de lo irracional, como un mundo propio; la principal fuente de inspiración y el apoyo teórico lo dará el psicoanálisis de Freud.

¿Qué es o qué representaba el psicoanálisis para poder influir tanto en Dalí y en otros surrealistas, además de en toda la intelectualidad de los inicios del siglo XX?

Concebido inicialmente por Sigmund Freud (1856-1939), un médico psiquiatra vienés, y sus discípulos como una terapia para la curación de las enfermedades mentales menores (las neurosis, y en particular la histeria), saltó pronto del ámbito clínico para convertirse en uno de los fundamentos de la psicología y la sociología críticas, alcanzado sus planteamientos gran influencia en el mundo cultural y artístico, e incluso, algo después, en las concepciones políticas, antropológicas y filosóficas del siglo XX.

Porque Freud, tras la compleja construcción teórica del psicoanálisis que fue urdiendo, descubrió una serie de postulados reveladores de un nuevo modo de entender lo que es el ser humano, de una forma revolucionaria de entendernos a nosotros mismos. Esta forma se acabaría convirtiendo para Dalí, como para otros muchos, en una verdadera religión, en una herramienta básica para su comprensión del mundo y del ser humano.

Freud había partido, ni más ni menos, de que los sueños y otros fenómenos no racionales de nuestra mente (chistes, lapsus, errores, olvidos...) no eran meros caprichos, sino que tienen una lógica, cuya investigación le llevaría a conocer la gran influencia de lo inconsciente, lo instintivo, y lo reprimido en definitiva, sobre nuestra vida consciente.

Ese retorno de lo reprimido, de lo instintivo, de lo inconsciente, de lo menos racional del hombre, al primer plano de nuestra atención es lo que recogerán los surrealistas, entre otros.

Aunque se fijan en los avances del psicoanálisis, filosóficamente estas reivindicaciones de lo irracional siguen la estela de Nietzsche, el filósofo alemán (muerto en los albores del siglo XX), cuya lectura en la adolescencia, en la biblioteca paterna, tanto impresionó al Dalí adolescente. Siguen su crítica a la cultura occidental, su defensa de *lo dionisíaco* (lo irracional, lo más vital y descontrolado), frente a *lo apolíneo* (lo racionalizado y ordenado) que había llegado a monopolizar los valores de nuestra cultura, desequilibrándola. Dalí citará con frecuencia en

147

sus discursos, conferencias y escritos, esta distinción de Nietzsche, insistiendo en lo dionisíaco, y atacando a los burgueses y burócratas, a la mediocridad intelectual de lo mal racionalizado.

En la misma línea los surrealistas van a rescatar del olvido a algunos autores malditos, como el Marqués de Sade o Isidoro Ducasse (autotitulado conde de Lautreamont), escritores que hablan sin pudor de las perversiones sexuales, de la crueldad incluso, en un estilo refinado y provocador, de burla y desafío contra la moral tradicional —y a menudo contra toda moral posible—. Su defensa ha sido tradicionalmente la defensa de la libertad de pensamiento y de expresión, la defensa de la idea de que *el pensamiento no peca*, como con frecuencia recordaba Luis Buñuel, convirtiéndolo incluso en el argumento central de una de sus películas más famosas: *Ensayo de un crimen*, de 1955.

Junto a ellos, con menos escándalo, también se reivindicó a Arthur Rimbaud, otro poeta *maldito* francés, que dejó de escribir al llegar a su juventud; al lógico y autor de cuentos célebres (*Alicia en el país de las maravillas*), el clérigo inglés Lewis Carroll, por su juego con los caprichos y el absurdo; y a los pintores *prerrafaelistas* también ingleses, en los que Dalí verá un precedente de su propia obra.

Y el psicoanálisis va a poner el soporte científico, o paracientífico al menos, para esa reivindicación. En su indagación en las partes más oscuras de nosotros mismos, en nuestra propia infancia, en sus recuerdos distorsionados, había una aventura apasionante, en la que el propio Freud tuvo la habilidad de conducir a sus lectores con un estilo impecable, ameno, de alto valor literario.

Al apasionar a los hombres y mujeres de comienzos del siglo XX, deseosos de librarse de la carga excesiva del racionalismo ilustrado y de la rigidez de la moral victoriana, Freud con el psicoanálisis ofreció una visión alternativa de la realidad, para muchos una nueva fe, una base de su visión del mundo que venía a suplir a la antigua religión.

El empeño de un hombre por sacar a la luz lo que nuestra cultura llevaba varios siglos ocultando fue el empeño asumido por varias de las generaciones que lo siguieron. De ahí sus dificultades, de ahí su éxito y de ahí su importancia. Sigmund Freud abrió las puertas a un cuestionamiento además de nuestra forma de entender las obras, sobre todo las artísticas, del ser humano. Tras él, ya nada volvería a ser igual en las ciencias sociales y la filosofía occidentales.

Se le incluye habitualmente —junto con Nietzsche, Marx y en ocasiones Darwin— entre los llamados *pensadores de la sospecha*, porque todos ellos habrían introducido serias sospechas, serias dudas, sobre la concepción moderna del predominio de la razón humana, centro del mundo. Marx muestra la dependencia de esa razón, pretendidamente pura y superior, de las condiciones materiales y el devenir económico, así como de los intereses sociales de quienes controlan las fuerzas productivas. Darwin habría mostrado nuestra continuidad con el mundo animal. Nietzsche habría hecho recaer la atención sobre las fuerzas irracionales como fuerzas vitalizadoras del ser humano. Y Freud había desvelado que tras las buenas intenciones aparentes se esconden deseos inconfesables —e inconscientes a menudo— totalmente primitivos, egoístas, de envidia, celos, e incluso criminales o suicidas.

Por eso Dalí, como otros surrealistas, consideraba un deber moral desmontar toda la hipocresía de la cultura burguesa, dejando a la luz la realidad de nuestros sueños, miedos y deseos reprimidos.

Freud es traducido al castellano antes que a otros idiomas europeos, lo que no dejó de sorprender al propio psiquiatra quien, conocedor de nuestro idioma (por sus aficiones literarias adolescentes), quiso chequear personalmente la traducción de sus obras, encontrándola muy acertada.

Como hemos señalado ya al tratar de su vida, el descubrimiento de Freud vino a ser para Dalí además una revelación liberadora en lo personal, ya que en buena medida le permitiría entender los motivos de su angustia sexual y explicar incluso con orgullo exhibicionista sus hábitos sexuales (masturbación, ambigüedad sexual, gusto por el ano y la sodomía...), incluso su personalidad megalómana y paranoica, como una reacción lógica y positiva a sus singulares condiciones infantiles.

Sus lecturas psicoanalíticas, que datan del año 23, no se empiezan a hacer apreciables en su obra hasta finales del 26 y comienzos del 27. Cuando aparecen, sobre todo en el periodo surrealista pleno que le dio más fama, es a varios niveles simultáneamente:

Primero, y más evidentemente, en los temas, que se van a centrar en sus obsesiones sexuales y en la «perversión polimorfa» de que hace gala: la masturbación, el canibalismo, las referencias anales, las formas blandas relacionadas como hemos señalado ya con la impotencia o la culpa tras el orgasmo. Todas ellas van a aparecer constantemente, hasta el punto de que Breton llegue a hablar, en 1939, tras su ruptura, de *la profunda monotonía que acecha a la obra de Dalí*. Como señala Santos Torroella, pese a su interés en no agotarse Dalí deja de lado durante una década las influencias del mundo exterior, y crea en este periodo de dentro a fuera, como haciendo un ejercicio permanente, obsesivo, de introspección analítica. Tal sentido de su elaboración artística está muy acorde por lo demás con su personalidad narcisista: *No se contemplará más que a sí mismo*, dice este estudioso de su obra.

Segundo, en el uso de los conceptos psicoanalíticos como una nueva doctrina cuya iconografía necesitaba el mundo contemporáneo: y él la debía proporcionar en su obra. En este sentido, el complejo de Edipo, la perversión polimorfa, el sentimiento de culpa, la paranoia, serán reiteradamente explicados por el pintor en toda la literatura que acompaña a su obra pictórica.

Es cierto que desde un punto de vista psicoanalítico riguroso (y no digamos ortodoxo), el uso que hace de la teoría psicoanalítica es ciertamente genuino, pasando de interpretaciones lúcidas a auténticos batiburrillos donde hay más palabrería y confusión que posibilidad de desvelar nada sobre las regiones más oscuras de nuestra mente. En especial, ignora reiteradamente que hasta en la elaboración de los sueños la censura moral actúa, ayudando a dar forma definitiva a esas elaboraciones oníricas. Este elemento, que por supuesto actúa en una obra de arte figurativa y tan detallista en su acabado como las de Dalí, es sistemáticamente pasado por alto. Pero esto es secundario para quien lo que pretende es estar traduciendo, o exponiendo directamente, su inconsciente, con toda su carga revolucionaria. Y en todo caso nos llevaría a la cuestionable práctica del automatismo psíquico, clave del surrealismo como veremos en el siguiente punto.

Por último, Dalí va sistematizar su procedimiento de trabajo surrealista con un supuesto método de su invención: el *método* paranoico-crítico, que analizamos también en el siguiente punto

Precisamente cuando Dalí se hace militantemente surrealista, a comienzos de los años treinta, estaba trabajando en París sobre la paranoia un joven psicoanalista, Jacques Lacan (1905-1981), que se sentirá muy interesado por las exposiciones de Dalí sobre el pensamiento paranoico-crítico, contactando con él. La paranoia es una enfermedad mental, cuya expresión más conocida es el delirio, sobre todo el de grandeza (el enfermo se cree Napoleón, un santo, Jesucristo mismo, etc), o el persecutorio (percepción sistemática y distorsionada de que todos están contra uno, buscando su ruina o su muerte), que en formas más leves se señala como una posible orientación de la personalidad, hablándose de personalidad paranoide. Las personalidades paranoides son rígidas, defensivas, y egocéntricas. Dalí (cuyo abuelo Gal padeció esta enfermedad, recordemos) se sentía instalado en esta paranoia, sin llegar a perder el sentido de la realidad.

Además, Dalí había conocido en Cadaqués a una mujer, Lidia, que se creía la amada a distancia de Eugenio D'Ors, escritor y filósofo al que había conocido de joven, accidentalmente, descubriendo en cada artículo de éste una referencia velada a ella, los del pueblo y sus amores. Dalí, a través de estos casos y de sus lecturas (la tesis de Lacan se publica en 1932), cree que el mecanismo perceptivo de la paranoia puede ser compartido por todos los seres humanos. De hecho piensa que es compartido desde el origen del hombre por todos los seres humanos, que vemos selectivamente lo que deseamos a partir de informaciones sensoriales ambiguas o informes. Ésta es la base del test de Roschach (otro psiquiatra, este suizo) de las manchas de tinta, donde el individuo ve figuras diversas que revelan, analizadas, su estructura mental.

El último elemento que dirigió a Dalí por esta senda fue el Cabo de Creus, con sus formas caprichosas, en las que ya los pescadores tradicionalmente veían formas, denominándolas así *la mujer muerta*, por ejemplo. Dalí observa que lo mismo le pasa a Antonin Artaud o a Lorca cuando visitan el paraje, y llega a la conclusión de que incluso desde el paleolítico, las primeras formas pictóricas conocidas se hacían sobreponiendo la pintura a las formas que sugerían los relieves de las paredes de las cuevas (en el arte rupestre de la Cueva de Altamira, sin ir más lejos). Estas sugerencias de las formas, construidas por nuestra propia percepción, será lo que intente plasmar en su pintura, provocando visiones dobles o equívocos visuales.

El surrealismo así concebido ha sido denominado surrealismo figurativo, para distinguirlo del original, más abstracto, guiado por el principio del automatismo psíquico —dejar que afloren a la realidad formas y colores, aunque no se sepa su sentido—, que podemos ver en la pintura de aquellos años de Joan Miró, por ejemplo. Alrededor de la forma figurativa de entender el surrealismo pictórico: plasmar con exactitud, casi fotografiar, el mundo de lo inconsciente, de las pesadillas, de los sueños, y del método paranoico-crítico (el juego con las distintas percepciones a partir de unas formas equívocas) Dalí construye su propio estilo surrealista pictórico.

Otros artistas agrupables en esta misma corriente, al tiempo que Dalí, y alguno adelantándose a él incluso, serían también Delvaux, Tanguy y Óscar Domínguez. Pero la superior calidad técnica de Dalí, sobre todo como dibujante, hará que éstos queden en un plano muy inferior. Hay que pensar que Yves Tanguy, por ejemplo, nacido en 1900, no había pintado nunca hasta 1923, cuando se le despierta repentinamente su vocación pictórica a la vista de una obra de Giorgio de Chirico. Se da la casualidad curiosa de que esa misma obra, que le hizo saltar del autobús en que viajaba en marcha, para ir a la galería en cuyo escaparate la había visto, había llamado años atrás poderosamente la atención de André Breton, que la había comprado.

Tanguy en 1926 ya era una figura destacada entre los surrealistas, y Dalí, que lo llama *el tío Yves,* reconoce su deuda con él (le impresionó especialmente *El anillo de lo invisible*, de 1925, que Dalí vio en 1926 en una revista, y cuya influencia es evidente en *La miel es más dulce que la sangre*), pero Tanguy nunca pudo adquirir la formación técnica del ampurdanés.

Hay que tener en cuenta que la fuerza teórica de Breton dirigía al resto del grupo en una línea de trabajo concreta, que entonces era el automatismo psíquico. Se basaba en una de las primeras técnicas de Freud, la de la asociación libre (de palabras o pensamientos, para ver en estas uniones caprichosas aparentemente cómo funcionaba la lógica inconsciente del enfermo). La idea de Breton del automatismo psíquico era indagar a través de la recogida de producciones automáticas, en literatura o en cualquier otro medio, de frases, palabras, imágenes, aparentemente sin lógica alguna, dejando que surgieran sin controlar el curso del pensamiento (como habían trabajado Dalí y Buñuel en el guión de *El perro andaluz*). Un ejemplo de hasta dónde llevaban el método de creación es el de los *cadáveres exquisitos*, textos automáticos producidos por la concatenación de frases escritas por diferentes individuos en un grupo, formando un poema o un discurso, de resultado normalmente chocante, siempre caprichoso y en ocasiones interesante. El mismo juego se ha popularizado con dibujos, en los que cada persona dibuja una parte de un cuerpo, por ejemplo, sin ver la anterior, añadiéndose a una cabeza un torso, a éste un vientre, unas piernas, unos brazos, etc, de diferentes autores, estilos, tamaños, edades, etc.

En principio, la teoría del automatismo psíquico había de conducir al uso, en pintura, de elementos más abstractos. Y así se produce en un principio (casos de Miró, Max Ernst, Man Ray), hasta que bajo la influencia daliniana se va construyendo en ese segundo momento del surrealismo —cuando el segundo manifiesto de Breton, ya a comienzos de los treinta— que se ha dado en llamar el surrealismo figurativo.

Las dos claves de este estilo son la vuelta a una pintura figurativa que las vanguardias habían ido cuestionando —o abandonando explícitamente— y el empleo del *método* paranoico-crítico.

¿En qué consiste este supuesto método? Básicamente, en partir del principio de los delirios paranoides, en los que la realidad es reinterpretada para que todo encaje en la construcción delirante del psicótico paranoico (que sufre un delirio de grandeza, de santidad, persecutorio, etc). Para creerse un santo, o Napoleón, o para que la realidad le confirme que todas las personas a su alrededor están confabuladas contra él, el paranoico selecciona sólo aquellos elementos de la realidad sensible que encajan, que confirman, su delirio, despreciando el resto de evidencias —mucho más abundantes, por supuesto— que le mostrarían lo alejado de la realidad que está su delirio.

El principio de realidad, clave del equilibrio psíquico, sucumbe ante la fuerza de la motivación (inconsciente) que sostiene el delirio. Pues bien, Dalí propone hacer algo parecido con la creación de imágenes artísticas: que supongan una selección equívoca de elementos reales con diferentes posibilidades de interpretación. Ahí las imágenes de dobles significados juegan un papel esencial, o los engaños ópticos, los trampantojos.

En palabras del propio Dalí: *La paranoia se sirve del mundo exterior para hacer valer la idea obsesiva, con la inquietante peculiaridad de sobreponer esta idea sobre las restantes.*

Mediante los juegos ópticos, con imágenes dobles, que no eran algo nuevo, como hemos visto, y que estaban ya de moda en la infancia de Dalí, se trataría de mostrar esta prevalencia de nuestras construcciones subjetivas, por delirantes que sean, sobre la realidad «objetiva» del mundo exterior. Nuestro inconsciente asoma así sin necesidad de recurrir a los sueños para verlo, en las percepciones habituales, mientras estamos despiertos y atentos.

El análisis de alguna obra de Dalí nos permite entender mejor en la práctica el *método* empleado. Si miramos de cerca *El gran paranoico*, de 1936, lo que vemos es una serie de figuras atormentadas en una planicie. Cabizbajos la mayoría, abatidas, nos hacen pensar en una desgracia que ha caído sobre ellos, o en el sentimiento de culpa que experimentan por alguna razón. Sobre todo nos llama la atención una figura de mujer, sentada, que se echa las manos a la cabeza, y otra, más menuda, que estira ambos brazos hacia delante. Pero al alejarnos, la espalda y el trasero de la mujer sentada resultan ser una nariz, y los pliegues de su falda forman una boca. El resto de la cabeza lo forman líneas de las demás figuras: el contorno de la que estira los brazos forma en su exterior el contorno de la frente, por ejemplo. El mismo efecto se repite al fondo del cuadro, donde vemos la misma cabeza, a menor escala, formada por personajes en diferentes posturas. En este caso la pintura, casi monocroma, facilita el juego visual.

Sin duda, esto no se da en toda su pintura de la época, ni siquiera en las obras más conocidas, ni constituye propiamente un método, siendo más bien un juego con equívocos visuales, dentro de una concepción que sí se podría llamar pensamiento paranoico-crítico, como la llamó el mismo Dalí al principio. Probablemente su afán de hacer algún desarrollo propio, relevante en la historia de la pintura, parecido en importancia al cubismo de Picasso, le hizo insistir en denominarlo *método*, y en referirse a ello como si fuera la clave de su pintura.

En está línea de trabajo le seguirán Delvaux, Magritte, Tanguy, Óscar Domínguez o el fotógrafo Man Ray, entre los más conocidos surrealistas. Aunque superaría la extensión y el alcance de una biografía como ésta describir siquiera la obra de estos autores, sí que debemos señalar que algunas realizaciones significativas en esta línea de juegos visuales serían ya exploradas por Marcel Duchamp y otros pintores de vanguardia afines a surrealismo, pero anteriores a él, y que serían luego recogidas en el mundo de la publicidad, que ha intentado llamar la atención del potencial consumidor con alguno de estos efectos ópticos, trivializándolos.

De hecho, Dalí, a su pesar, no lograría avanzar teóricamente más allá de lo que lo han hecho los investigadores en psicología con los llamados *test proyectivos*, basados precisamente en las diferentes percepciones que hacemos los seres humanos de una serie de estímulos ambiguos, cuyos resultados sí han sido sistematizados y estudiados, convirtiéndolos en un método de análisis de la personalidad. Era contradictorio intentar convertir estas experiencias, surgidas del estudio de los fenómenos perceptivos, en un método de conocimiento de la realidad, ya que precisamente parten de que esa realidad es percibida, construida por los sujetos diferentes de diferentes formas. Sí que logró Dalí, paradójicamente, introducir un elemento de sospecha sobre esa realidad que años atrás buscaba objetivizar al máximo, y que luego querría santificar, en su visión mística del mundo.

La valoración del movimiento surrealista, con ser la principal contribución de Dalí, y un hito en el arte contemporáneo, no siempre ha sido positiva. Aparte de motivaciones personales, como señalamos en el caso de Ana María Dalí, el surrealismo fue muy cuestionado desde posiciones estéticas, ideológicas y hasta científicas (como es el caso del propio Freud). Eugenio Montes, compañero de la Residencia de Dalí, que después alabaría su obra, dirá en aquellos años, en un artículo en que califica a los surrealistas de *niños terribles: Para no caer en el arte por el arte hay que distinguir entre el arte y la vida. Breton, Aragon, Péret y Dalí no distinguen. Ponen el dedo en la vida, que es poner el dedo en la llaga. Pero hurgan tanto, que hacen del dedo llaga también, pura —o impura— llaga.*

En el desarrollo pleno de la obra de Dalí, el Dalí surrealista es la pieza fundamental, a esta época pertenecen sus obras más conocidas, ya citadas. Estas obras, del 29 al 39, en los años más fértiles, supusieron su reconocimiento como artista. En ellas encontramos una serie de temáticas repetidas, como vimos al principio de estas «Claves», sus preocupaciones sexuales y políticas, sus trampantojos, interpretadas o referidas también en sus escritos e ilustraciones, y sus colaboraciones cinematográficas con Buñuel.

Hay un acuerdo generalizado en ampliar el periodo explícitamente surrealista, señalando los años de 1926 a 1939 como los que enmarcan el periodo más relevante de la obra de Dalí: su periodo surrealista. Santos Torroella separa en estos años el *periodo lorquiano*, bajo la influencia del poeta granadino, de 1926 a 1929; de los años en que entra a formar parte plena del grupo surrealista parisino, que este crítico denomina *periodo freudiano* (por la influencia de las teorías psicoanalíticas de Freud).

El periodo lorquiano sería un periodo sin orientación estilística clara aún, buscando, como en todos los anteriores, su estilo propio y recibiendo múltiples influencias. Además, temáticamente, es un periodo de obras tristes en su mayoría, que se habrían contagiado de esa tristeza trágica del poeta granadino, subyacente a su alegre y sociable personalidad pública.

Por el contrario, el periodo freudiano ya sería de madurez estilística. Dalí ha encontrado su ismo, su grupo y su estilo propio. Y lo reconoce. Para definir estos dos periodos surrealistas como tales, el uso del *método paranoico-crítico* sería el criterio fundamental. Detengámonos en algunas de las obras que abren y cierran estos periodos:

La miel es más dulce que la sangre sería la obra clave de comienzo del periodo. Pintada en 1927, está plagada de los «aparatos» inútiles de Tanguy, junto a los burros podridos, y restos de figuras mutiladas propios del periodo, entre ellos la cabeza de Lorca y el perfil esquematizado del propio Dalí, antecedente de su tema del *masturbador*. La obra, hoy desaparecida, lleva el título en referencia a una frase de Lidia, la paranoica lúcida de Cadaqués, que se refería así a que la atracción erótica (la miel) tenía más poder motivador que los vínculos familiares (la sangre). Con el mismo título, y quizá para dar por superados muchos de sus problemas personales, hará Dalí otra obra en 1941, con el desnudo —sin rostro— de Gala, y un centauro huyendo al fondo de cuadro, expresando así la estructuración que Gala había dado a su deseo (y con ello a su vida). Lo apacible de esta obra contrasta sin duda con lo inquietante, incluso desagradable, de la original.

Cenicitas, de 1928, es la obra principal y más conocida de esta etapa lorquiana. En este cuadro, antes llamado *Los esfuerzos estériles* (en clara referencia a su impotencia ante un cuerpo femenino), y luego *El nacimiento de Venus*, ocupa el centro del espacio un cuerpo femenino desagradable, amputado de cabeza y extremidades, reducido a ser poco más que un tronco informe, alrededor del cual pulula toda una serie de figuras que recogen influencias de Miró, Tanguy y las obsesiones sexuales de Dalí. Las cabezas y las manos amputadas, que veremos en todo este periodo, tomadas muy probablemente de *Atelier avec tête de plâtre*, de 1925, de Picasso, en el que aparecía por vez primera la cabeza y la mano empuñando una lanza de una estatua clásica, ya comienzan a manifestarse. Será luego tan exagerada su presencia que la prensa satírica catalana hará un chiste al respecto, refiriéndose a estas obras como imágenes de atropellamientos de automóviles.

El primer cuadro que vio Gala de Dalí fue *El juego lúgubre*, de 1929, título que le pondría Paul Eluard. De él ya hemos hablado al tratar de los elementos temáticos repetidos en la pintura de Dalí. Esta obra anticipa bastante de lo que se verá después: las dobles imágenes, la blasfemia eucarística, la aparición de la vagina como algo terrible, amenazante, la penetración anal, y los leones como ira de Dios o amenaza del deseo. Es de hecho más inquietante —referencias excrementicias más claras— que *El gran masturbador*, de 1929 también.

Esta obra es famosa porque es la obra en la que aparece este tema daliniano como elemento central y porque por vez primera se hace explícito —ya en el título— un tema aún tabú en nuestra cultura oficial, y que apenas tenía antecedentes: el onanismo. Sólo una de las pinturas negras de Goya se ha interpretado en este sentido (titulada habitualmente *Un hombre y dos mujeres*) y algunas otras posteriormente de Egon Schiele, un pintor austriaco de comienzos del siglo XX, influido por Gustav Klimt y el expresionismo, poco conocido para el gran público. Es la primera obra pintada en su tierra, tras la vuelta de Gala a París, y está evidentemente influida por este recuerdo. Su perfil blando cabizbajo, el del *masturbador*, es rematado en un extremo por la imagen insinuante de un rostro de mujer que se acerca a los genitales, flácidos, bajo el calzoncillo, de un hombre. Aparte de las asociaciones evidentes de esta cercanía a la felación, esta pintura coincidirá en el título con un largo poema de Dalí en que hace un canto a una serie de prácticas amatorias «perversas», como: *ellos* (los amantes) *buscaban el placer / co-orinándose / al propio tiempo / uno al otro*..., que dan a entender las facilidades que Gala le supuso a Dalí a la hora de practicar el sexo de forma poco convencional.

Este perfil del *masturbador*, luego tan repetido, estaría, según Santos Torroella, anticipado ya en nueve cuadros anteriores, y aparece aquí, en posición central, cayendo del pedestal blando de una estatua, motivo este del pedestal de estatua también presente en *El juego lúgubre*. Es un motivo como hemos apuntado tomado de Chirico, que en 1914 en *El enigma de un día* lo había utilizado. También tomará Dalí de este pintor las sombras amenazantes, la presencia de cuadros dentro de sus cuadros y las perspectivas profundas, tan características de la obra de ambos. Las ortopedias son también frecuentes en Chirico, aunque el precedente de Dalí de las muletas —que aquí se empiezan a insinuar en la pierna de la figura masculina— se ha encontrado más directamente en Goya, en uno de los caprichos, en que una gran horquilla sujeta la nariz desmesurada y prominente de un fraile rijoso.

Aunque su presencia en la vida de Dalí ya condicione la obra anterior, Gala como tal, sin embargo, no aparecerá en su obra hasta el *Monumento imperial a la mujer-niña*, de 1930, donde junto a sus obsesiones y temas anteriores (leones enfurecidos, manos con gesto de culpa, traseros femeninos, ruinas clásicas, imágenes de lectura doble, el *masturbador*,

Napoleón, la Gioconda, rocas caprichosas, escenarios infinitos), aparece también por vez primera una referencia al *Ángelus* de Millet, al fondo.

Ya hemos señalado antes cómo el tema de Guillermo Tell, reflejo de los problemas con su padre, va a ser una constante de su periodo surrealista más fértil. Pero en *Guillermo Tell*, de 1930, además de los elementos sobre cuyo significado ya hemos indicado la interpretación (padre barbado, tijeras de castrar, hijo-dalí como Adán huyendo del paraíso...), hay otros elementos para interpretar con bastante certeza la obsesión de los burros podridos encima del piano, que había aparecido desde años atrás, siendo su presencia más clara quizá en el cortometraje *El perro andaluz*. Porque aquí, por encima del burro muerto sobre el piano, salta —casi parece que vuela— un caballo vivo, un garañón, en paralelo, huyendo.

Dado que el burro, incluso en expresiones populares, simboliza el deseo y la potencia sexual incontenibles, verlo muerto será señal de que esa potencia ha muerto. Sobre todo si huye su espíritu, el caballo vivo, el garañón. Pero, ¿por qué encima del piano? Porque el piano es en la obra de Dalí un símbolo femenino, y porque además, fue encima de un piano donde su padre dejó abierto, para que el Dalí adolescente lo leyera, un libro sobre las enfermedades venéreas, libro al que Dalí responsabilizará de su miedo al sexo femenino y de su impotencia.

Posteriormente, esta presencia sexual de los pianos se hará más evidente, pese a lo extravagante y humorístico del título y el tema, en el *Esqueleto atmosférico sodomizando a un piano de cola*, obra en la que Ian Gibson quiere ver el recuerdo de sus intentos fallidos con Lorca. Sin cuestionar la importante influencia del poeta sobre el pintor, hay una tendencia en este biógrafo, como en Santos Torroella, a magnificarla, con lo que se rastrean en exceso estas reminiscencias (porque parece que la obsesión de Dalí con los culos y la sodomía era anterior y fue sin duda posterior a la relación con su amigo).

En los años surrealistas Dalí hará también *objetos surrealistas,* objetos inútiles y a veces incluso nada placenteros, con algo de fetiches, que venían de la tradición del Dadá. Marcel Duchamp (1887-1968), conocido en estos años y amigo posteriormente de Dalí, ya en 1913 había hecho el primer objeto que él llamó *ready-made* (ya fabricado, en inglés). Consistía en una rueda de bicicleta sobre un taburete y a él le seguiría la exposición escandalosa, en 1917, de un urinario como *fuente*. La idea no era sólo provocar, burlándose del arte tradicional (o del contemporáneo): la idea era que ciertos objetos reales, cotidianos incluso, con una serie de transformaciones mínimas o por medio de sus combinaciones incongruentes, adquieren un sentido artístico original. Esta idea inicial, retomada por los surrealistas, fue llevada a su extremo de la mano de Dalí, que además de fabricar muchos de ellos insistió en que todos los del grupo los fabricaran, como una forma de acción surrealista. Propone varias clasificaciones de ellos en 1931, en varios artículos, y en el 32 prepara una gran exposición, en la que incluso Gala aporta alguna obra propia.

Su interés por estos objetos, ligados a su popularidad como personaje, traspasará esta época. Así fue muy comentado su sillón para pensar, en 1941, de unos dos metros de alto, en el que Dalí se sentaba porque según él sus mejores ideas le venían cerca del techo. Este objeto, que ilustra bastante bien la combinación peculiar en su personalidad entre aislamiento egocéntrico y timidez (alejarse de los demás, del suelo), se complementaba con estar las cuatro patas del sillón apoyadas en sendas tortugas vivas, lo que le imprimía un movimiento continuo, aunque leve, según él estimulante del pensamiento. Aún en el 59, el *Ovocípedo*, su pretendido invento para la locomoción urbana, no era sino un nuevo objeto surrealista, referido además al huevo y a los recuerdos de la vida en el útero materno, dos elementos característicos del surrealismo y el psicoanálisis, respectivamente.

En 1936 hace *El gran paranoico*, analizada arriba, probablemente su imagen más conseguida en cuanto al juego con las imágenes dobles. La idea, llevada al lienzo casi en monocromía, evitando su discutido gusto como pintor en el manejo del color, y su falta de atmósfera, es casi un dibujo. La idea surgió tras una conversación con José Luis Sert sobre el pintor del siglo XVI Arcimboldo, lo que nos pone directamente en la pista antes trazada sobre los orígenes y fundamento de este surrealismo figurativo daliniano.

La metamorfosis de Narciso (1937), como hemos visto la obra que mostró a Freud en Londres, sería la obra que cierra el periodo. Es una obra realizada al tiempo que un poema del mismo título, en el que Narciso, en su estanque, cabizbajo, forma un figura replicada al lado por otra idéntica que es una mano, con un huevo en el lugar de la cabeza del personaje. De este huevo brota un pequeño Narciso. Narciso y la mano, en clara referencia a la masturbación, el gesto culpable, la posible tentación homosexual, serían salvados por Gala, objeto en el que encauzar estos deseos equívocos. Gala es *su narciso,* como dice el poema. Porque fue para Dalí no sólo una madre como él decía, sino el sustituto en el tiempo y en las funciones de su propio padre. Para Dalí ésta es la primera obra integralmente paranoico-crítica, aunque se ha señalado un análisis contrario: es del momento en que duda y se aparta del surrealismo militante (más desde su entrevista con Freud, con esta obra precisamente), y no presenta una imagen doble, sino las dos lecturas separadas de unas mismas imágenes.

158

Hay que tener en cuenta, para ir más allá de lo que parecen simples juegos ópticos, que este *método* paranoico-crítico, aunque se cree y se emplee en una época en la que aún Dalí parecía compartir actitudes sociales y políticas revolucionarias, incluso subversivas, parte, como hemos visto, de un enfoque en la relación entre realidad objetiva y conciencia humana claramente idealista, incluso espiritualista, y si se analiza en el marco de las teorías sociales, premarxista.

Porque si desde el marxismo se había hecho patente cómo es la realidad la que determina la conciencia (o al menos la condiciona considerablemente, dependiendo en buena medida incluso las creaciones artísticas de las circunstancias sociales y económicas en que se produjeron), la paranoia en cambio (tal como es usada por Dalí) nos señalaría el camino opuesto: es el espíritu el que crea una realidad a su capricho. En sus propias palabras, se trata de mostrar que *la realidad del mundo exterior sirve como ilustración y prueba, y está puesta al servicio de la realidad de nuestro espíritu...*

Y los juegos visuales dalinianos apuntarán ya en casi toda su obra posterior en este sentido.

La cuestión no es baladí: se trata, nada menos, que de poner en duda la realidad objetiva, o al menos su posibilidad de conocimiento intersubjetivo. Es el retorno de la supremacía del espíritu frente al materialismo lo que busca el ampurdanés. De ahí su oposición al realismo expresivo de Grunëwald o a Cezanne, como manifestó exaltado en repetidas ocasiones. El camino de indagación del arte contemporáneo sobre esa realidad exterior, que iba de Cezanne a Picasso, quedaría así detenido, o mejor dicho, revertido, y no sólo formalmente. La vuelta al clasicismo y la salvación del arte contemporáneo que Dalí anuncia tienen un calado hondo.

Incluso el propio modo de pintar se afecta, se invierte, de Picasso a Dalí. En Picasso es la acción la que guía, la que construye el resultado: *Hay que pensar menos y hacer más*, decía el malagueño, criticando los vicios intelectualizantes en la pintura contemporánea. De hecho, el cubismo y las otras tendencias de las que Picasso fue fundador, no tuvieron ningún manifiesto fundacional, como hizo el resto de las vanguardias con tanta teatralidad, imitando los manifiestos fundacionales políticos revolucionarios (encontramos entonces una profusión de manifiestos, entre los que destacan los futuristas, los Dadá, los surrealistas —por dos veces—)...

En Picasso no. En su obra, es la acción la que manda y la que crea: la vida determina la conciencia, podríamos decir, en una lógica marxista llevada a la praxis artística.

Sin embargo, en Dalí se busca el efecto opuesto: la conciencia manda, manipula, elige arbitrariamente los elementos de la realidad externa que le interesan y con ellos construye la realidad que quiere. Y lo hace desde el arte contemporáneo, y utilizando el psicoanálisis, pese a que éstos buscaban lo contrario, la posibilidad de conocer más a fondo la realidad objetiva. Así, esta posibilidad de conocimiento de la realidad se esfuma, se diluye, se evade. La realidad —y por tanto la verdad— no existe. Quedan el capricho, la notoriedad pública, el efectismo, el narcisismo. Era un buen adelanto de lo que es la cultura de masas actual.

Hay que insistir en este punto, crucial en la obra —y el éxito de Dalí—, porque no se suele valorar suficientemente su alcance: no se trata sólo de la eterna duda de la filosofía occidental (desde Parménides a Descartes) sobre si los sentidos nos engañan. No es sólo la reivindicación —y el disfrute— de lo irracional, de lo caprichoso, de lo onírico, que encontramos ya en el arte medieval, en las dobles lecturas de las imágenes de Arcimboldo o de Bomarzo, de Piranesi o de Goya; o del propio Dalí desde sus cuadernos adolescentes, cuando aprovechaba el dibujo de un loro para hacer de él la nariz de un rostro grotesco.

Aquí hay algo más: con la selección perceptiva deliberada, y delirante, de la paranoia, se prueba el valor director de nuestra mente sobre la realidad «objetiva» exterior que percibimos. Pero además esto no se expone sólo como un hecho —que en su extremo llevaría a las concepciones solipsistas del obispo Berkeley o de la fenomenología contemporánea—, sino como una norma, como una guía de acción sistemática. ¿Para qué? Para hacernos a todos espectadores de sus obsesiones, primero. Y para recuperar posteriormente los valores de la fe, los valores «eternos» de la pintura (tal como se definieron institucionalmente en el Renacimiento, por cierto, con la creación del estado moderno).

La diferencia con el psicoanálisis es clave también: si en Freud la concepción de partida es que ciertos niveles «inferiores» de nuestra mente, lo inconsciente, lo instintivo (lo animal en algún caso), dirigen nuestra consciencia; en la pintura de Dalí, pese a sus deudas con el psicoanálisis, el esquema básico podría llegar a invertirse de nuevo: es nuestro espíritu quien manda sobre la propia realidad «inferior». Del gran místico al revés que sería Freud, al aspirante a místico —sin más, de los de siempre— que pretende ser Dalí en la posguerra.

En este sentido más profundo, no sólo formal, es en el que Dalí quiso encabezar una vuelta atrás, una salvación —en sus propios términos, predestinado por su nombre, Salvador— de la pintura contemporánea. Desde su asalto a la élite de la vanguardia intentará limitar o anular las «desviaciones» de la pintura académica acumuladas durante más de cincuenta años. Y de este proceso de llegar a la cumbre de la vanguardia, para desde allí deshacerla, era plenamente consciente, dándole incluso un sentido moral:

Yo era considerado como el más loco, subversivo, violento, revolucionario, surrealista de todos. ¡Qué fuerza de tiniebla tras de mí, para el esplendor del día en que se construyera el arremolinado cielo de la caótica y luminosa geometría de toda la jerárquica carne de los ángeles y arcángeles del clasicismo!

El problema, estéticamente, es que Dalí no encontró la forma apropiada, original, para este cambio temático. Así en 1945, su primera composición sobre el tema de la bomba atómica, el *Idilio melancólico del átomo y el uranio*, no pasa de ser eso, una composición, un collage de dibujos alusivos al tema, complacientes (cara asustada, bombardero, imágenes que recuerdan su obra de 1940 *El rostro de la guerra*, con calaveras en las oquedades de la calavera principal), sin una idea de conjunto clara. Dalí deberá volverse a las formas del academicismo tradicional.

Finalmente, en los años 40 y 50, tras su consagración definitiva en los Estados Unidos, y cada vez con más apoyos explícitos de poderes institucionales conservadores, mostrará en su pintura ese intento de retorno a la figuración convencional. En ella apenas si cabrán algunos guiños de originalidad personales, como herencia de las vanguardias, y con poco más valor que los intentos comerciales de la publicidad y la propaganda por llamar nuestra atención momentáneamente.

Evolución: clasicismo y religiosidad (y experimentos ópticos) (1944-1983)

Se abría así en Dalí, con su abandono —nunca completo, como hemos indicado ya varias veces— del surrealismo, una etapa de retorno a los modelos clásicos, a la iconografía tradicional y a una temática entre mitológica y religiosa, tratada con su estilo peculiar, adentrándose en terrenos más alejados del surrealismo.

Él mismo define esta etapa como un intento de recuperación, casi de restauración: *Mi objetivo consistía en recuperar la técnica perdida de los viejos maestros.*

Esto ha llevado a que se cuestionase la valía de su producción posterior dentro del arte contemporáneo, al que haría escasas aportaciones. Además, por su peripecia vital se ha considerado una etapa más comercial y menos genuina, donde su imaginación está más cercana a la «ocurrencia» publicitaria que a la riqueza de su obra surrealista previa.

En último término, y aparte de simpatías o antipatías (la mayoría ideológicas y políticas) por el personaje, el Dalí posterior se valorará sólo en

161

función de criterios formales: desde quien lo ve un virtuoso que ha recuperado los arcanos de los grandes maestros renacentistas, hasta quien lo ve sólo como un dibujante *kitsch*, hábil y oportunista pero de mal gusto y escaso mérito.

Tras 1944, con su residencia en los Estados Unidos, comienza lo que él mismo calificó de *época mística* de su pintura, marcada por el clasicismo y sus supuestos intentos de recuperación de la fe católica. Dalí vuelve al ascetismo de alguno de sus primeros ensayos de juventud, como se pude apreciar en *La cesta del pan* (1945, y hay versión del 26). Es simplemente eso, un bodegón constituido por una cesta de pan, austero, pintado con una técnica casi hiperrealista (aunque luego los hiperrealistas despreciaran a Dalí como pintor). La veneración por el producto es evidente, así como el intento de alcanzar las cotas de contemplación de los objetos de Zurbarán o Velázquez. Dalí decía de este cuadro (con su estilo hiperbólico, por supuesto):

... el pan fue siempre uno de los más antiguos fetiches y obsesiones de mi obra, el primer fetiche, al que permanecí fiel. Yo pinté el mismo tema hace diecinueve años. Si se comparan exactamente ambos cuadros, resulta posible estudiar toda la historia de la pintura, desde el encanto lineal del primitivismo hasta el hiperesteticismo esteroscópico.

Después, cuando la temática religiosa es explícita, en cuadros de grandes tamaños, su obra no tendrá ya esa veneración por el objeto. Es el periodo en el que sus obras más conocidas serán: *La Madona de Port Lligat* (1948-49, y otra versión del 50), y *El cristo de san Juan de la Cruz* (1951), según él fruto de diez años de evolución hacia la mística; hay cambios temáticos con su periodo anterior surrealista, pero no de estilo. Aunque, en paralelo con su alineamiento reaccionario de estos años, insistirá en la vuelta al clasicismo renacentista, a la superioridad indiscutible de la forma de representación figurativa idealizada:

La forma de pintar es la del Renacimiento, pues el medio de expresión fue inventado, una vez para siempre, y con el máximo de perfección y eficacia visual... Se acabó el negar y el retroceder, el malestar surrealista y la angustia del existencialismo. El misticismo y el paroxismo de la alegría... Quiero que mi próximo Cristo sea el cuadro que contenga el máximo de belleza y alegría de todo lo que se haya pintado hasta ahora. Quiero pintar el Cristo que sea absolutamente lo contrario en todo del materialista y salvajemente antimístico que pintó Grünewald.

Como vemos su discurso contra la decadencia de los ismos y las crisis del pensamiento del mundo contemporáneo se hace muy semejante a los discursos exaltados del futurismo, incluso del fascismo, contra el «arte decadente».

Formalmente, su vuelta al clasicismo vino muy inspirada en el *Tratado de la divina proporción* de Luca Pacioli, de 1497, un monje franciscano relacionado con Leonardo da Vinci. Eran, dentro del renacimiento, corrientes de inspiración neoplatónica, que relacionaban la matemática, la armonía y la belleza como tres aspectos de la divinidad, como Raimundo Lulio o luego Juan de Herrera. En esta línea trabajará Dalí para realizar su *Crucifixión* de 1954, como hemos visto en su declaración, militantemente contraria a Grünewald y el arte humanizado. Son los años de su publicación del *Manifiesto místico* (1951), que da cobertura a las obras arriba mencionadas, y a otras también muy divulgadas, como la *Cabeza rafaelesca estallando* (1951).

El descubrimiento de América por Cristóbal Colón, del 58-59, es quizá la obra más interesante de analizar de su etapa de pinturas imperialistas, porque no sólo estaba al servicio del franquismo y su patrioterismo español, sino que fue un encargo estadounidense, y sobre un personaje con el que él se identificaba, Cristóbal Colón, a quien Dalí siempre supuso de Gerona. Por eso incluye a san Narciso, patrono de esta ciudad, en la parte inferior izquierda del cuadro, representando a este lado, arriba, el Cabo de Creus. Paisanajes aparte, Dalí, como el músico también catalán Xavier Cugat, a quien conoció y trató amistosamente, había desembarcado en la tierra americana, que había sido para él una tierra de promisión.

Él mismo se pinta en el cuadro, arrodillado, en la figura del almirante, con un gran crucifijo (de su nuevo catolicismo) entre las manos. El estandarte lleva a su mujer Gala, en la efigie de la Virgen o de la reina, abanderando el desembarco. Y delante hay una forma, la del erizo de mar, que se comía en Cadaqués y del que Dalí nos cuenta las celebraciones familiares —entre ellas la de su primera exposición— con banquetes de estos suculentos equinodermos. Aparte de sus especulaciones matemáticas sobre las espirales logarítmicas, es cierto que el erizo en primer término nos recuerda a la imagen de un satélite espacial (o de un satélite natural, o la tierra misma vista desde el espacio).

Con ello Dalí quería sumarse a las promesas del presidente Kennedy de ser los primeros en la carrera espacial llegando a la Luna antes que la Unión Soviética, como sucedería años después, el 21 de junio del 69. De fondo, los estandartes victoriosos que recuerdan las lanzas del cuadro de Velázquez (otra victoria del Imperio español). Y Dalí, en autohomenaje y recuerdo al propio *Cristo* de Velázquez, coloca entre ellas la imagen ya popular de su *Cristo de san Juan de la Cruz*, del 51.

Hay un intento, no obstante, no tan destructivo en sus planteamientos de estos periodos posteriores al surrealismo: su aspiración a hacer una pintura *ideal* (total), donde quepa todo, capacidad que él idealmente

163

atribuye a los grandes clásicos, en especial a Velázquez. Al leer sus propuestas en este sentido, vuelven a resonar los primeros versos de la Oda que le dedicase Lorca: ...*pero alabo tus ansias de eterno ilimitado.*

Sin duda, realizaciones como *La pesca del atún*, de 1967, están concebidas desde estas aspiraciones a hacer un arte comprehensivo de emociones, clasicismo, paisaje, introspección sobre el deseo y reflexión sobre el horror y la belleza de la violencia, y quizá un planteamiento —heroico, antiguo como la lucha de centauros y lapitas del Partenón griego— de combate entre la Razón, el hombre en su sentido más elevado, y la Bestia —interna o externa— que amenaza la civilización. Todo ello sin dejar de hacer juegos y alardes formales con la luz, el color, el dibujo, el movimiento...

La obra muestra, según Dalí a partir de un relato épico que le hizo su padre, a los pescadores atrapando a estos animales enormes y liquidándolos entre lanzadas y cuchilladas, con el azul marino volviéndose rojo por la sangre, y los cuerpos atléticos, en tensión, de los pescadores parangonados —en directo— a los torsos de la estatuaria clásica, también recogidos en el cuadro.

La obra, en la que trabajó dos veranos enteros, se ha querido entender desde círculos próximos como una especie de testamento artístico del creador, en el que éste habría resumido lo aprendido durante cuarenta años pintando, recogiendo influencias desde los *pompier* al *action-painting* o la *psicodelia* recientes, pasando por el arte pop e incluso por la tan denostada abstracción geométrica. Según él mismo: *Es el cuadro más ambicioso que he pintado... la reactualización de la pintura figurativa, subestimada por todos excepto por el grupo surrealista durante todo el periodo del llamado «arte de vanguardia»...*

Como vemos, de nuevo, más que realizaciones positivas, su planteamiento de estos años guarda siempre una crítica al arte de las vanguardias contemporáneo. Considera —y la crítica es dura, pero lúcida— que sus coetáneos, esclavos de sus ismos y de sus estilos personales, en los que se especializan (para esconder su mediocridad técnica, ataca) se ven obligados a *repetir sus hiperespecializados cuadros,* con lo que *sus lienzos no pueden absorber más que su propio amaneramiento.*

El problema sigue estando en lo que él ofrece, en positivo, como alternativa. Y si esto convence.

En sus últimos años Dalí seguirá, con menor interés aún, aunque su notoriedad pública se acrecentase, en la línea de la *época atómica, cientifista o de ciencia ficción*, experimentando con nuevas tecnologías a la búsqueda de la tridimensionalidad.

En ella, destacar en 1973 el primer cronohologram ¡*Holos, Holos!* ¡*Velázquez!* ¡*Gabor!* (se refiere a Denis Gabor, premio Nobel por sus trabajos sobre el láser, con el que Dalí se relacionó por estos años). Casi al final de su obra, en 1978, siguiendo esta línea de experimentación óptica, realizará lo que él mismo considera el primer cuadro *hiperestereoscópico*: se trataba de levantar una superficie bidimensional —el mar en este caso— para recrear otra dimensión. Con su habitual estilo hiperbólico, Dalí bautizaba el experimento con el *nombre de la ineludible e inminente pintura. Este nombre es: ¡hiperrealismo metafísico!*

En suma, Dalí no halló en el desarrollo de su obra, pese a sus muchos ensayos, a su atención a toda novedad dentro y fuera del arte, y a su repaso histórico de los grandes maestros, esa invención semejante al cubismo que ambicionaba. Tampoco logró, al menos en primera instancia y directamente, ese *asesinato* del arte contemporáneo que propuso, ni la vuelta al clasicismo místico, con pocos seguidores relevantes a su muerte.

Queda, eso sí, su labor crítica, sus lúcidas observaciones sobre el arte contemporáneo, su ironía y su disparatada parodia de cierta intelectualidad y cierta imagen del artista de vanguardia.

Queda, sin duda, su labor en pro de la recuperación y rehabilitación de escritores malditos y pintores olvidados, en sus años surrealistas, y en pro de la valoración del modernismo arquitectónico catalán, con Gaudí a la cabeza, así como de los grandes maestros de la pintura clásica. Amén de su propia obra pictórica, una obra discutida, polémica, que en cualquier caso hay que tener en cuenta en un historia global de lo que ha sido el arte de su siglo, del siglo xx.

III. DALÍ ESCRITOR Y CONFERENCIANTE

Si intentásemos hacer una descripción y análisis de la obra escrita de Salvador Dalí, a partir de sus propios textos publicados y conferencias, necesitaríamos varios volúmenes como éste. Porque las explicaciones del propio Dalí sobre su obra y su vida, en su peculiar estilo abigarrado, barroco y ampuloso, fueron muchas, para expresar sus ideas, como nosotros mismos las hemos usado, por hacer literatura, y como una parte esencial de su notoriedad pública.

Así, sus escritos, objeto de la curiosidad primero y valoración posterior de su obra entre sectores sociales crecientes en los años treinta y cuarenta, pueden hoy considerarse desde otras perspectivas. De entrada, sin olvidar sus escritos de los 50 y 60, como una documentación histórica de primer orden sobre el giro del pensamiento conservador, incluso reaccionario, en la segunda mitad del siglo XX, desde las propias posiciones aparentemente revolucionarias del primer tercio de siglo.

La obra del Dalí escritor y conferenciante hay que abordarla así hoy desde una triple perspectiva:

Por una parte, como explicación complementaria a sus obras plásticas, lo que él mismo reconocía que suponía una cierta desvalorización de éstas, incapaces de explicarse a sí mismas. Ésta era una crítica profunda, para reflexionar sobre ella, que se extendía por otra parte a todo el arte contemporáneo, incluido su admirado Picasso:

Los verdaderos pintores, los buenos como Velázquez, todo lo que quieren y tienen lo expresan con la pintura. En los casos de que hablamos, Picasso y yo, nos encontramos con pintores que tienen, tenemos, bastante calidad. Pero dado que no somos lo suficientemente buenos, lo que no podemos decir con la pintura lo completamos escribiendo... En cuanto a mí, puedo decir que me complemento no solamente con la literatura, sino con mis bastones, mis adornos, con todo lo que forma el resto de mi personalidad... He dedicado toda mi vida a hacerme un mito.

En segundo lugar, su obra escrita debe ser tomada en cuenta como un desarrollo literario autobiográfico destinado a ese *hacerse un mito* al que reconocía haber dedicado tantos esfuerzos. En este sentido, tanto Ian Gibson como otros biógrafos reputados de Dalí ponen en cuestión la veracidad de la mayoría de sus informaciones sobre su propia vida, no sólo porque haya evidentes anacronismos, errores y omisiones fáciles de detectar, sino porque la propia voluntad de Dalí habría sido fabular, llevado por su propio espíritu literario, o incluso como forma de defensa, deliberada, más o menos consciente, de evitar que los biógrafos entraran en esos aspectos de su vida que tanta vergüenza le producían. De nuevo, como hemos visto que fue una constante desde su pubertad, el escándalo y el exhibicionismo serían una forma de evitar y contrapesar el sentimiento de culpa y la timidez.

No obstante, y filtrando las exageraciones interesadas o estilísticas, sus descripciones de algunos de sus propios procesos psicológicos son certeras y nos dejan ver con lucidez elocuente lo que le pudo suceder, y lo que le ha podido —y le podrá— suceder a muchos otros seres humanos presas de su narcisismo exhibicionista. Por ejemplo, en sus *Confesiones inconfesables recogidas por André Parinaud*, dice:

Al nacer puse los pies sobre las huellas de un muerto (su hermano mayor, del mismo nombre) a quien adoraban y al que —a través de mí— se seguía amando más aún tal vez. Este exceso de amor fue una herida narcisista... He conseguido salvarme de la anulación que me produce la duda sistemática de mi persona. Aprendí a vivir llenando, con mi amor por mí mismo, el vacío de un afecto que no me daban. Así vencía por primera vez a la muerte: mediante el orgullo y el narcisismo.

Y en tercer lugar, se pueden abordar sus escritos meramente como obra literaria. Con esta perspectiva, encontramos valoraciones más controvertidas aún que sobre su pintura, entre otras cosas porque su producción literariamente es muy desigual.

Hay desde quienes lo consideran un *literatoide monstruoso*, hasta los que hacen una valoración estilística muy positiva, como Santos Torroella:
La vida secreta de Salvador Dalí es libro, con todo y sus truculencias, no sólo literariamente espléndido, sino que constituye como documento humano y de introspección artística, por más que deba someterse a caución lo relatado en muchas de sus páginas, una obra maestra del género autobiográfico universal, superior en tal sentido a las confesiones de un Cellini o un Rousseau.

Dejando atrás artículos, poemas y notas publicadas en revistas, y de las que ya hemos hablado, su primera obra completa será *La femme visible*, en 1930, que lo lanza como escritor. Dado que nuestro artista tenía una ortografía incorrecta, caprichosa e ininteligible, supuestamente fonética (en la fonética de un francés muy catalanizado normalmente), apenas puntuaba ni separaba los párrafos, escribía sobre papeles y con caligrafías casi imposibles de leer, y respetaba poco la sintaxis, sus escritos han sido revisados y han tomado forma definitiva de la mano de sus allegados. Breton o Eluard, entre los del grupo surrealista, fueron los encargados en otros casos. En esta primera obra, parece que fue la propia Gala.

En 1944, tras el éxito de su *La vida secreta de Salvador Dalí*, de la que ya hemos hablado, hace su primera novela completa editada: *Hidden faces (Rostros ocultos)*, cuya valoración negativa en Estados Unidos, tanto estilística (anticuada formalmente, aún en el romanticismo tardío) como de contenidos (sus obsesiones sexuales habituales, en un tono de exaltación de la tradición), le dificultará seguir por ese camino. Su explicación teórica de la obra era que faltaba tras el sadismo y el masoquismo un tercer concepto, que él bautizó como *cledalismo* (de *clé*, llave en francés, y Dalí). Este cledalismo —la protagonista, una aristócrata obsesionada con la muerte y la putrefacción, sacrificada por su amor, se llama Cleda— consistiría en unir el placer y el dolor para hacer con ambos algo sublimado en la identidad con el objeto amado (que nos causa dolor y a quien se lo causamos, en las dos variantes sadomasoquistas). Su protagonista era *Santa Teresa, Epicuro y Platón, ardiendo en una sola llama de misticismo femenino eterno.* La mezcolanza resultaba excesiva en un país preocupado por la realidad de la guerra.

Seguirá publicando, pero volverán a ser sus obras más conocidas relatos autobiográficos (*Diario de un genio, Confesiones inconfesables*) y ensayos con sus tomas de postura estética y vital, de los que hemos dado buena muestra a lo largo de toda esta biografía.

Incluso en algún caso supera el nivel estético para ensayar interpretaciones con categoría de análisis de rasgos universales de la condición humana. Así en *El mito trágico del* Ángelus *de Millet*, del 33 (publicada en el 63), hace una interpretación edípica en que relaciona las figuras de este cuadro con su tema del Guillermo Tell, que relaciona con otros mitos históricos de castración del hijo por el padre a lo largo de la historia: el mito de Saturno devorando a sus hijos, el de Abraham que va a sacrificar a Isaac hasta que la mano del ángel de Dios lo detiene, o el del propio Dios padre enviando a su hijo Jesucristo a la muerte.

Del mismo modo, aunque en este caso nunca pasó de ser un proyecto, insistirá en anunciar la publicación de *La pintura surrealista a lo largo del tiempo*, donde proponía nada menos que un análisis de toda la historia de la pintura descubriendo lo enigmático oculto en los temas de los clásicos, como había hecho él con el *Ángelus* de Millet. En esta historia se rescataría a Arcimboldo, a Leonardo (cuya obra psico-analiza Freud) en su *Tratado de la pintura*, a Bracelli (por sus imáge-nes de doble lectura y sus figuras que son al tiempo piezas de mobilia-rio) y al comediógrafo griego clásico Aristófanes que en *Las nubes* ya diserta sobre las imágenes que se pueden encontrar en esas formas caprichosas naturales.

Sin embargo, lo mismo que con la novela le sucederá con sus intentos de dramaturgia, siempre alrededor de personajes perversos, al estilo del Marqués de Sade, por más que quiera calificarlos de pro-ductos erótico-místicos, que no pasarán de ser un testimonio de sus intereses.

Dalí, por tanto, no cuaja como escritor de ficción, queda como escri-tor de ensayo, como escritor sobre sí mismo, sobre su obra y sobre su época, sobre la pintura y el arte, y sobre el personaje Dalí; pero no alcan-zará a ser, como hubiera deseado, un poeta, un novelista o un dramaturgo con obra independiente de su propia faceta como pintor o personaje público. Pese a esta limitación, y salvando su egocentrismo ampuloso, las reflexiones de que están salpicados sus escritos y conferencias son dig-nas de ser leídas y estudiadas, divertidas a veces, lúcidas y provocadoras con frecuencia, con un valor documental de su época innegable. Esperamos que la muestra aquí vertida en sus citas invite al lector a aso-marse a alguno de sus textos.

IV. SU PARTICIPACIÓN EN OTRAS ARTES: CINE, DISEÑO, ILUSTRACIÓN, ESCENOGRAFÍA...

Desde su formación inicial de artista plástico, Salvador Dalí se involucró en escenografías, decoraciones e ilustraciones. Dado que hemos tratado de resumir al seguir el desarrollo de su vida sus principales realizaciones, señalaremos en este capítulo sólo algunas valoraciones y precisiones sobre el contenido de sus obras que nos den una dimensión más completa del personaje a través de sus aportaciones más destacadas en estos campos.

En general, y con la excepción de la cinematografía (que por eso desarrollamos con mayor extensión), las tareas que se propuso (o le propusieron) en estos campos serían llevadas a cabo como si se tratase de una vulgarización de su faceta pictórica —a una escala menor de relevancia artística, pero mayor de alcance al público mayoritario y beneficio comercial—. Estas realizaciones, irregulares por ello, a veces poco cuidadas, otras mimadas con esmero (como en el caso de la decoración de su propio teatro-museo), no tienen por lo general la personalidad temática ni formal suficientes (independiente de su pintura) como para detenerse a analizarlas en detalle.

La más trivial de estas facetas es sin duda el diseño de joyas, aunque se expusieron como obra artística (por ejemplo en el Museo Español de Arte Contemporáneo, en el 73, cedidas por la fundación americana Cheatam). Estos trabajos no directos de Dalí tienen poco interés, siendo reproducciones (a veces descontroladas, ilegales incluso) de su obra más popular, o de los aspectos más popularizados de su obra. Su Cristo, por ejemplo, fundido en oro, fue un signo de estatus entre señoras de las clases altas, muy repetido y muy falsificado. También se hicieron en joya sus conocidos relojes blandos, o una serie de formas orgánicas de las que destaca, en 1941, *El ojo del tiempo*, un ojo que es la esfera de un reloj, en un broche. El contorno del ojo está engastado de piedras preciosas, con un rubí en el lacrimal, en un resultado —mal que le pesase a Dalí el término— decorativo, de buen gusto. También de rubíes, en 1941 hace una

171

boca, cuyos dientes son perlas. Hace literal la metáfora de los dientes como perlas y los labios como rubíes. El resultado es de dudoso gusto, fuera de cierto asombro visual, como alguno de sus cristos de coral, hoy en museos japoneses, de los 50 y 60.

Mayor interés tuvo su trabajo, ya desde la adolescencia, como ilustrador en revistas y libros. Primero propias o de amigos, luego serán encargos, comenzando por el que ya comentamos a comienzos de los 30 de Skira para hacer *Los cantos de Maldoror*, de Lautreamont, en el que no hace todos los grabados personalmente. De estos años son también sus ilustraciones para *La mujer visible*, suya, de 1930; la *Inmaculada Concepción*, de Breton y Eluard, también de este año; *Artine*, de René Char, y *El revólver de pelo blanco*, de Breton, del 32. Otras obras famosas de Dalí como ilustrador son *El Quijote*, de Cervantes, en 1957, cuyo original se encuentra en el museo cervantino de Alcalá de Henares, donde se exhiben versiones en todas las lenguas de la obra; *El sombrero de tres picos*, de Pedro Antonio de Alarcón, en 1959, o *La divina comedia*, de Dante, en 1960.

Pero de nuevo en este campo la comercialización le lleva a excesos que devalúan su obra. Es llamativo que llegara a ilustrar, por encargo, incluso un libro de poemas de Mao-Tse-Tung, el líder comunista chino, pese a su anticomunismo declarado y su también declarado racismo, antichino en concreto *(... está muy bien ese acercamiento chino a occidente. Pero cuantos menos chinos haya cerca de Perpiñán, yo me sentiré mejor...*, declara, y cuando le invita el propio embajador chino a hacer allí una visita, Dalí añade: *No pienso ir jamás a China. Hice las ilustraciones de los poemas de Mao y creo que ya es suficiente).*

Más peso en sus intereses reales tuvo su actividad como escenógrafo, pese a su irregularidad. Porque a través de la escenografía, como a través del cine o del teatro, Dalí buscaba ser autor de ese arte total en el que su mundo propio no fuera sólo bidimensional, fuera un mundo a recorrer, a transitar, un mundo que te rodea. De ahí su empeño y su ilusión con el teatro-museo de Figueras, del que él resaltaba más la parte de teatro.

Para este proyecto va a recuperar elementos destacados de su producción escenográfica anterior: por ejemplo, su escenografía de 1941 para el ballet *Laberinto*. Este ballet, de montaje complicado, como hemos visto, porque coincidió con el estallido de la Segunda Guerra Mundial, se basaba en sus especulaciones sobre las relaciones de Luis II de Baviera, el rey loco y megalómano, y Wagner, idea que como vimos le había ya comentado a Lorca en el 35 para trabajar juntos. De él va a reutilizar un gigante cabizbajo que a la entrada del teatro-museo, tras la gran cúpula de cristal, será la puerta de acceso.

Su intención era explícita en este sentido y así le confiesa a Franco, cuando le expone su proyecto:

Lo que más me gusta en la vida son los golpes que se llaman teatrales. Por eso el museo Dalí de Figueras, que va a ser mi verdadera apoteosis, está instalado en un teatro... La gente que acuda al museo saldrá con la impresión de haber salido de un sueño teatral. Les parecerá que están más cerca de una representación teatral que de haber visto un museo. Yo soy un pintor eminentemente teatral... Soy muy teatral.

Antes de llegar a este cenit, sus primeras y algunas de sus principales colaboraciones en este campo serían junto a Lorca, con el que ya vimos que realiza la escenografía de *Mariana Pineda*, para su estreno en Barcelona en 1927. Y, muerto éste, alrededor de su figura, con «la Argentinita», cantante con la que había grabado precisamente Lorca sus canciones populares, hará en 1944 en Estados Unidos un cuadro flamenco que titularon *El café de Chinitas*, en el que él veía un primer homenaje a su amigo, *el poeta de la mala muerte*.

Entre esos comienzos y esos finales, quizá sus colaboraciones escenográficas más señaladas fueron las tres realizadas entre el 49 y el 50, a su vuelta de Estados Unidos, en Europa, con resultado desigual. Bajo la dirección del famoso director teatral y sobre todo cinematográfico Luchino Visconti se encargará de la escenografía de *Rosalinda*, de Shakespeare, que será un éxito, contrastando con *Salomé*, de Oscar Wilde, que hace bajo la dirección de Peter Brook, descontento con el resultado. Y al tiempo, aunque se reestrena después varias veces, realizará unos famosos decorados para una versión de *Don Juan Tenorio* de Zorrilla, en el teatro María Guerrero de Madrid, cuyos diseños se conservan.

También trabajó con el entonces joven y apenas conocido coreógrafo Maurice Béjart, en 1961, haciendo el ballet *Gala*, en Italia. El coreógrafo, atónito entonces con las reacciones de Dalí (le abre la puerta de su casa y luego cierra y dice que no está, excusándose más tarde: lo ha hecho porque ha visto en sueños un hombre con los ojos claros como él que iba a asesinarlo) y con su continua creatividad: *Tenía una idea nueva cada cinco minutos*; recuerda el trabajo como una experiencia más que demostraba que Dalí no había salido del surrealismo de su juventud: quería quitar las primeras filas de asientos para sembrar trigo entre el que tocasen los músicos, colocó carne real en el decorado que apestaba al pudrirse bajo el calor veraniego en Venecia...

Es curioso que en este ámbito, como le pasará en el cine, Dalí encaje menos con la cultura de masas estadounidense que con los ballets rusos, o la cultura europea en general. De hecho, como vimos, sus enfrentamientos con los productores en *El sueño de Venus*, un montaje escenográfico para una feria internacional en Nueva York, en el 39, van a tener que ver con su no admisión de las censuras y limitaciones a su creatividad que se le imponen desde la cultura del *marketing* estadounidense.

Por el contrario, sí que encajó bien en esta cultura comercial como escaparatista, colaborando con varios grandes almacenes neoyorkinos casi desde su llegada allí a mediados de los años treinta. Su prestigio en este campo se consolidará además cuando llame sonoramente la atención de la opinión pública en lo que fue su mayor escándalo: el de los almacenes Bonwitt Teller, en 1939. Tras el incidente —posiblemente un montaje comercial— de la rotura, en plena Quinta Avenida de Nueva York, del gran escaparate y su salida con bañera y agua a la calle, toda la prensa se haría eco de sus razones: estaba indignado con la modificación de su diseño preliminar. Como vimos, esto incidió en uno de los puntos más sensibles de la ideología americana, la libertad personal, de la que Dalí se hace pronto un defensor heroico: *Saludo a Nueva York como el nuevo Egipto; pero como un Egipto al revés, porque los faraones levantaron a la muerte pirámides de esclavitud y tú levantas pirámides de democracia para vencerla.*

Hay que tener en cuenta que este incidente tuvo lugar cuando Dalí, recién llegado a los Estados Unidos, acentuaba además su pose extravagante de largos cabellos, en cierto modo recuperando su aspecto adolescente de *señor patillas*, que había modificado en sus años de la Residencia de Estudiantes por otro más clásico.

En el campo de la fotografía, Dalí tuvo sobre todo conexiones con futuros colaboradores, de las menos problemáticas de su vida artística, probablemente porque ahí él tenía menos afán de protagonismo.

Su participación en la fotografía como modelo o como autor de las concepciones de algunas obras se compatibilizaba bien con la parte técnica del trabajo de los fotógrafos, más artesanal (en la que él no entra). Así interviene como modelo —y en la composición y concepción de las fotografías— en series que hace junto a Phillipe Halsman, de las que se han hecho célebres la de *Dalí desnudo*, acurrucado en un huevo —uno de los símbolos surrealistas por excelencia, que él mantendrá constantemente como una seña de identidad de su pintura—, en 1942, poco después de conocerse; y la serie *Dalí's moustache (Los bigotes de Dalí)* de 1954. Con Halsman trabajará hasta la muerte de éste, en 1979.

Y también fueron armoniosas sus relaciones con el fotógrafo Robert Descharnes, luego uno de sus biógrafos principales y uno de los hombres del círculo cercano de Dalí en sus últimos años. Con él comenzará sus lucubraciones —e intentos de rodaje— alrededor del rinoceronte (y *La encajera* de Vermeer). Es evidente que la diferencia de edad y de prestigio

174

permitía ya entonces una relación asimétrica poco conflictiva entre el creador y su instrumento.

Dalí y el cine. Como veíamos ya desde su infancia, Dalí se sintió interesado por la imagen en movimiento. Siempre quiso hacer cine, aunque como veremos, no pudiera; y de hecho, aunque lo escondiera, fue una de sus grandes frustraciones no poder alcanzar en este campo una notoriedad pública.

Su participación más conocida en la cinematografía es en su juventud, junto a Buñuel, en la realización y el guión de *El perro andaluz*, en 1929, y posteriormente en *La Edad de Oro*, de 1930, en la que como hemos visto, no es cierta la opinión divulgada (sobre todo por las tergiversaciones del propio Dalí, que no quería verse comprometido tras su conversión al catolicismo) de que no compartieron criterio, abandonando el pintor el proyecto, que terminaría en solitario Luis Buñuel. Pese a sus precauciones, como hemos visto, Dalí fue salpicado por el escándalo que siguió a su estreno.

En aquellos años, Dalí estaba entusiasmado con el cine como medio. A su afición desde la infancia, desde antes incluso de abrirse en Figueras una sala comercial de cine, cuando sólo contaba con las rudimentarias proyecciones que les hacía su madre, se sumaron las posibilidades expresivas reales que vio en el lenguaje cinematográfico. Poder plasmar imágenes en movimiento real, fundirlas, encadenarlas, montar unas imágenes tras otras le parecía equipararse a las posibilidades de elaboración de los sueños y, por tanto, lo veía como el instrumento ideal para la expresión de lo inconsciente que buscaba el surrealismo.

Llega a decir entonces que el cine podía ser *una pintura daliniana animada* y esto es lo que buscará durante toda su carrera, en sus múltiples proyectos de cine frustrados.

Por eso Dalí recelaba —y criticaba explícitamente en alguna colaboración en revistas artísticas— de las líneas argumentales convencionales del cine narrativo comercial, apostando por el documental (a su manera, sobre realidades insólitas u olvidadas en nuestra percepción convencional de la vida, por ejemplo, se le ocurría poder hacer uno sobre la larga vida de los pelos de las orejas). Del mismo modo, se oponía al cine de Chaplin, por considerarlo sentimentaloide y convencional.

Esta concepción artística del cine y sus posibilidades, campo en el que no fue tan acomodaticio como en el de la pintura, le causó una creciente frustración, al chocar con la realidad de la industria, sobre todo estadounidense, tras dejar de colaborar con Buñuel para intentar él su camino cinematográfico en solitario, comenzando por el guión *Babaouo*, en 1932. Esta historia, con reminiscencias de los trabajos junto a Buñuel anteriores y referencias constantes a sus propias obsesiones, autobiográficas, planteaba la acción en una guerra civil en 1934, en un país europeo.

En los Estados Unidos, al ser un personaje famoso conoció y trató a algunas de las más famosas estrellas del cine del momento, incluida su adorada Greta Garbo, a la que en la primera ocasión de conocerse mostró un dibujo de una calavera realizado —al examinarlo de cerca se descubría— con ocho desnudos de mujer. A una sugerencia de la impasible actriz sueca, haría una segunda versión con 16 cuerpos femeninos. Con este mismo mito viviente, la Garbo, es conocida su apreciación sobre el bello esqueleto que tendría la actriz en un futuro.

Admirador del cine de los hermanos Marx —para él, desde el surrealismo, el único tipo de cine posible era el cine cómico irracional—, les escribe un guión en 1937-38. Antes había regalado a Harpo Marx un *arpa surrealista*, en que las cuerdas del instrumento eran alambres de espinos. Pero el guión no llegó a rodarse nunca, como la mayoría de los proyectos de Dalí, según alguno de los posibles productores por *incomprensible* (pensando, obviamente, en el público mayoritario de la industria de Hollywood). La idea argumental se basaba en un protagonista español, enamorado de una mujer surrealista, a la que no vemos nunca, todo ello sazonado con sus obsesiones sexuales, la jirafa ardiendo, el teléfono-langosta, los relojes blandos, imágenes chocantes de *La Edad de Oro*...

Sí que se realizó la escena onírica que había diseñado para Alfred Hitchcock en su largometraje *Spellbound* (*Recuerda*), de 1945, pero aquí de nuevo se mostró como un inadaptado a la industria. La película, pese a su éxito, le pareció *pésima* y renegaba de su colaboración en ella. Todo hace pensar, como él mismo explica, que su individualismo exacerbado se avenía mal con un arte en que, por lo general, la colaboración y el trabajo en equipo son casi imprescindibles. Sin contar con los objetivos tan convencionales en lo artístico que suelen tener las producciones llevadas a cabo.

Más tarde, en 1947, hace con Walt Disney un proyecto de película de animación, terreno más cercano al de la pintura, y donde veía por tanto más posibilidades creativas. Se titulaba *Destino* y fue una experiencia de la que Disney valoró la creatividad desbordante de Dalí, su idea de concebir el béisbol como un ballet, que luego se utilizaría; o la ocurrencia misma de combinar personajes reales y dibujos animados. No obstante, el proyecto tampoco se llevó a cabo, animándose apenas veinte segundos. Walt Disney intentaría de nuevo que trabajasen juntos en 1957 en otro gran proyecto, *Las aventuras de Don Quijote*, tampoco realizado.

Para comprender el desajuste entre Dalí y el cine, basta tomar en cuenta, además de sus creaciones surrealistas, junto a Buñuel (que pese a su éxito en el momento no podían pasar de ser ensayos, expe-

176

rimentos, con un valor de arte de vanguardia —y poco repetible—, más que de espectáculo de masas), alguna de sus fallidas ideas posteriores.

En *La carretilla de carne*, por ejemplo, proyecto que pretendía rodar en España, el argumento central era una mujer paranoica enamorada de una carretilla, que sólo al final adquirirá forma humana. Se reflejan en este proyecto su obsesión con el *Ángelus* de Millet (y su carretilla en segundo término), así como con los objetos surrealistas (la carretilla sería en el tratamiento que propone Dalí para su película uno de estos objetos, no por inútil, sino al contrario, desbordado en sus múltiples funciones y significados). Sin embargo, Dalí, pese a no ser acogido por el cine comercial, una vez más se estaba anticipando a lo que ha sido años después una moda en el cine industrial estadounidense: en el guión hay imágenes impactantes, de cisnes y ocas reventados con explosivos, filmados a cámara lenta en el momento de estallar.

Y cuando abandona esta idea, a comienzos de los 50, tras conocer a Descharnes, pretende hacer —durante varios años acaricia el proyecto, del que incluso rueda alguna imagen en un zoo— otra película sobre un rinoceronte y *La encajera* de Vermeer. Como cualquiera puede comprender, muy lejos de cómo se entiende el cine industrial.

Su despecho con el ambiente del mundo del cine será finalmente explícito en sus últimos años, en que declara ir poco a las salas de cine y augura un pronto fracaso para este espectáculo: *Con esa colaboración de cretinos integrales, y tal como está organizado el cine, es imposible que salga nada bueno.*

Sin embargo, seguirá intentando hacer cine por su cuenta, y cuando el vídeo haga la producción posible se montará en Port Lligat, junto a su taller de pintor, un pequeño plató para sus realizaciones. En estos ensayos en vídeo Dalí hacía todo, interpretación incluida, salvo el apoyo de algún colaborador ocasional y ¡maniquíes! para otros papeles, soñando —o al menos declarándolo así— ganar Cannes o algún otro festival de renombre.

Mientras, desde Cannes precisamente, Buñuel, premiado allí, cineasta consagrado y muy en activo en los años sesenta y setenta, rechaza su propuesta de hacer una nueva versión de *El perro andaluz*. La respuesta de Buñuel, en telegrama, es lacónica y contundente, con un refrán: *Agua pasada no mueve molino.*

Significativamente, aunque se involucrase en el cine, Dalí despreciaba la televisión, donde sólo aparece, dada su afición a la notoriedad pública, como personaje. Fuera de la función informativa, le reconocía escaso valor: *¿La televisión? ¡No hablemos de esa fuente de cretinización de los hombres! ¡Todo eso está muerto!... Como forma de arte, cero.*

En resumen, las circunstancias sociales, más que el medio y sus posibilidades, o su ajuste a lo que la imaginación del creador podía aportar, impidieron a Dalí continuar su carrera en la cinematografía. Al contrario de lo que le sucedió en las otras artes decorativas (y comercializables). El caso es muy ilustrativo de lo que ha significado en el siglo XX el desarrollo de las artes, sobre todo en su vertiente de consumo, en su vertiente popular. Las propias concepciones espiritualistas de Dalí —al menos las declaradas— se hubieran estrellado contra esta realidad si se hubiera puesto a analizarlo.

CRONOLOGÍA

1904 — Nace en Figueras Salvador Felipe Jacinto Dalí Doménech, hijo del notario Salvador Dalí Cusí y de Felipa Doménech, de una familia de artesanos barceloneses. El primer hijo de la pareja, de igual nombre, había muerto justo nueve meses antes.

1905 — Se forma el primer grupo de pintores expresionistas, *El Puente*, en Dresde.

1908 — Henry Ford inicia la producción en serie de su automóvil popular, el Ford T.

— Nace su hermana Ana María. Salvador estudia sus primeras letras en la Escuela Municipal.

1909 — Blériot cruza en un aeroplano de su invención el canal de la Mancha, desarrollando el primer avión a motor de los hermanos Wright, de 1903.

— La baquelita, el primer plástico, es sintetizada.

— Se producen los sucesos de la *Semana Trágica* barcelonesa.

— Picasso hace sus primeras obras cubistas.

— Marinetti publica el *Manifiesto futurista*.

1910 — Ingresa en el colegio de los Hermanos Cristianos de La Salle, en francés. La abuela materna, María Ana Ferrés, se traslada a vivir con ellos. También lo hace la *tieta* Catalina, hermana de su madre y diez años menor que ésta.

— Picasso, invitado por Ramón Pichot, pasa una temporada en Cadaqués, residencia veraniega de los Dalí.

1912 — La familia se traslada a un edificio nuevo, más lujoso. Muere su abuela paterna, Teresa Cusí.

1913 — Dalí tiene su primer *taller* en un lavadero de la terraza de su casa.

1914 — Estalla la Primera Guerra Mundial. Los socialistas y anarquistas llaman a la clase trabajadora a no intervenir en ella.

1916 — El padre de Dalí decide, alarmado por el infantilismo de su hijo, que ingrese ya en el instituto. Por las tardes completará su formación con los padres maristas. También acude a la escuela de dibujo municipal, con Juan Núñez.

— A la vista de la obra puntillista de Ramón Pichot, Dalí decide ser un pintor impresionista.

1917 — Tras obtener el diploma de honor en la escuela de dibujo hace su primera exposición en la casa paterna.

— En Rusia, triunfa la Revolución socialista. El nuevo estado comunista abandona la Guerra Mundial.

1918 — Termina, con la victoria de los aliados, la Primera Guerra Mundial.

— En Cataluña se inicia el *Trienio Bolchevique*, de agitación obrera continuada y represión patronal.

— En Berlín se publica el *Manifiesto dadaísta*.

— Dalí funda con algunos compañeros la revista *Studium*, donde hace las ilustraciones y escribe críticas de arte y poemas en catalán. Inicia su diario, en el que se considera antimonárquico, antiespañol, partidario de la revolución e incluso del terrorismo obrero anarquista.

— Hace con éxito su primera exposición —colectiva— en el Teatro Municipal de Figueras.

1919 — Se hace con un estudio propio y acentúa su pose modernista de pintor bohemio.

1920 — Decide abandonar el impresionismo y experimentar con el cubismo y otras nuevas tendencias, mientras continúan sus éxitos locales.

1921 — Se constituye la III Internacional, agrupación de los partidos comunistas de todo el mundo, alrededor de la URSS.

— *Desastre de Annual*, derrota y masacre de las tropas coloniales españolas a manos de los rebeldes del Rif, que dará lugar a una investigación sobre las responsabilidades de los mandos militares.

— Dalí, aunque mantiene noviazgos aparentes con chicas de su edad, se confiesa *loco de amor por mí mismo*, planteándose el salto a Madrid. En febrero muere su madre.

1922 — Termina el instituto y marcha a estudiar a Madrid, a la Academia de Bellas Artes. Vivirá en la Residencia de Estudiantes, donde conocerá a Lorca y a Buñuel, entre otros artistas relevantes de su generación. Allí conoce la obra de Freud, recién traducido al castellano, sobre las neurosis y el psiconálisis.

— Expone en la galería Dalmau de Barcelona, prestigiosa por sus muestras del arte de vanguardia, en una exposición colectiva.

— En otoño muere su abuela y poco después su padre se casa con la *tieta* Catalina.

1923 — El general Primo de Rivera da un golpe de Estado de acuerdo con el rey y establece una dictadura. Los intelectuales, los nacionalistas y los anarquistas se oponen. Dalí es expulsado arbitrariamente de la Academia, ante las protestas por no conceder a Vázquez Díaz una plaza merecida de profesor.

1924 — Breton publica el primer *Manifiesto surrealista*.

— Acusado de anarquista, Dalí es encarcelado veinte días cuando el rey visita el Ampurdán. Ese otoño vuelve a la Academia y a la Residencia de Madrid.

1925 — Buñuel marcha a estudiar cine a París. Dalí queda más bajo la influencia de Lorca, al que invita en vacaciones a Cadaqués.

— En el salón de *Los Ibéricos*, intelectuales antiacadémicos, su pintura es muy elogiada. En otoño vuelve a exponer en Dalmau, ya individualmente, obra cubista y clasicista.

1926 — Baird inventa la televisión, cuyas primeras emisiones regulares comenzarán en 1929. Ya en 1895 Marconi había inventado la radio.

— Dalí viaja a París a ver el Louvre. Por fin conoce personalmente a Picasso. Miró lo apoya allí. A la vuelta pasa el verano con Lorca. Ese curso ha sido expulsado definitivamente de la Academia tras sufrir más arbitrariedades y declarar incompetente al tribunal que debía examinarlo.

1927 — El nylon, la principal fibra sintética, es desarrollada iniciando la era de los plásticos. También en este año se inventa el cine sonoro.

— El centenario de Góngora reúne a un grupo de poetas que se conocerá como la *Generación del 27*, o la *Edad de Plata* de las letras españolas. Lorca es la figura más destacada.

— Dalí hace el servicio militar y en un permiso realiza los decorados y vestuario de *Mariana Pineda*, drama de Lorca, que expondrá en Dalmau sus propios dibujos. Ambos pasan juntos el verano en Cadaqués y Dalí escribe junto a Sebastiá Gasch y Lluis Montanyá el *Manifiesto antiartístico catalán* o *Manifest Groc*.

1928 — Fleming descubre la penicilina, que sin embargo no será sintetizada hasta 1939.

— Dalí acaba el servicio militar. Lorca se va a Nueva York. Los dos amigos se distancian. En noviembre, finalmente se reconoce surrealista, aunque ya había realizado el año anterior obras surrealistas como *Cenicitas* o *La miel es más dulce que la sangre*.

181

1929 — Crisis económica en occidente, mientras en la URSS comienzan los planes quinquenales que desarrollarán rápidamente el país. El modelo es trotskista, aunque Trotsky sea expulsado por los stalinistas.

— Dalí va a París, donde rueda con Buñuel el cortometraje *El perro andaluz,* y entra en contacto con los surrealistas. Ese verano lo visitan en Cadaqués Breton, Eluard y su mujer, Gala, que será desde entonces la compañera inseparable del pintor.

— Ese otoño expone con éxito en París, en Goemans, iniciando su *periodo freudiano.* Es expulsado de la casa de su padre y desheredado, por escribir sobre un cuadro que a veces escupía por placer sobre el retrato de su madre.

1930 — Dalí y Gala compran una casa de pescadores en Port Lligat, cerca de Cadaqués. Dalí presenta el surrealismo como una opción moral desarrollando su concepto de *pensamiento paranoico-crítico.* Breton lanza un segundo *Manifiesto surrealista.*

— En otoño, el estreno de *la Edad de Oro*, segundo cortometraje de Dalí y Buñuel, causa un escándalo. La extrema derecha ataca la sala de cine y la película es prohibida. Dalí, asustado, culpa a Buñuel, que estaba ya en Hollywood.

1931 — Se proclama la II República española. El rey Alfonso XIII abandona el país ante la derrota electoral de sus candidatos monárquicos.

— Dalí interviene en el mitin de un partido trotskista, el Bloc, defendiendo la fusión de las teorías revolucionarias de Marx y de Freud. Aún hace los diseños de los carteles del Partido Comunista francés, que el año siguiente atacará al surrealismo.

— Gala es operada y queda estéril.

1933 — Los nazis toman el poder en Alemania. En España el hijo del dictador Primo de Rivera funda la Falange, de orientación fascista. El centro y la derecha ganan las elecciones.

— Los Dalí tienen problemas de dinero, pero conocen a galeristas y editores estadounidenses que facilitan su primera exposición en Nueva York. También va a recibir Dalí el encargo de ilustrar para Skira *Los cantos de Maldoror.*

1934 — Hay una revolución obrera en Asturias y una insurrección del Gobierno catalán contra la entrada de la derecha no democrática en el Gobierno republicano. Dalí vive la confusión de esos días con horror.

— Por sus simpatías hacia el nazismo, Dalí es amenazado de expulsión en el grupo surrealista. Se casa por lo civil con Gala y hace su primera exposición en el Reino Unido. También inicia la reconciliación con su padre antes de viajar a los Estados Unidos, donde obtiene un gran éxito económico y publicitario.

1935 — Vuelve a Europa y se encuentra con Lorca en Barcelona, invitándolo a Port Lligat.

— Hace ataques explícitos al comunismo.

1936 — En España triunfa el Frente Popular en las elecciones y las fuerzas conservadoras dan un golpe de Estado, iniciando la Guerra Civil con el apoyo de los fascistas italianos y los nazis alemanes. Federico García Lorca es asesinado en Granada por los franquistas. Dalí no lo condena, ni apoya a los intelectuales antifascistas, presentando la guerra como un desastre natural en sus obras *Premonición de la Guerra Civil* y *Canibalismo de otoño*.

— Viaja a Estados Unidos de nuevo y se declara *marxista* de los hermanos Marx, para los que hace un guión de cine.

1937 — La aviación nazi destroza Guernica. Picasso pinta la obra de igual título como protesta, mostrada en el pabellón español de París. Dalí rehúsa participar. Vive en la Italia fascista durante la Guerra Civil.

— Los nazis se anexionan Austria y Freud se ve obligado a exiliarse a Londres, donde Dalí se entrevistará con él el año siguiente.

1939 — Se produce su ruptura definitiva con André Breton por las posturas explícitamente racistas del pintor.

— El 1 de abril termina la Guerra Civil española con la victoria de los franquistas. Esa primavera, en Estados Unidos, Dalí niega su apoyo a Buñuel, exiliado, y le aconseja que se *desinfecte* del comunismo. Tiene también lugar su acción pública más sonada en aquel país: la rotura de unos grandes escaparates cuyo diseño había sido modificado sin su permiso. Allí, se le identifica con el surrealismo.

— Mientras, en Europa estalla la Segunda Guerra Mundial, triunfante inicialmente para los nazis.

1940 — Ante el rápido avance el ejército alemán, que entra en junio en París, los Dalí huyen a España, donde —tras cuatro años de ausencia— comprueban los desastres de la Guerra Civil. Se encuentra en Madrid con intelectuales falangistas que le transmiten sus sueños imperialistas. No dice nada de la repre-

183

sión y el hambre, marchando pronto para Estados Unidos, donde permanecerá ocho años.

1941 — Waksman identifica los antibióticos, inventando la estreptomicina el año siguiente.

— Dalí es expulsado formalmente del grupo surrealista por reaccionario. Este año escribe *La vida secreta de Salvador Dalí*, su primera autobiografía, mezcla de recuerdos reales, fantasías, exageraciones y justificaciones.

— Pretende abandonar el surrealismo y volver al clasicismo, pero mantiene sus temas habituales. Hay crisis de ventas, pero de él se hace una retrospectiva conjunta con Joan Miró que durará hasta el 43, pasando por ocho grandes ciudades estadounidenses.

1942-
1943 — La Segunda Guerra Mundial cambia de signo tras la derrota de los alemanes en Stalingrado. Los ejércitos soviéticos avanzan por el este de Europa mientras por el oeste los angloamericanos desembarcan en Marruecos y Sicilia.

1944 — Dalí publica una novela, *Rostros ocultos*, de escaso éxito, pero advierte de que con el inminente fin de la guerra, la hegemonía de Estados Unidos llevará allí la capitalidad del arte. Y plantea un nuevo renacimiento tras la devastación de la guerra. Se da cuenta también del papel capital de la cultura de masas, de la que se había alejado el arte de las vanguardias.

— Hace escenografías de ballets e ilustraciones, parodias de diarios e incursiones en el cine (la secuencia onírica de *Recuerda*, de Alfred Hitchcock).

1945 — Fin de la Segunda Guerra Mundial: la bomba atómica conmociona al mundo. Dalí recoge esta preocupación, incluyendo desde entonces en su obra el terror nuclear. Estados Unidos pasa a ser la potencia hegemónica. También en el arte, con el *Expresionismo abstracto*.

— Mientras, Dalí hace retratos clasicistas con la presencia dominante de Gala, aunque mantiene elementos surrealistas.

1948 — Edita *Los cincuenta secretos mágicos para pintar*, reivindicación del clasicismo renacentista. Dalí vuelve a España, a Port Lligat, ampliando en años sucesivos su casa.

1949 — En China triunfa la Revolución comunista y la URSS consigue tener armas nucleares. Estados Unidos organiza un bloque militar de países occidentales, la OTAN, para oponerse al comunismo.

— Se publica *Salvador Dalí visto por su hermana* (Ana María es la autora), creándose nuevas tensiones familiares.

184

- Comienza sus cuadros religiosos, pintando *La madona de Port Lligat*, que presenta al Papa. Su conversión al catolicismo aumenta su buena acogida por el régimen franquista.
- Hace una escenografía para el director Luchino Visconti, muy valorada.

1950 — Se inicia la guerra de Corea.
- Muere el padre de Dalí.

1951 — Dalí publica su *Manifiesto místico* y pinta en esa línea *El cristo de San Juan de la Cruz*, su obra más conocida. Empieza a usar ayudantes, cuya participación no se reconoce. Y comienza sus descomposiciones de formas clásicas, como en *Cabeza rafaelesca estallando*, en esferas, cubos o cuernos de rinoceronte.
- Lee una conferencia en verso oponiéndose al comunismo de Picasso, quien se negará en el futuro a recibirlo.

1952 — Muere Paul Eluard y Gala puede casarse religiosamente con Dalí.

1953 — Se describe la forma de la molécula del ADN, que Dalí incluirá como tema pictórico en su obra posterior y en su propia mortaja.
- Acaba la guerra de Corea y muere Stalin. Franco firma un concordato con la Santa Sede y un acuerdo con el Gobierno de los EE UU.
- Por decisión personal, el dictador declara *Paisaje pintoresco* la cala de Port Lligat, salvándola de la especulación inmobiliaria turística.

1955 — Los países comunistas del este de Europa firman el *Pacto de Varsovia*, para contrarrestar el poder militar de la OTAN.
- Pinta *La última cena*, uno de sus cuadros más popularizados y más criticados.

1956 — Franco lo recibe en su palacio de El Pardo

1959 — El *Plan de estabilización* da fin económicamente al aislamiento de la posguerra e inicia el desarrollismo de los sesenta. Llega el turismo en masa a España.

1963 — Dalí publica el *Diario de un genio*, continuación de su autobiografía, donde ataca al arte abstracto, a Pollock, Kandinsky y Turner.

1964 — Recibe la Gran Cruz de Isabel la Católica, máxima condecoración del régimen franquista. Gran retrospectiva de su obra en Tokio.

1965 — Retrospectiva de su obra en Nueva York.
1967 — Guerra de los *Seis Días* entre Israel y los países árabes.

- Ernesto Guevara, *el Che*, es asesinado en Bolivia.
- Dalí pinta *La pesca del atún*, la última de sus grandes obras, mientras sigue su producción de diseños comerciales y su presencia como personaje público publicitario.

1968
- Las manifestaciones estudiantiles se suman al movimiento obrero, en lo que se conoce como *Mayo del 68*, expresión del anhelo de los jóvenes de más libertades personales.
- Dalí escribe el panfleto *Mi revolución cultural*, pretendiendo recuperar su oposición a la cultura burguesa.

1969
- El hombre llega a la Luna.
- Franco designa como su sucesor a título de rey a Juan Carlos de Borbón.

1970
- En la exposición *Documenta* de Kassel se presenta el hiperrealismo.
- Franco aprueba el proyecto del teatro-museo Dalí de Figueras, que decora el propio pintor.

1971
- Se inaugura el museo Dalí de Cleveland.

1973
- Muere Picasso, sin haber vuelto de su exilio a España.
- Buñuel recibe un Oscar por *El discreto encanto de la burguesía*.
- Dalí, preocupado por su muerte, publica *Diez recetas de inmortalidad*, soñando con evitarla a través de la ciencia, sin olvidar a los santos y místicos.

1974
- Se inaugura el teatro-museo de Figueras.

1975
- Muere Franco y le sucede el rey Juan Carlos I.

1978
- Se aprueba la nueva Constitución española, como sistema parlamentario y de partidos.

1979
- Cataluña recupera su Estatuto de Autonomía.
- En el centro Pompidou de París se hace la mayor retrospectiva de la obra daliniana, haciéndole miembro de la Academia Francesa.
- Pero la demencia senil empieza a manifestársele. Tiene conflictos con Gala y se deprime, temiendo la ruina económica.

1981
- Enferma en Nueva York y se retira al Ampurdán.

1982
- Gana las elecciones en España el PSOE de Felipe González.
- Se publican las memorias de Buñuel, *Mi último suspiro*.
- La Generalitat de Cataluña lo condecora con su Medalla de Oro.
- En junio muere Gala. Dalí se deprime. Se deshidrata y tendrá dificultades desde entonces para alimentarse y para hacerse entender.

186

- El rey le concede el título de Marqués de Dalí y Púbol y la Gran Cruz de la Orden de Carlos III.

1983 — Abandona su actividad pictórica. Se hace una gran antológica de su obra en el Museo Español de Arte Contemporáneo.

1984 — Se declara un incendio en sus habitaciones del castillo de Púbol, salvándose con quemaduras importantes y recluyéndose luego en la Torre Galatea de Figueras.

1988 — Primera exposición en la Unión Soviética, estado y sistema comunista que se desintegrarán pocos años después.

1989 — Muere Dalí el 23 de enero, enterrándosele en su teatro-museo de Figueras.

- La caída del muro de Berlín señala el rápido final de los estados comunistas del este de Europa.

BIBLIOGRAFÍA

AAVV.: *Salvador Dalí. Retrospectiva 1920-80*, Centro Pompidou, París, 1979.

ADES, D.: *El dadá y el surrealismo*, Labor. Barcelona, 1975.

ARRABAL, F.: *La Revolución surrealista a través de André Breton*, Monte Ávila, Caracas, 1970.

AZCUE BREA, L.: *Dalí*, Publicaciones del colegio de España. Salamanca, 1990.

BONET CORREA, A. (coord.): *El Surrealismo*, UIMP-Cátedra, Madrid, 1983.

BONET, J.M: *Arte del franquismo*, Madrid, Cátedra, 1981.

BOSQUET, A.: *Dalí desnudo*, Paidós, Buenos Aires, 1967.

BOZAL, V.: *Arte del siglo xx en España*, Espasa-Calpe, Madrid, 1985.

BOZAL, V.: *Pintura y escultura españolas del siglo xx*, Espasa-Calpe, 1992.

BRETON, A.: *Manifiestos del surrealismo*, Guadarrama, Madrid, 1974.

BUÑUEL, L.: *El último suspiro*, Plaza y Janés, Barcelona, 1982.

CALVO SERRALLER, F.: *España. Medio siglo de arte de vanguardia.* Fundación Santillana y Ministerio de Cultura, Madrid, 1985.

CALVO SERRALLER, F.: *Surrealismo en España*, Galería Multitud, 1985.

CALVO SERRALLER, F.: *Del futuro al pasado. Vanguardia y tradición en el arte español contemporáneo*, Madrid, Alianza, 1990.

CALVO SERRALLER, F.: *Pintores españoles entre dos fines de siglo (1880-1990). De Eduardo Rosales a Miquel Barceló*, Alianza Forma, Madrid, 1990.

CASADO, M. J.: *Salvador Dalí*, Sarpe, Madrid, 1979.

CHECA CREMADES, F. y NIETO ALCAIDE, V.: *El Renacimiento.* Istmo, Madrid, 2000.

CREVEL, R.: *Dalí o el antioscurantismo*, Calamus, Barcelona, 1978.

DALÍ, A. M.: *Salvador Dalí visto por su hermana*, Juventud, 1949. Barcelona, 2ª ed., 1988.

DALÍ, S.; MONTANYA, Ll. y GASCH, S.: *Manifiesto antiartístico catalán*, Fills de Sabater, Barcelona, 1928.

DALÍ, S.: *Confesiones Inconfesables*, Bruguera, Barcelona, 1975.

DALÍ, S.: *Sí*, Ariel, Barcelona, 1977.

DALÍ, S.: *El mito trágico de* El Ángelus *de Millet*, Tusquets, Barcelona, 1978.

DALÍ, S.: *La vida secreta de Salvador Dalí*, Dasa edicions, Figueras, 1981.

DALÍ, S.: *Diario de un genio*, Tusquets, Barcelona, 1983.

DALÍ, S.: *Babauo*, Labor, Barcelona, 1978.

DE MICHELI, M.: *Las vanguardias artísticas del siglo XX*, Alianza, Madrid, 1989.

DESCHARNES, R.: *Dalí. La obra y el hombre*, Tusquets, Barcelona, 1989.

DESCHARNES, R. Y NERET, G.: *Salvador Dalí. La obra pictórica*, Taschen, Colonia, 1984.

GALLEGO, CALVO SERRALLER, F. y GÓMEZ DE LIAÑO, I.: *Catálogo*, 1983.

GARCÍA DE CAPRI, L.: *La pintura surrealista española (1924-36)*, Istmo, Madrid, 1986.

GAYA NUÑO, J.A.: «Arte del siglo XX», *Ars Hispaniae. Historia universal del Arte español*, Plus Ultra, Madrid, 1977.

GIBSON, I.: *The Shameful life of Salvador Dalí*, Faber and Faber. Londres, 1997.

GÓMEZ DE LIAÑO, I.: *Dalí*, Ediciones Polígrafa, Barcelona, 1982.

LLORENTE, A: *Arte e ideología en el franquismo (1936-51)*, Visor. Madrid, 1995.

MUTHESIUS, N.: *El erotismo en el arte*, Paschen, Berlín, 1993.

NADEAU, M: *Historia del surrealismo*, Ariel, Barcelona, 1972.

OLANO, D. A.: *Dalí secreto*, Dopesa, Buenos Aires, 1976.

OLANO, D. A.: *Las extrañas amistades del genio*, Ediciones Temas de Hoy, 1997.

RAMÍREZ, J.A.: *Lo crudo y lo podrido. El cuerpo desgarrado y la matanza*, La balsa de la medusa, 12, 1989.

RAMÍREZ, J.A.: *El arte de las vanguardias*, Anaya, Madrid, 1998.

REBULL TRUDEL, M.: *Dalí*, Globus, 1994.

RODRIGO, A.: *Lorca-Dalí. Una amistad traicionada*, Barcelona, 1981.

ROMERO, L.: *Dedálico Dalí*, Ediciones B, Barcelona, 1989.

SÁNCHEZ VIDAL, A.: *Buñuel, Lorca, Dalí: el enigma sin fin*, Planeta, Barcelona, 1988.

SANTOS TORROELLA, R.: *Dalí residente*, Residencia de Estudiantes, Madrid, 1992.

SANTOS TORROELLA, R.: *La miel es más dulce que la sangre*, Seix Barral, Barcelona, 1984.

ÍNDICE